U0040910

習慣領域

HD 影響一生成敗的人性軟體

知道它、善用它，生命充滿光明喜悅；不知道它，則不知不覺成為它的奴隸。

游伯龍著

HD
Habitual Domains

時報出版

目錄

推薦序（一）影響人類行為的新生力量

于宗先

這是本趣味洋溢，說服力強，而啓發性高的書。

我們知道，一本既富哲理，又具實用價值的書不在於它的深奧難懂，而在於它的淺顯易明；不在於它的長篇大論，而在於它能引人入勝。游伯龍教授最近所完成的《HD：習慣領域》正符合了淺顯易懂，能引人入勝的條件。這本書不是告訴你如何發財致富，也不是告訴你如何治國平天下，而是告訴你如何扭轉逆境爲順境，如何推開思想上的雲霾重見陽光。

游教授憑他犀利的觀察、縝密的思考、敏感的觸覺、巧妙的聯想，從人們日常生活與繁雜的工作中，發掘一種久爲人所忽略的習性——習慣，竟是決定一個人的平坦或坎坷、成功或失敗、樂觀或悲觀、得意或失意的關鍵因素。游教授不僅將「習慣」作了適當的詮釋，而且將其發展爲「習慣領域」成爲一門學問。因爲這門學問源自人類行爲，游教授將其剖解、分析、提煉、昇華成爲導正人類行爲的法則。最近游教授又將其引申，擴展到IQ和EQ所不及的地步。

人類行爲受習慣的影響很大，游教授所談的「沒有好習慣，很難成功；沒有壞習慣，很難失敗。」確是至理名言。習慣是行爲的累積而成定型，而這種定型的行爲就會形成一個人的性格；性格則是人生命運的決定因素。性格隨和的人較能適應環境，而性格怪謬的人則會成爲環境的犧牲品。

一般人均有惰性，惰性是使習慣成定型的凝化劑。可是外在環境卻不斷地變化，日新月異。如習慣領域僵化在固定範圍內，便無法面對外在環境的挑戰，就會產生「時不我予」的景況，或命運多舛的結局。所以游教授非常強調一個人要不斷地擴大習慣領域，進而使其靈活地爲人們所用。所謂「發揮潛力」，就是要突破習慣領域的格局，另闢蹊徑，完成一般人所難完成的事物。

習慣領域中有很多強而有力的電網。游教授認爲這些電網常常占有人們的注意力，在不知不覺中影響我們的行爲、想法、做法。如果用得好，它可給我們很大的幫助；如果用得不好，則會產生負面影響。我最欣賞的是他所舉出的四種最能影響一個人行爲的電網，此即「同類互比」、「印象概推」、「投射效應」和「近而親」行爲。所謂「同類互比」，即透過與自認爲同類人比較，來確定自己的現狀、社會位置及應採取的行動。如能善加運用，可逢凶化吉，不能善用，也會引火燒身。所謂「印象概推」，其本身無對錯之分，用對時，會產生良好效果；用錯時，會產生不良後果。「印象概推」容易以點代面，以偏概全，導致判斷的錯誤。破解「印象概推」的方法就是要從多方面去了解，也就是「小心求證」。所謂「投射效應」，即當人們需要判斷別人時，往往將自己的特性「投射」給別人。如投射效應用得好，可幫助了解別人；否則，會有判斷的錯誤。譬如近年來所流行的企業購併，大多數失敗的原因就是將自己的管理方法投射到新購的公司上。要除掉這個盲點，就是要從對方角度投射回來，絕不能自以爲是。所謂「近而親」行爲，就是要敦親睦鄰，因爲「遠水救不了近火」。能與所接觸的人保持良好關係，他們就會成爲你的助手而非阻力。

更難得的是：游教授在這本書中所列舉的例子都是社會上俯拾即是的例子。一般人並不注意這些例子所包含的大道理，而游教授卻注意到了。因此，它就有更強的說服力及啓發效果。像證嚴法師在一九六六年許宏願蓋醫院時，三十多位基本信徒每位每月都捐獻十五塊錢濟貧做功德，但證嚴法師要他們不是每人每月捐十五元，而是每天捐五毛錢，因爲門徒每天捐獻，便會加強做善事的電網，也會增強其傳播力量。

游教授所發展的「習慣領域」思想及行爲規範已在部分工商界流行。我相信，假以時日，它會成爲一股影響人類行爲的新生力量。

（本文作者現任中央研究院院士）

推薦序（二） 為習慣領域學說作見證

王鍾渝

一艘船在海上行駛，大副是個酒鬼，常常喝得酩酊大醉，船在他的操作下，往往如醉漢一般東歪西斜。而船長卻一向行事方正嚴謹，滴酒不沾，有一天，大副又醉得不醒人事，船長一怒之下，在航海日誌上記了一筆：「大副今天喝醉酒。」第二天大副醒來，發現這個記載，怒不可遏，也記了一筆：「船長今天沒喝酒。」結果，船行靠岸，船公司老闆看了航海日誌，認爲船長必定天天醉酒，把他嚴厲斥責一頓，大副反而平安無事。

故事中的老闆是個昏庸之才嗎？其實在有限的資訊之下，憑自己「想當然耳」的推測就遽下結論，何嘗不是我們常常掉入的陷阱呢，只是我們沒有自覺這種「習慣領域」的作祟罷了！

中鋼公司從民國八十三年十二月引進游伯龍教授的「習慣領域」學說，分批派遣所有中高級主管參與研習。事實上，在這之前我們雖然沒有用過「習慣領域」這個名詞，但在中鋼公司發展的歷程中，處處可以看見應用習慣領域原理的痕跡。譬如，中鋼四大精神之一的「求新精神」；中鋼於民國六十六年七月由民營改制爲國營事業，爭得政府同意制定「中鋼公司管理辦法」，得以維持較佳的企業化營運機制；前任董事長趙耀東先生和劉曾适先生分別倡導的「多做不錯、少做多錯、不做全錯」以及「沒有最好，只有更好」的辦事精神；中鋼於建廠之初，即選擇百分之百連鑄新製程，以及生產作業流程呈現直線型佈置之規劃等等。這些想法或作法，都是在「追求高效率」這個理念下衍生出來的，因此我曾經用「沒有效率比犯錯更可怕」這句話來為中鋼破除習慣領域以追求效率的精神作一註解。

中鋼公司於民國八十四年四月再度回歸民營化的經營體制，民營化三年多以來，中鋼的市場定位由「鋼鐵生產者」轉變為「鋼鐵供應者」，再進一步擴大為「工業材料供應者」，並依此核心策略推展多角化、集團化經營，如今已形成一個擁有十四個公司的企業集團，今後將進一步追求國際化經營，發展中鋼集團鋼鐵事業的市場領域。這些成果，在在顯現中鋼公司不以現況為滿足，而不斷突破窠臼擴大習慣領域的用心。

我們願意用中鋼公司的經營績效為游伯龍教授的習慣領域學說作一見證，也感謝游教授曾經親臨中鋼公司指導研習此學說，有助於中鋼公司主管人員的心靈改革，以致維持求新求進的動能，為中鋼公司的永續經營繼續做出更大的貢獻。

（本文完成於一九九八年七月，作者時任中鋼公司董事長）

推薦序（三）改革心靈從擴展習慣領域開始

劉維琪

佛法中有部圓覺經，主要是討論心靈改革的有效方法。圓覺經指出，成佛的修持法門有無限多種，但歸納起來不外是修止、修觀與修禪三種法則。修止是要把自己的心念拂拭乾淨，猶如明鏡。修觀是觀世間一切如夢如幻，要以幻除幻。修禪講求一切寂滅，一切放下。這三種法則互相搭配，又可形成二十五種修持方法。圓覺經認為，凡是要成佛成聖，這二十五種方法最有效。而本書的出版卻告訴我們，要邁向智慧與圓滿的理想領域，可以有一套更簡單的方法，那便是不斷擴展習慣領域。習慣領域是一套有系統的心靈改革軟體，讀者可以從閱讀本書中，立即體會習慣領域的眞義，同時如果經常擴展習慣領域，便可從中獲得智慧與喜悅。

二十多年前，我正在美國西北大學管理學院就讀博士班，有一天赴堪薩斯大學商學院拜訪友人，經過一間教室，裡面擠滿聽課的學生，抬頭往講台望去，見到一位相貌和藹的東方教授在講課，打聽之下，才知道是堪大商學院禮聘而來，鼎鼎大名的史可賓傑出講座教授游伯龍。游教授以對多元目標決策分析（multiple criteria decision making）及高階賽局（second order games）的貢獻而聞名於世。自那時起，我對游教授出版的許多著作都特別留意。近年來游教授開始發展習慣領域，此乃是游教授根據高深數學理論推導而成，是有邏輯基礎的。此外，游教授有關習慣領域的數本中文著作，我皆一一拜讀過，發現這本《HD：習慣領域》，是游教授多年教書與體會的結晶，不但深入淺出，而且使用非常方便。

本書所以易懂易行，是因爲游教授經過十餘年的研究，遍讀聖經、佛經、諸子百家學說及心理學，將有效好用的方法整理成三個工具箱。第一個工具箱講光明心態，相當於修止的信念。第二個工具箱是擴展習慣領域的基本功，與修禪的原則相呼應。第三個工具箱說明獲取深度智慧的原理，又與修觀的方法互通。因此，我認爲讀者如果能善用這三個工具箱，就好比掌握最容易、最方便的三大成佛法門，使我們的人生更加幸福與圓滿。

我讀這本書時，是從最後一章讀起，因爲我想先知道習慣領域的應用。然後逐章往前讀，我最喜歡第六章，因爲自己覺得體會最深刻，得到的啓示亦較多。再往前讀，漸漸明白習慣領域的基本道理。或許是以前對習慣領域已有瞭解，此次從尾往頭讀來，不但感覺不一樣，對習慣領域好像又有更深一層瞭解，這似乎立即印證了第二個工具箱所提的交換原理。我所以要與大家分享此次讀書的經驗，亦是因根據內部連繫原理，這樣做可加強我的電網，擴展我自己的習慣領域。

朋友們！我願毫無保留地推薦本書，若我們能經常體驗習慣領域、擴展習慣領域，並與他人分享從習慣領域得到的快樂，我們的心靈便開始提升，就有機會邁向佛或上帝的境界。

（本文作者為國立中山大學管理學院榮譽講座教授，一九九六、六～二〇〇二、九為國立中山大學校長，現任國票金融控股公司董事長）

推薦序（四）沒有好習慣，ＩＱ與ＥＱ難拓展

黎漢林

沒有好的習慣，ＩＱ與ＥＱ很難拓展；沒有壞的習慣，ＩＱ與ＥＱ很難變差。

ＩＱ與ＥＱ部分承續自先天基因與出生環境。但是天資聰穎的人不一定有成，幼年美滿的人不一定快樂；而有時資質平平的後來居上，環境困扼的反更達觀。爲什麼？因爲「習慣」使然。基因不容易突變而快樂也不一定持久，但是習慣卻可以打造、轉化，甚至依靠。過去的我造就習慣，明日的我被習慣造就。

如果把身體當成硬體，那麼運作身體的習慣就是軟體。以開車爲例，學開車就是打造一套習慣軟體，讓它整合腦眼手腳，幫我們不假思索本能地開車。開車時空有聰明（高ＩＱ）而腳分不清加油與剎車檔，空知禮讓（好ＥＱ）而看不見車側盲點是多麼危險。同理，我們奔馳在人生的高速公路上，徒有高ＩＱ與好ＥＱ卻沒有優良習慣來駕馭心意是多麼可惜。

習慣就是人生的應用軟體，習慣有領域、一如軟體有適用範圍。平時知道存養美善寬博的習慣領域，遇事時又能靈活抽出合宜的習慣領域來應對，就稱得上是自我習慣的主人了。

游教授早年研習的是數學；以微分競局（differential game）理論享譽國際管理學界，並榮

任堪薩斯大學講座教授，當時在學術殿堂塔上的他上仰茫茫青天下俯熙擁人群，開始覺得孤寂。因爲數理式的論證常只求推理方法的嚴謹，卻掌握不住人心的精微，更不用多談人性的管理。這人心源自上蒼，雖不可量度卻遍存於群己間。在潛心研讀聖經、佛經、心理學、腦神經學書籍後，他步下學術的象牙塔走入人群，在體悟人性後提出了「習慣領域」學說。這學說的要義是：

一、人的行爲多因於要調適「所欲與所能」的差距所產生的壓力。

二、人爲化簡馭繁，他的所欲、所能與調適機制會趨於穩定，穩定而常見的行爲就成了習慣，而所有意念的集合就是習慣領域。

三、習慣領域越是純良寬博，相輔的ＩＱ與ＥＱ越能循良性演化而拓展，越能發揮潛能活出生命的色彩。

四、多了解人我間的習慣領域，就越能檢核出行爲盲點，也越能修持自我接納他人。

游教授這本書正是他習慣領域學說深入淺出的代表作。他擺脫一般學者論述事物的習慣，而以說故事的方式點醒人心，讓大家以唸短篇小說的心情來想悟周遭生活的形形色色。讀來自然有趣，眞是享受。

游教授一直是我的良師，我再次祝福他的志業成功。

（本文作者現任交通大學資管所講座教授）

推薦序（五）習慣領域就是游教授對世人的饋贈

楊碩英

管理大師彼得杜拉克十三歲的時候，有一位老師問班上的同學：「你想要饋贈給這個世界的是什麼？」想當然耳，在場沒有一個孩子能回答這個問題。這位老師笑笑，然後說；「我也不期望你們現在就能回答這個問題。但是如果你們到了五十歲的時候還不能回答這個問題，你就浪費了自己的生命。」這個問題對其中不少孩子影響深遠，雖然他們直到三十多年後才明白其中的含意。彼得杜拉克就經常問自己這個問題，他說這個問題會引發他不斷去更新自己。

讀完游伯龍教授的《HD：習慣領域》，我不禁掩卷沉思。像游教授這樣在三十六歲時已獲傑出講座教授如此學術成就的人，是什麼樣的原因使他跳出學術的象牙塔，全心致力於開創並推展習慣領域？我深信那是因爲游教授認眞地問了自己一個類似的問題「我眞正想要饋贈給世人的是什麼？」。經過近二十年的心力，習慣領域就是他對世人眞正的饋贈。我也深信在開創及推展習慣領域的願景中，他一定充分活出生命的意義及實現生存的使命，並能不斷自我更新。他的人生已邁入了一個更高的境界，超越了他的學術桂冠。這對許多從事學術工作的後輩，是深具啓發性的。

游教授曾經蒞臨中山大學演講習慣領域，我有幸聆聽並於會後共進晚餐，令我印象極爲深刻的是他那隨時請教、虛心學習的態度。這是在許多學者（尤其是已有成就的學者）身上極難見到的；即使有，也多屬表面謙虛。而他那近乎菩薩道的胸懷與傳道的精神，令人肅然起敬。我想這應是游教授長年不斷修持、自我更新的結果。他是自己所倡導的習慣領域的實踐者。

由於我在中山大學這十餘年來所開設的創意思考、系統思考、組織學習等課程內容，所涵蓋的範圍與本書非常相近，談起來倍感親切。然而游教授將諸多概念與工具融爲一體的功力，就遠非我輩所能企及。我還是先把自己所熟悉的東西空掉，花了兩個星期的時間，很慢很慢地享受這本書：邊讀、邊省思、邊實驗、邊自我探詢，深覺獲益良多。我相信這本書中介紹的工具，只要用心持續應用，將使我們擁有更寬廣和豐富的人生。我也衷心期望能將自己領會到的，與周遭的人共同分享，使得習慣領域這套好方法，能夠進一步地推展，造福人類社會。

（本文作者爲中山大學企業管理學系教授暨系統思考與組織學習研究室創辦人）

習慣領域學說的源起

我在一九七七年拿到堪薩斯大學（University of Kansas）史可賓（Carl A.Scupin）傑出講座教授頭銜之後，便計畫做一些比較基礎長遠的研究。於是對人們展開長期觀察，發現每個人經常要做決定、與他人競爭或合作，因此決定從了解「人」開始。我多方研讀心理學，卻未能得到滿意的結果，於是再研讀腦神經科學、解剖學，然後把以前所知的系統工程和管理學加以整合，因而研發出「習慣領域學說」。

爾後我花了五、六年時間詳讀孔子、莊子、老子、鬼谷子等古代聖賢的絕妙觀點，參照佛經、聖經與世界各地格言，加以佐證習慣領域學說，並整理出三個工具箱，引導人們進一步追求理想的習慣領域。早先我是以較學術的觀點從事習慣領域的推廣，本書則是一種新嘗試，以較生活化而平實易讀的風貌呈現，期使一般大眾都能從日常生活和工作中分享習慣領域帶來的正面效應：活力、效率、喜悅和智慧。

謹將此書獻給所有直接或間接幫助完成此書的人，
及所有能知、能用、能享HD並擴展HD的人。

再版自序 習慣領域——影響一生成敗的人性軟體

你有無價之寶，你知道嗎？如果不知道，你將失去人生許多的喜悅、快樂；如果知道，你將讓你的生命更豐富，更有光彩。

你有無限的潛能，你知道嗎？如果不知道，你的能力、信心、勇氣無形中將被受限制，無法全然發揮；如果知道，你可以讓你的能力更豐富、更具有信心，使你的生活更有效率，而創造喜悅、快樂。

習慣領域〈HD: Habitual Domains〉學說開宗明義指出「人人都是無價之寶，都有無限的潛能」，只因不知不覺的習慣把自己束縛於某範圍，而沒辦法發揮原本具有的潛能。這學說除了讓我們更清楚的了解自己和別人都是無價之寶、有無限潛能外，更提出好用有效的工具箱，讓我們的潛能能夠繼續不斷的開發，讓我們更有能力、信心解除人間的痛苦、煩惱，創造生命價值；使我們的生活更有效率、喜悅，生命更多彩多姿、更有意義。

HD是指我們腦海裡所有的念頭思路的綜合，及它的組織與運作。它是操作我們具有無限潛能的大腦的人性軟體。假如我們沒有警覺，這人性軟體的運作會漸漸的停在某固定範圍內，無法繼續升級、發揮效能。因此，我們的想法、做法、行爲就慢慢的形成習慣性。因有這習慣性，這人性軟體就稱爲習慣領域（HD）。

一台超級的電腦，如果沒有功能強大的軟體，就無法突顯出它的威力；一個精緻的電腦玩具，如果沒有好玩的軟體，也無法顯出它的迷人之處。

本書對習慣領域做一個有系統的介紹。書中基本觀念介紹如下：

一、讓我們清楚知道「人人具有無限潛能、是無價之寶」；「習慣領域如何形成？」；「爲什麼它是影響我們一生成敗的人性軟體？」；「命好不如習慣好」；「沒有好的習慣，事業很難成功；沒有壞的習慣，事業很難失敗」等等。

二、習慣領域的核心：那些是我們常常使用或常常控制我們行爲的人性軟體。書中探討八個古今中外，人人具有的行爲通性或強有力的念頭、思路。這八個常用的念頭、思路或常用的軟體，本身沒有對錯，用得好，它會讓我們發光發亮；用得不好，它會讓我們走入陰暗的惡性循環。書中將敘述如何善用、如何升級這些軟體，使它們能繼續不斷的爲我們工作。善解善用這些人性軟體，我們在日常生活或工作上就可更有效率、喜悅，人際間的關係也可獲得大大的改善，讓我們成爲有魅力、受歡迎的人。

三、我們的大腦和心意的運作：依照腦神經科學家、心理學家的研究，我們整理出大腦與心意的運作的八個構想，這是習慣領域基本的操作系統。我們對它若有清楚的了解，我們就可以更清楚地了解自己、了解別人、了解如何繼續不斷的開發自己無限的潛能，讓自己更具有能力和信心，遠離陰暗痛苦而邁向光明、輝煌。

四、三個簡單好用，可擴展豐盛HD與生命的工具箱：經繼續不斷的研讀古今中外偉人聖賢的名著，包括：聖經、佛經、道德經、孔子、孟子、莊子、鬼谷子……等，及世界偉人傳記、各地格言。我們整理研究古今中外能夠提升、豐富、擴展我們HD及生命的方法和智慧，並將它們歸納成三個簡單好用的工具箱。這三個工具箱就是我們HD和生命豐富化的操作手冊（如同電腦、手機的操作手冊）。善用此操作手冊，可以讓我們的習慣領域又深又廣，又具有無限的彈性，能有效地、適時地解除自己和別人的痛苦、煩惱；讓我們心中充滿著愛、慈悲，並具有強大的能力可創造喜悅與快樂；讓自己成為人間的發光體，照耀世界。不但你可成為有魅力、受歡迎的人，連大自然及造物主也會因為你的光耀、喜悅而感到喜悅、快樂。

習慣領域學說築基於腦神經科學、心理學、最佳化理論、系統動態學、管理科學。為使讀者容易了解、接受、使用HD，我們放下抽象的數學，用許多有趣的故事來介紹、引導要介紹的觀念、方法。讀者可以輕易的打開書本，用心的享受所敘述的故事、觀念或方法。也許你有一股衝動想要把全書立刻看完，那是很好的；也許你會選擇細細地、慢慢地咀嚼每一頁、每一段話，慢慢去吸收所介紹的觀念或方法，那也是很好的。不管你是用什麼方法讀本書，請不要忘記，要不斷的複習、使用本書介紹的觀念、方法。這些觀念不怕你用，你越使用它，它就越光亮，也越會爲你工作，讓你的生命光亮起來。

「用出來才是眞功夫」，當你可以感受到，隨時隨地都有看不到、摸不到的ＨＤ，而且你可轉化它，讓它爲你或別人工作時，那你的眞功夫就會展現出來，這是檢驗ＨＤ功力的好方法。

當你讀完本書，你覺得不錯，或把ＨＤ用出來了，請與你的家人、朋友分享。當你與人分享時，你必須重新整理你的思維，在整理的過程，你已先滋潤自己；而別人也因你的滋潤，生命變得更有光彩。這是造福自己、別人的好方法。

透過分享，我們可以更有效的擴展、豐盛我們的習慣領域，讓我們周遭的人及社會更有喜悅、快樂；讓我們的生命發光。

最後，我要眞誠的感激你閱讀本書，讓我們結了善緣。若有心得、感受、指示，敬請與我聯絡。好嗎？

原版自序　IQ和EQ沒談的人性軟體

你想要EQ高嗎？你想要IQ高嗎？想不想兩者都很高？

如果你想要的話，就要徹底了解習慣領域（HD：Habitual Domains）。

以往大家都談IQ（智商），現在又加上EQ（情緒商數）。目前在台灣盛行EQ，這是可喜可賀的事。一個IQ很高但EQ低落的人，常會有不良的情緒反應，使自己心裡不快樂，身邊的人也不快樂；反過來，一個EQ很高但IQ不高的人，他可能情緒很快樂，但在系統分析上會很薄弱。

而一個HD很高（有深廣HD）的人，幾乎能認同萬物、知萬物的機微，並能立刻取出有效的方法，解除自己及別人的壓力和痛苦，因而能創造喜悅和快樂。因此，他的EQ和IQ一定都很高。

要做一個成功快樂的人，不但IQ要高，EQ也要高。只要我們的HD能繼續不斷地擴展豐盛，我們的EQ和IQ自然會不斷提升。

人們有不好的情緒是因爲他們的ＨＤ走進惡性循環而沒有警覺。讀完本書後，你會知道如何警覺這惡性循環而轉化ＨＤ，讓它邁向良性循環。一旦在良性循環裡，不管什麼事，我們都會有信心，也會有效率，更能創造喜悅和快樂。

人們的智商會低、知識判斷會差，是因他的ＨＤ狹窄、失去靈活性而沒有警覺。讀完本書後，你會知道如何繼續不斷地擴展ＨＤ，使它更靈活地爲你工作。如此，智商自然會不斷地提昇，你將更有效率、信心和喜悅。

習慣領域是指我們腦海裡所有記憶、觀念、想法、思考模式和行爲模式的綜合，相當於我們的人性軟體。

我們的大腦有一千億個腦細胞，是無價之寶，又像一台超級電腦的硬體。

然而，一個超級電腦如果沒有有效率的軟體，就發揮不出威力；就像一個精緻的電動玩具，如果沒有好的軟體，也顯不出它的好玩。

同樣地，如果我們的軟體或習慣領域沒有效率的話，它就無法發揮功能，我們的ＥＱ和ＩＱ也不會得到提昇。然而，只要願意去開發使用，大腦有無限的空間和能力讓我們發揮。

每個人都有神奇的大腦，爲什麼成就卻千差萬別？爲什麼有人每天會覺得有信心、喜悅和成就感，而有些人就沒有信心、沒有喜悅和沒有成就感？

經過一、二十年的研究，我發現這差別在於每個人的ＨＤ；沒有有力的ＨＤ，很難創造效率、信心和喜悅；具備有力的HD，就很難沒有效率、信心和喜悅。

如何能讓我們更有效率、信心、喜悅和擁有豐富的人生呢？答案是不斷地提昇我們的人性軟體或擴展豐盛的HD。

「知己知彼，百戰不殆」孫子的這句名言人人知道。那麼如何知己知彼呢？本書提出一個系統，讓我們能夠常常警覺，並了解大腦如何運作，以及心意如何駕馭大腦。因此，我們能更進一步了解自己、了解別人，充分的知己知彼。此外，本書也提出三個簡單好用的工具箱，藉之轉化並豐盛自己的HD。自然而然，EQ和IQ就會不斷地提昇。

本書特點

一、它有清楚的系統架構，讓我們知道心靈或人性軟體如何運作，以及如何有系統地邁向理想的習慣領域。

二、爲使這些基本觀念和工具，更清楚地展現在讀者眼前，我們編寫了許多有趣、具啓發性的故事，來闡釋這些觀念和方法，使讀者能在輕鬆愉快的閱讀中，體會到習慣領域的眞義和妙用。

三、讀者可以隨意將本書先看一遍，然後再回頭看自己喜歡的章節。學習應用習慣領域的最好方法是經常去警覺、應用，並與人分享。

當你覺得本書中的觀念有意義、有趣時，可以把內容重新整理，再與家人、朋友分享。整理的過程會更加強你的觀念，這是先滋潤自己；當你與家人、朋友分享時，他們也會得到好處，那是滋潤別人。分享是造福自己，造福別人，進而造福社會的好方法。

當你讀完本書，可進一步地讀《智慧新境》、《智慧乾坤袋》、《你是大贏家：習慣領域的應用；》（此三書由洪建全基金會出版）一，以及《行爲的新境界》（聯經出版社）。這些書可以讓你更進一步地了解HD的妙用。

（游伯龍書於一九九八年）

再版謝辭　感謝

本書得以順利再版，我要感謝楊正全先生繪製書中每張「小博士」，感謝洪韻嵐小姐，習慣領域研究室助理，細心校稿並協助本書再版相關聯繫；感謝時報文化出版公司莫總經理及編輯團隊陳翠蘭、吳瑞淑、廖姿菱等，用心協助本書的再版；也謝謝研究室同仁（賴宗智、陳彥曲、侯靜芳、黃鴻順……等）繼續研究推廣ＨＤ；我們也非常感謝前交大校長張俊彥、現交大校長吳重雨、教務長林進燈、黎漢林、黃美鈴……等教授，在ＨＤ的研發和推廣上給予鼓勵，我也要特別感謝沈清雄董事長及許多ＨＤ同修，每年不間斷地支持、資助ＨＤ學會。當然我們也非常感謝ＨＤ學會的歷屆理事長、秘書長、理監事的熱忱與投入，對ＨＤ的研發與推展不遺餘力。

要感謝的人實在太多，只要你曾投入ＨＤ的擴展或閱讀這本書，你就是我感激的對象；限於篇幅，不能一一列舉，但我對您的感激是一樣的。〔敬請參閱〈原版謝辭〉第二十八頁。〕

原版謝辭

感謝

我要感謝我的執行助理鍾宛祺，她很認眞地學習和閱讀習慣領域，很認眞地打字，從頭到尾由口述、重整、修改到完成；對她的聰明、認眞地提意見和任勞任怨地整理，而使本書能如期完成，我非常感激。我另一位助理凌仕倧也在打字和校稿方面幫了很大的忙，並提供建議。

對於訪問學者李建明、江勁毅及其夫人賴韻葶等三人，每個禮拜有一天與我腦力激盪，討論如何用簡單有趣的故事來敘述習慣領域的概念，使本書能文辭暢順、內容更有趣，我非常感激。

我也非常感激王能品和施勝台先生的鼓勵，以及介紹時報出版社，令我產生一股很大的力量完成此書。在這裡當然也要感謝時報出版社柯淑芬小姐、朱玉昌先生和莫昭平小姐的熱心和鼓勵，他們也給我很大的助力。

我要感謝的人非常多，除了在《智慧新境》、《智慧乾坤袋》、《你是大贏家：習慣領域的應用》和《行爲的新境界》裡面感謝的HD同修之外，我要感謝所有參與習慣領域學說推廣的同修，包括中華民國習慣領域學會的理事長、秘書長及其他理監事：張鴻章、曾國雄、張文華、楊慶宗、林悉祺、吳文傑等教授、先生，習慣領域推廣中心的董事長、總經理、董監事及工作人員：馮仁厚、廖義明、蕭進益、陳曼玲、高順鎰、郭騰尹、林宏如、王能品、王保璉、施勝台、蕭美麗、吳美玲、郭盈妏、洪素靜、彭金山等，和一大群在各地努力推廣習慣領域的同修，包括孫懷萱、王廣玉、陳膺宇、陳亭羽、王日晶、施慈魂、林素朱、李俊良、張伯任、陸知光、陳順妹、黃康時、林敬國、林光明、陳淑珍、楊焜池、林杏娟、舍碧眞、華運楝、陳登福、林春發等等。

只要您曾經投入HD的擴展，就是我感激的對象；限於篇幅，不能一一列舉，但我對您的感激是一樣的。

此外，我有很多良師益友，他們不斷地鼓勵我、幫助我，讓我繼續不斷地成長，我要感謝他們，包括：鄧東濱、于宗先、萬又寧、黎漢林、劉維琪、楊碩英、黃金來等教授，王事展、石滋宜、金懋暉、何國慶、黃麟明、簡靜惠、林哲生、王鍾渝、杜書伍等董事長、總經理，以及辜世奇、林金順、楊明放等將軍及許多國外的教授及企業經營者。

書中若干引用的例子和故事，有些是由HD同修提供的，我感謝這些同修；有些我無法查知原作者，在此僅向這些原作者致歉，也表示我對他們的感謝。

我更要感激我的內人周照子的默默幫助、鼓勵和對稿，她對本書的完成幫助很大。

最後，我要感激您，因您讀這本書，與我們結了善緣。如果您有心得的話，請與我分享，好嗎？

（游伯龍書於一九九八年）

無限的感恩 HD與宇宙人生奧妙之一窺

自從一九七七年在美國被遴選爲堪薩斯大學史可賓傑出講座教授後，我就積極的透過腦神經科學、心理學、最佳化理論、系統工程等，探討人類行爲的基本運作；一九八六年在堪薩斯大學商學院第一次講授HD及應用；一九九九年回台灣在國立交通大學資管所講授習慣領域與應用；期間也常到世界各地演講解說習慣領域。

這一路走來，HD讓我受益無窮。我要感恩的人實在非常的多，從我的父母、家人、朋友、師長、學生、HD同修，及有緣相識、相會的人，到古今中外我讀過的偉人及許多偉大文學經典著作的作者……等，都是我感謝的對象，不管緣分多深、多淺或多長、多短，我都感激他們，因爲他們皆在我的HD刻下電網，成爲我生命的一部分。

願以下之心得與你分享、共勉，以示我的無限感恩。

HD裡的電網（念頭思路）對我們的影響常是不知不覺、奧妙無比的。電網驅使我們甚至束縛我們。從我們出生就逐漸接受家庭、社會的規範、教條；慢慢的，這些規範教條就成爲驅策我們行爲或束縛我們行爲的無形鐵鍊。

我們的HD是由無法數盡的無形鐵鍊組成，我們或許可將HD形容成無形的碉堡。我們就活在這無形的碉堡裡，這碉堡一方面給我們安適，另一方面卻束縛了我們無限潛力的開發。有的碉堡具有彈性、吸收性，能欣賞、接納不同的碉堡；有的碉堡則如同頑石，並具有排斥性，只要有不同的觀念，它立刻築起防衛，用武力將它趕出去。

各個偉大的宗教都有它的信仰和教規，它們終極的目標都是直接、間接的要讓人們能夠邁向理想的HD，能夠立刻有效解除人間的痛苦與煩惱。原來宗教的創始者，都具有博愛、自由的心靈。後人經過幾世紀持續對教義（聖經、佛經、可蘭經、道德經……）進行解讀研究，因他們有不同的HD，所解讀的教義也有不同。因此，同一宗教就有許多不同的教派，常有可能把原創者偉大的精神、博愛與自由的心靈作侷限性的解釋。

想一想，如果有一個無形的力量，將耶穌、穆罕默德共處於一間會客室，室內有美味的食物、也有打鬥的武器，請問他們兩人會相互擁抱，慶祝在此時此刻，他們擁有這了不起的相聚的機會；或他們會拿起武器相互砍殺呢？一個是神的兒子，一個是神的使者；他們相遇時，以他們的博愛、偉大的靈魂，我個人認爲他們一定會相互擁抱，互相珍惜、慶祝這美好的相遇，而不會互相殘殺。

爲什麼常有後世的人藉宗教的名義，發表言論相互攻擊甚至殘殺呢？那是因爲這些後世的人受到不同教義教士ＨＤ層層不斷的洗禮，在沒有自我警覺下，塑造了如同石頭般堅硬，缺乏吸收性的無形碉堡，並緊緊的將自己關在這無形的碉堡裡而不自知。只要出現與碉堡不同的觀念、信仰，他們就立刻拿出刀劍來捍衛自己，結果就造成世間不斷的憤恨怨怒甚至戰爭。

當你讀完本書，你知道你有一個無形的碉堡，你知道有交換原理，有對立互補原理，你也知道你可以升高察思等。偶爾不妨試著把這無形的碉堡放下。離開碉堡後，你可以看到更多宇宙世間造物的美妙，在碉堡裡所看到的太陽、月亮、花朵樹木、聽到的聲音（蟲鳴、鳥叫……），與在碉堡外所享受到的太陽、月亮、花朵樹木、聲音（蟲鳴、鳥叫……）會是不一樣的。走出你的碉堡，你將會發現原來宇宙的奧妙是如此神奇、美麗，當然你的ＨＤ就會更廣大豐盛。

針對不同的教堂廟宇，你也可以讓你的碉堡升級，讓你信仰的教堂或廟宇升級。讓它升級到能認同不同的觀念、思維，乃至各種不同的教堂廟宇。如果宇宙萬象是宇宙眞神的創造，它的創造是充滿著大愛和美意。如果我們不讓我們的碉堡、教堂或廟宇繼續不斷的升級擴大，我們又怎能接近宇宙眞神的創造而享受眞神的大愛、美意和奧妙？

有一次我應邀在堪薩斯城紀念馬丁路德．金恩博士（美國的國定假日）會上做一主題演講。爲了準備演講，我拜讀了金恩博士的傳記。他說道：「當你仍在猶豫你自己的生命安全時，你就無法得到心靈完全的自由。」這句話給我很大的震憾！對的，在生活中，我們爲著追求生存與安全、傳宗接代、自我重要感、社會的讚許、感官上的快樂與滿足、好奇心的滿足、自我昇華……等，有形無形之中，我們就會被這些（無形鐵鍊）束縛住。當我們害怕失去某目標，我們就會被它牽絆住。若心有罣礙，我們便會失去心靈的自由，因爲我們的注意力只放在與它有關的一切，而無法觀照整個浩瀚的宇宙奧妙（潛在領域）。

當我們能放下所有束縛（空無原理），就可以得到心靈完全的自由，我們可感受到大自然或宇宙眞神隨時隨地給我們的恩惠。例如：如果我們沒有空氣或水，就將回歸自然，失去生命；爲著讓我們繼續活下去，眞神或大自然便供給我們賴以維生的空氣和水；如果沒有食物，我們就會饑餓生病而死亡，但大自然的運轉，讓我們的社會隨時隨地供給我們所賴以維生的食物，難道這不值得我們感恩嗎？如果我們沒有衣服，我們生活上將遭遇許多難題，透過大自然轉化，我們社會也提供我們所需的衣服，這不值得感恩嗎？我們要感恩的事眞的太多了。

如果我們都能善用交換原理，有時我們可以朝向目標努力工作，解除人間某族群的某種痛苦、煩惱。有時也可以完全地放下束縛，讓我們可以立刻感受到大自然或宇宙眞神的大愛和奧妙，如此我們就可以不斷的感恩慶祝，回饋社會及大自然，享受生命的恩典。

就如同你給人家一個禮物，如果對方會領悟、欣賞、感激、快樂時，你也會感到快樂、高興一樣；當我們領悟、欣賞、喜悅、感恩、慶祝宇宙眞神或大自然的恩典時，宇宙眞神或大自然也會因我們的領悟、高興、喜悅、感恩、慶祝而喜悅、快樂。

大自然用不同奇妙方法，創造它的奇妙，給人們恩惠；當有人能發現它的眞愛與奧妙時，它會很快樂的。達爾文的進化論說出了大自然生物進化的道理，宇宙眞神或大自然知道祂/它的大道理被理解了，我相信祂/它也會喜悅的。談到這裡，ＨＤ與進化論有關嗎？

宇宙眞神或大自然在每種動物都注入強有力的電網：目標建立（要生存與安全；要傳宗接代……等），與情況評估（由眼耳鼻舌身意來執行）。爲求生存、爲求傳宗接代，動物就須能適應環境、求生求變、物競天擇，於是千千萬萬的生物就會繼續不斷的繁衍、蛻變而創造了大自然神奇美妙的各種生物。因此進化論與ＨＤ的八大構想（電網）是有密切關係的。

我們無限的感恩並慶祝上天賦予我們這行爲運作的八大構想（電網）及三大工具箱，讓我們可以繼續不斷的邁向理想的ＨＤ，創造出多采多姿的生命。

第一章　命好不如習慣好

每個人對於「命好」的看法不一，有人認爲功成名就、揚名世界是命好；有人認爲累積財富、享受物質生活是命好；有人認爲衣食豐足、平安順遂、沒有痛苦過完一生便是命好；也有人認爲子孫滿堂、子孝孫賢才是命好。各位讀者可以想想看，一生中雖然有痛苦與不幸，但卻非常豐富、有意義，這樣算不算是「命好」呢？你希望自己是哪一種「命」呢？

命由心生，知者是王

一生平順就是好命？

銀盒金絲

在西方流傳這樣一個故事。有一個十歲左右的小孩，十分不喜歡父母常叫他幫忙家務，也討厭老師要他上課讀書；他每天都不情願地去上課，到下午一、兩點就等著回家。

有一天，這個小孩走到森林裡，見到遍地綠草野花，非常舒服，於是躺下來休息。忽然，一位美麗的仙女出現，對他說：「小寶，我這邊有一件非常奇妙的禮物想送給你。」

小寶興奮地問：「是什麼東西呀？」

仙女拿出一個圓形的銀盒說：「這是一個奇妙的寶盒。」

銀盒看起來很漂亮，小寶覺得很好玩，便問：「它有什麼用處呢？」

「它可神奇了！這裡面有一條金絲代表時間，當你覺得不快樂時，只要把金絲抽一下，不快樂的時光便會立即溜走。不過，你不能把金絲再拉回去，如果這樣做便會死亡；當你把金絲全部抽完，你也會死去。還有，千萬不能讓其他人看見這寶物，否則你也會死去。」

小寶高興極了。「非常謝謝你！我會好好保管使用它的！」說完便從仙女手中接過銀盒金絲，小心翼翼地放入懷裡。他害怕別人看見，但又懷疑這個寶物是否眞那麼神奇，心裡迫不及待想要試用它。

第二天下午，小寶已經想回家了，可是老師仍然說個不停，看情況可能起碼要多留個一小時左右。小寶覺得無聊極了，於是偷偷地伸手到懷裡，輕輕地抽出一小段金絲。神奇的事情發生了，老師突然叫他們收拾書本，可以下課回家。小寶非常高興，第一個衝出課堂，一蹦一跳地回家玩耍去。

從那天起，每當遇到不愉快的事，小寶都會把金絲輕輕一抽，不愉快的事便會在一剎那間消失。

有一天，小寶忽然想：「爲什麼我要到學校上課啊？我想馬上長大，像其他大人一樣去工作賺錢。」

小寶隨即抽出比平時還要長的一段金絲，於是，立即變成了年輕力壯的人。他到一間工廠去做木工，有了收入，可以更自由自在地玩了。

小寶有一個女朋友，這時也和小寶一樣長大了。兩人非常親近，生活十分快樂。不幸的，他們的國家和別國開戰，小寶被徵召去當兵。他非常害怕會戰死沙場。

「戰爭是多麼冷酷無情啊！咦！我可以用我的寶貝來使戰爭結束。」

於是小寶又抽出長長的一段金絲。一下子，一群好戰的軍人被打垮了，至於那些在戰事中贏了的人，此時都已經年老了。

小寶沒有受任何傷，愉快地回到家中。他的女朋友一直在等他，見他平安回來非常高興。那天，小寶向女朋友求婚，卻被她一口拒絕了。女朋友說：

「我們要多等一年，因爲我需要時間學習如何照顧家庭。」

小寶沒有法子，只好落寞地回到家裡。但他想起了自己的銀盒，便又抽出長長的一段金絲。

一年一晃便過去了，他順利地和女朋友步入教堂。就在眾人歡呼鼓掌的一刻，小寶忽然發覺自己的母親老態漸露。他心裡感到一絲絲難過，但很快就被歡樂的氣氛沖淡了。

一年之後，他們的第一個兒子出生，但不久就生病，常無法入睡。小寶見兒子如此痛苦，愛子心切，又把銀盒內的金絲輕輕一抽，兒子馬上康復了。

後來夫婦兩人又再添了四個兒子。每當兒子患病時，小寶都會抽出一點點金絲，孩子於是都馬上復原，患病的痛苦和壓力立刻消失。

後來小寶突發奇想：「如果我的兒子能快點長大成人的話，不是很好嗎？這樣他們就可分擔我的工作了。」

小寶隨即又抽了長長的一段金絲，他的兒子很快長大成人，可以幫忙小寶工作。正當小寶滿意於自己的傑作時，他忽然注意到妻子蒼老了許多，母親更是老態龍鍾。此時，他告誡自己，不可動不動就使用金絲，否則時光會立刻消失，不會倒流的。

有一天他的妻子生病了，十分痛苦。小寶想再抽出一點金絲，卻擔憂自己會因金絲全部被抽完而死去。小寶猶豫著，但他實在不忍心看妻子受苦，最終還是小心地把金絲抽出了一點，他的妻子身體康復了，但小寶的母親卻更加衰老了。

不久之後，小寶的母親因爲年老體弱得了重病，小寶想起了自己的金絲，心想抽出一段，母親便可像兒子和妻子一樣復原過來。可是當他用手一抽，母親便闔上雙眼，永遠不再張開眼睛了。

母親的逝世給小寶很大的衝擊，他非常困擾和痛苦。

「爲什麼生命是如此短促、冷酷無情？我的母親一下子就離我而去，妻子也一天比一天衰老！」

他想要靜下來，於是返回從前那個森林，發現一切景致和初次來到時幾乎一模一樣。不過小寶現在也年老力衰，沒走多久已覺得疲倦，於是坐下來休息，不一會兒就睡著了。

就在這個時候，那位送他銀盒金絲的仙女突然出現，她問小寶：

「這個法寶是不是很好用呢？」

小寶回答：「妳還說它好用！它把我害慘了。」

仙女不高興地說：「你這個不知感恩的人，我給你天下最好的寶物，你卻一點也不欣賞它、珍惜它！」

小寶說：「我的母親死了，妻子也老了，妳還說不是在害我！」

仙女見小寶一臉痛苦，怒氣漸消，於是說：「我想這樣好了，你把銀盒金絲還給我，我答應幫你完成一個心願好不好？」

小寶毫不猶豫地說：「好！我希望能回到第一次遇見妳的時候。銀盒金絲我不要了。」

仙女微笑點頭，於是把銀盒金絲收回來。

此時，小寶突然聽見母親的聲音：

「小寶，你還不快起來，你的女朋友在外面等你一起去上學呢！」

小寶睜開眼，發現正睡在自己的床上，「原來是一場噩夢！怎麼感覺這麼眞實！不過，幸好是夢。我以後一定要好好珍惜生命時光，不要因爲痛苦就把生命時光拋棄！」

生命要有高潮和低潮才有意義。假使沒有痛苦，我們便不知道什麼是快樂。如果你錯過了這些生命的波折起伏，就會像小寶一樣，活了一個一輩子完全沒有嘗受過痛苦的人生，又有什麼意思！

痛苦是成長必經的過程，我們的人生若沒有痛苦就沒有機會成長，也不知什麼是快樂。如果每人都有銀盒金絲，你會不會像故事中的小寶一樣，遇到痛苦、壓力便抽一下金絲？最後會不會像他一樣後悔？如果我們沒有銀盒金絲，當我們遭遇痛苦、壓力時，應該怎麼辦呢？

所有人、乃至所有生物，都是趨利避害、好逸惡勞的，這是**最小阻力原理**的展現，小寶也不例外。但是利與害、逸與勞是對立且互補的。沒有經過辛苦的勞動，人們就不知安逸的快樂；沒有嘗過害弊的苦酸，人們就不知利益的甜美。反過來，沒有安逸，人們就不知辛勞；沒有利益，人們就不知害弊。

如果我們一直只盲目追求短視的安逸與利益，就會像小寶一樣，到了生命盡頭卻一無所得。還好對小寶而言，這不過是噩夢一場，在他驚醒以後，尚有機會從頭來過。然而，在現實世界裡，生命只有一次，誰能跟小寶一樣，驚醒自己的過錯後，還能從頭來過？

沒有巨石的阻礙，水流激不出燦爛的浪花；沒有經過困阻的磨練，生命也激發不出耀眼的光輝。如果小寶夢中的生命只有安逸、沒有痛苦，算是好命的話，爲什麼他後來會悔不當初？小寶在整個過程中養成了一個習慣：每當他遇到困難時，就把銀盒裡的金絲拉出一段來以避開痛苦，這最小阻力原理的表現，因爲有不好的習慣（短視的最小阻力原理表現），小寶錯過了人生旅途上激發無限潛能的機會，也無法體現生命的眞正意義，在夢中虛度了一生，不僅沒有創造出生命的意義和價値，到頭來生命更只是一場空。這是好命嗎？

與此相對應的，接下來是一生充滿了痛苦、卻具有高度使命感，能活出生命意義的布雷爾。

從小艱苦就是歹命？

不向命運低頭的布雷爾

布雷爾（Louis Braille,1809-1852）生於巴黎旁邊的一個小城鎭。小時候聰敏且活潑好動，父母非常疼愛他。布雷爾的父親開了一間皮革店，他常常帶布雷爾到店裡，給他小塊皮革玩耍。

有一天布雷爾的父親有事離開店鋪，留下三歲的布雷爾一個人在店裡。布雷爾學著父親平日工作的模樣，拿起小刀要割皮革，說時遲那時快，布雷爾沒拿緊皮革，皮革和小刀掉在地上，刀子反彈上來，正好插入布雷爾的左眼。

布雷爾放聲大哭，此時父親正好回來，見狀立即抱起布雷爾趕到醫院去。但不幸的，布雷爾的左眼就這樣失明了。禍不單行，左眼後來又發炎，蔓延到右眼去。結果三歲的布雷爾就此失去了雙眼看世界的能力。

然而，布雷爾並沒有因此自暴自棄，他仍然常常到皮革店裡去幫父親小忙，雖然失明了，卻依然活躍開朗。他常常問別人天空的顏色，別人總會說：「非常非常的藍。」但藍色的印象漸漸在布雷爾的腦海裡模糊了。

當他五、六歲時，他也和其他小孩一起去學校上課。他特別喜歡歷史、地理課，很愛聽歷史故事，特別是《聖經》裡的每個故事，他都用心記著。

布雷爾的朋友對他能夠用特別的方法來記憶都感到很神奇，且替他高興。在那個年代，很多人迷信小孩子失明是上天的懲罰，因此看不起失明的小孩。幸運的，布雷爾並沒有遭受如此不公平的對待。

布雷爾十歲時，老師告訴他在巴黎有一所國立啓明青年學院。布雷爾非常興奮，請求父親讓他到巴黎讀書。

父親答應了，於是布雷爾第一次離開父母親。在巴黎啓明青年學院裡，布雷爾開始讀大凸字書（當時專爲盲人設計的閱讀方式，將字母放大同時凸出紙面，方便盲人以手觸摸）。不過，由於字母非常大且凸出紙面，一本小書往往要用幾寸厚的紙來印；書十分厚重，內容卻不多。很快的，布雷爾便把學院內所有的書讀完，且銘記在心。在學院各科中，布雷爾特別喜歡鋼琴和大提琴課。他渴望學會音樂和音符。

他常常對自己說：「一定有方法可以讓盲人像正常人一樣學習，一定有方法讓盲人更方便閱讀。我一定要找出這個方法，一定要！」

這個想法常常在布雷爾的腦海中盤旋，逐漸變成了他的人生使命。

當他十五歲時，有一天聽說一個陸軍上尉巴比爾（Charles Barbier）發明了一種方法，讓軍人在晚上也能讀軍令。這個消息引起了布雷爾很大的好奇，布雷爾心想：「人在黑暗中不能見物，怎能讀軍令呢？這不是像盲人能看書一樣嗎？」於是布雷爾決心要向巴比爾上尉請教。

幾經轉介，布雷爾終於有機會拜訪巴比爾。巴比爾對布雷爾的遭遇十分同情，對他的決心更是肅然起敬。他把發明的方法詳細地告訴布雷爾。原來他是利用尖刀刻出點和線，通過不同的排列組合，組成了軍令的暗碼。這個方法給布雷爾帶來很大的啓發和鼓勵，深信這就是他一直在尋找能讓盲人讀、寫的方法。

自從那次拜訪之後，布雷爾經常思索如何讓點和線在紙上凸出排列。他經過無數次研究和組合，終於將字母以不同的點和位置組合表示出來。（只要六個固定位置，每個位置可以有點或無點，因此可以有二的六次方、共六十四個可能組合，所有西方字母、數字和符號都可由這些不同的組合來表示。盲人只需用手指觸摸這些不同點、位的組合，就可以讀出字母、甚至文章（以下我們將之稱爲凸點系統）。另外，他又發明了一些工具，令打點的方法更加快捷順暢。

當他在巴黎啓明青年學院公布這個新方法時，很多人不以爲然，認爲使用不同字體，無形中會把盲人從正常社會中分化出來。雖然別人冷嘲熱諷，布雷爾卻沒有氣餒，因爲他對這個方法充滿信心。他持續不斷地改良打凸點的方法。

布雷爾十七歲時從學院畢業，並且開始在那裡教書。白天時他會用大凸字的書本授課，晚上回家後則全心全力地投入改良凸點系統。

一八二九年，當布雷爾二十歲時，「布雷爾凸點系統」正式完成了。他又設計了一些工具，可以用凸點打字來書寫，他打字的速度幾乎和一般人講話一樣快；他的凸點系統也能寫音符和樂章，因此盲人也能讀音樂。布雷爾甚至把莎士比亞及其他古典名著用凸點系統打出來。

當這個系統問世時，一般大眾都不知它的價值，因此對它毫不重視；有人更報以極度埋怨的態度，因爲他們深怕原來的大凸字系統會被他的凸點系統所取代。不過布雷爾並未因此感到困擾，他繼續熱心地工作。不管到哪裡，他都努力宣傳他的凸點系統，並教導學生使用。

但布雷爾日以繼夜地奔波，終至積勞成疾，在四十三歲時就去世了；當時歐洲很多地方已開始使用布雷爾凸點系統。時至今日，這個系統在全世界已廣爲盲人使用。

布雷爾在他四十二歲生日後兩天去世，臨終時他說：「人心是非常難了解的，但我相信自己在地球上的使命已經完成了。」說完不久，便含笑而終。

布雷爾究竟如何克服生命中的痛苦與壓力，並且在十五歲時就開始了他創造奇蹟的旅途，最後終於成功地造福盲人、完成人生的使命。

以一般人的觀點來看，也許會認爲布雷爾的命不好，因爲他三歲便失明。如果布雷爾沒有積極、樂觀、光明心態等好習慣，也許他眞的會認爲這就是他的命，因而自怨自艾、自暴自棄，最後放棄進入學校的機會，當然他也就不可能接觸到大凸字法，更遑論發明凸點系統取代大凸字法，造福盲人。

當布雷爾發現原先盲人閱讀所使用的大凸字法，對盲人在學習上造成不便後，便積極思索如何改進盲人閱讀的方法，以解除自己及其他盲人的痛苦。

在他致力於發展凸點系統的過程中，若不是有良好的習慣、有熱情、有信心、全力執行，並且把這工作當成人生使命，也許在遭遇許多打擊、挫折、嘲笑後，他會選擇放棄這工作，那麼今天的盲人也許仍使用大凸字法閱讀呢！

布雷爾用生命創造了凸點系統，讓世界各地的盲人有機會更方便讀書，這是何等偉大的貢獻！儘管他英年早逝，但他能以平靜的心情來面對死亡，這是因爲他相信自己的使命已經達成。

和布雷爾比較起來，「銀盒金絲」的小寶，命不知要好上千百倍。小寶有一個健全、無價之寶的身體，也擁有無限的青春、活力，更得到仙女賜的寶物。然而，在夢中的小寶卻沒能好好利用自己的優勢活出生命的意義，直到在生命旅途的末段才悲怨自己一無所得，更別說貢獻社會了。

爲什麼「命不好」的布雷爾可以一生無悔，「命好」的小寶在夢鄉中卻幾乎含恨而終？其中道理就在於「命好不如習慣好」。

布雷爾有著積極、樂觀、進取、光明的心態，他沒有放棄進入學校學習的機會，所以最後發明凸點系統取代大凸字法，造福盲人。此外，他充滿熱情、有信心、全力執行，並且把這工作當做是人生使命，在重重打擊、挫折、嘲笑中仍不放棄學習和研究工作。他有抱負和理想，並且勇往直前、專注有恆、百折不撓、自信樂觀、願意幫助別人解除痛苦和壓力，因此他在黑暗世界中仍能活出光明、有意義的人生，爲人類作出偉大的貢獻。雖然表面上「命不好」，但他的「習慣好」，故能創造豐盛的生命。

夢醒前的小寶胸無大志，做事得過且過、推卸責任，不喜歡幫忙家務，也討厭上課讀書，每天只想著玩耍。他又依賴別人、膽小怕事、缺乏毅力，在得到銀盒金絲後，每當遇到困難不快，便只想把金絲拉出以渡過難關。小寶雖然表面上命好，但他的習慣不好，因此幾乎抱憾終身。

布雷爾命不好但習慣好，他活出生命的光輝；而小寶是命好但習慣不好，最後幾乎喪失整個人生價值。這正是「命好不如習慣好」的寫照。

以前讀過「乞丐興學」的故事。故事中有位乞丐雖然因貧困無法進學校讀書，但卻有悲天憫人的性格和決心，立志要爲貧苦大眾建學校。他努力把行乞得到的每分錢存起來，最後眞的成功地建成了一所學校。雖然他沒有豐足的物質享受、沒有順遂的生活，但他完成了人生的使命，爲其他貧苦的人提供讀書、進修的機會，解除許多人的痛苦及壓力。事實上他的生命像布雷爾一樣，憑藉良好的習慣解除自己人生旅途的痛苦與壓力，爲世人貢獻自己的力量，而使自己的生命更加豐富、有意義。

改造你的命運

袁了凡的改命

袁了凡是江蘇人，明朝進士。六十九歲時寫了一本書給他兒子，名爲《了凡四訓》，後來成了流傳千古的名作。這是一本很好的書，讀者有空可以細讀，以下簡單摘要書中的內容。

袁了凡年幼時喪父，母親叫他放棄讀書求取功名的路，改習醫術、濟世救人。袁了凡聽從母親的話放棄了學業。有一天，他在慈雲寺裡碰到一位仙風道骨的老人。老人慈祥地對他說：

「你是做官的人，明年就可以科舉及第，爲什麼不讀書了？」

於是袁了凡把母親叫他放棄功名、改習醫術的緣故告訴這位老人，並請教老人的姓名。老人回答：「我姓孔，得到了邵先生所精通的『皇極數』眞傳。我見你是有緣人，想把這皇極數傳授給你。」

袁了凡請孔先生回到家中，他的母親了解原委之後便對袁了凡說：「我們要好好招待他。既然這位老者精通術數，就請他爲你推算一下，看看靈不靈。」

這位孔先生算了一些事情，結果都十分靈驗。因此，袁了凡便相信孔先生所說自己應該是有功名的，於是又動了讀書的念頭，拜郁海谷先生爲師。

後來孔先生替袁了凡推算說：「你做童生的時候，縣考得第十四名，府考會得第七十一名，提學考應當考第九名。」

果然，一年之後，袁了凡三次考試所得的名次跟孔先生所推算的都一模一樣。

孔先生又替袁了凡推算終身的吉凶。

「你應當做貢生，等到出了貢後，應被選爲四川一知縣，上任後三年半便告退。你會活到五十三歲，可惜沒有子嗣。」

後來袁了凡果眞當貢生進入燕都，留在京城一年。這時，他覺得一切都是命中注定，何必再努力，所以整天靜坐不動，不說話也不轉念頭，凡是文字一律不看。一年之後，他要到國子監去讀書，臨行前，先到棲霞山拜會雲谷禪師。兩個人面對面坐在一間屋裡，三天三夜都沒有閉過眼睛。

雲谷禪師問道：「一個人不能成為聖人是因為胡思亂想的念頭太多。我看你靜坐了三日，卻沒有起過一個亂念頭，這是什麼原因？」

袁了凡回答：「我被孔先生算命算定了，榮辱生死都有定數，不能改變，想也沒有用，自然沒有亂念頭。」

雲谷禪師笑道：「我還以為你是個了不起的人，原來你只不過是個凡夫。平常人無法不胡思亂想，因此被陰陽束縛住，也就是被氣數束縛住。然而極善的人可以變苦成樂、貧賤短命可以變成富貴長壽。反過來，極惡的人可以變福成禍、富貴長壽變成貧賤短命。你先前的二十年都被孔先生算定了，你沒有把『數』轉動過分毫，所以你是凡夫。」

袁了凡問：「照你這樣說，這個『數』不是一定的嗎？」

雲谷禪師說：「命不是一定的，而是由自己做成的。做了善事命就會好，無福也會有福；做了惡事命就會不好，有福也會變無補。古書中說過這樣的話，佛經裡也常常提起。」

袁了凡進一步問：「孟子說過，道德仁義全在自己心中，我可以努力做到；但是功名富貴不是在我心裡，而是旁人給我的，我怎麼可以求呢？」

雲谷禪師說：「你把孟子的話解釋錯了。一切福田都離不開心裡。只要你能感動別人，沒有做不到的事情。如果你能向自己心裡頭去求，那不單心裡頭的道德仁義可以求得到，就是身外的功名富貴也可以得到，而且是不去求便自然得到。因爲有道德仁義的人，大家一定會喜歡他、敬重他，所以功名富貴不用去求，別人自然會給他。」

雲谷禪師再引經據典闡述他的觀點，使袁了凡心裡開始相信命是可以改變的。只要由內心做起，把自己的不良習慣改掉、增加福德，自然可以改命。

雲谷禪師又問：「以你自己的想法，你是不是應該有功名在身？是不是應該有子嗣？」

袁了凡想了一會兒回答說：「我不應該有功名的，也不會有子嗣的。因爲有功名的人都是有福相的，我相薄福也薄，又沒有行善積德。另外我不能忍耐和擔當重大的事情；旁人有不對時，我也無法包容；而且我性情急躁、氣量淺狹，有時又顯得自大，喜高談闊論，想做就去做。像這些種種的行爲，都是福薄之相，怎麼能夠取得功名呢？」

「此外，我有潔癖，容易動怒，只懂愛惜自己的名節，說話太多。傷了氣，身體就不強健。還有，我喜歡喝酒，又常徹夜不眠，也不懂保元氣。我有這些種種的毛病，所以不應該有子嗣的。」

由於袁了凡能知自己的不良習慣，雲谷禪師便教他用功改過的方法，把每天所做的功德與過失記下來，讓他知道當天所做的有哪些可以改過增善。

於是袁了凡下定決心要改過積善。一年之後禮部科考，孔先生算他考第三，結果他考第一。這時袁了凡更加相信雲谷禪師的話了，更加努力地改過和行善積德、努力地改正壞習慣。當袁了凡將自己的不良習慣逐漸改過後，不僅在五十三歲時沒有死，在他六十九歲時，還寫下這本流傳後世的名著。孔先生算定他命中無子嗣，結果他也得到一個兒子。

看完袁了凡的故事後，你還認爲命運是定數、無法改變的嗎？你希望循著未知無名鎖定的軌跡走完你的人生，還是希望創造自己想要的人生呢？

袁了凡因爲具有自知之明，能有知過、改過、積善的好習慣，因而改變並創造了自己的命運。同樣的，只要我們能學習袁了凡的精神，改除不良習慣、累積善德，也可能改變、創造我們的命運！

沒有好的習慣，事業很難成功；沒有壞的習慣，事業很難失敗

想像一個人若胸無大志、做事得過且過，常常動搖觀望、隨波逐流、推卸責任、依賴別人，又膽小怕事、缺乏毅力、消極悲觀；你想這個人的事業會成功嗎？反過來，一個人如果有抱負和理想，能夠勇往直前、敢作敢爲、百折不撓，喜歡幫助別人，和別人一起工作時，能充

分與人合作、有創見而且自信樂觀；你覺得這個人的事業會失敗嗎？

如果仔細去分析古今中外所有功成名就的成功者，可以發現，絕大多數的成功者都具有樂觀、積極、光明心態等良好習慣；相反的，大部分無法成功或事業無法守成者，常常是因爲有不好習慣而不自知所造成的。因此我們可以說：「沒有好的習慣，事業很難成功；沒有壞的習慣，事業很難失敗。」

如果一個人處處關心別人和團體，助人爲樂、和藹可親，爲人坦率、慷慨、寬宏大量，能欣賞別人的成就，有同情心且關愛社會、誠懇待人，幫助別人解除痛苦和壓力；這樣的人別人會不喜歡他嗎？我相信當我們遇到這樣的人時，我們會喜歡親近他。這樣的人有如此好的待人處世習慣，自然會使人喜歡他；若他遇到困難時，別人也會樂意幫助他，事業當然容易成功。

相反的，如果一個人只關心自己、自私自利，待人粗暴、冷漠，爲人狡猾、多疑、吝嗇小氣、心地狹窄、愛圖報復，事不關己己不勞心，對別人的成就嫉妒、對別人的不幸無動於衷，盛氣凌人又獨裁霸道；你覺得這種人容易相處嗎？這種人待人處世的壞習慣，常常會讓自己陷入孤獨無助的人際關係裡而不自知。

我們常常會看見，在人際關係上能夠處處獲得善緣且受人愛護擁戴的人，往往是因爲他有上述的良好習慣，而且這些良好的習慣遠多於他可能有的不良習慣。反過來，當一個人具有孤獨、冷漠，容易憤世嫉俗、埋怨別人、埋怨命運等不良習慣時，他便很難得到成功的人際關係。因此，我們可以說：「沒有好的習慣，很難有好的人際關係；沒有壞的習慣，很難有壞的人際關係。」

我們想一想，如果一個人能自尊自愛、情緒穩定、處事鎮定沉著、忍讓而有耐心；你說這個人的心情會容易不安、急躁嗎？反過來，如果一個人常常自暴自棄、反覆無常，常與人爭吵，做事性急；你覺得他的心情會平靜自如嗎？

其實我們常常看見，一個情緒平靜自如的人，往往是因爲他具備有良好的習慣；反過來，一個人之所以會情緒不安急躁，往往是因爲他不良的習慣所致。因此我們可以說：「沒有好的習慣，心情很難平靜自如；沒有壞的習慣，心情很難急躁不安。」

習慣對我們的影響既然如此深遠，我們能不去體察嗎？

一個人事業有成，我們常會說他的命好；當一個人事業無成時，我們往往又會說是他的命不好。其實，一個人如果有好的修養習慣，他便會自尊自愛、情緒穩定、處事鎮定沉著、忍讓而有耐心。如果有好的待人處世的習慣，他便會處處關心別人和團體，以助人爲樂；爲人和藹可親、坦率、慷慨、寬宏大量，且能欣賞別人的成就，並有同情心且關愛社會、能幫助別人解除痛苦和壓力。如果有好的生活習慣，他便會有抱負和理想，能夠勇往直前、敢作敢爲、百折不撓而且自信樂觀。

一個擁有上述好習慣的人，命運完全掌握在自己手中，他可以決定自己要過什麼樣的生活、要成爲什麼樣的人。也就是說，他能改變命運，創造出豐盛、有意義的人生。相反的，如果習慣不好，即使生爲天子（如桀、紂）或生在富貴之家，也不見得能擁有豐富、燦爛、有意義的人生。因此，是「命好」重要呢？還是「習慣好」重要呢？

「一年之計在於春，一日之計在於晨。」我們更可以說：「一生之計在習慣！」

第二章　人人是無價之寶，具有無限潛能

潛能無限，永續發明

無價之寶

假如有人要用十萬元買你美麗的眼睛，你會答應嗎？如果不答應，一百萬元賣不賣？一千萬元又如何？價錢很吸引人吧！不過請你記住，眼睛賣了就再也看不見繽紛光明的世界。一千萬元換來永遠黑暗的日子，你認爲值得嗎？

同樣的，如果有人要買你靈敏的耳朵，你多少錢才會賣？如果耳朵賣了，你就再也聽不到世上美妙的聲音，世界將會變得一片死寂。金錢和聽覺比起來，你認爲哪個比較重要呢？

再者，如果有人想用一千萬元買你的心臟，你會答應他嗎？你或許會想，沒有了自己的心臟，你可以買一個比較便宜的、別人的心臟代替。然而，別人的心臟不一定適合你的身體，你的身體可能會排斥這外來的東西，你可能會因此喪命！

除了眼睛、耳朵和心臟之外，你細緻的皮膚、靈活的手腳……都是很多人夢寐以求的寶物，你多少錢才願意賣？如果依照這種方式去衡量，你知道你現在擁有一個無價之寶的身體嗎？其實世界上每一個人都有一個無價之寶的身體。

當我們明白每一個人都有無價之寶的身體時，我們便應該知道要加倍去愛惜它；同時，還可利用這道理來幫助身邊的人，使他們保持對生命的熱愛。

你想自殺嗎？

以下是我的學生阿娟告訴我的故事：

我有一個朋友叫阿玲，近來經常與她的丈夫吵架，心情十分鬱抑，不時在我面前提及自殺的念頭。每次見她心情不快，我總是努力勸她想開些，但似乎效果不大。

有一天碰巧在路上遇到她，看她神情格外沮喪，問她原因，才知道她又與丈大吵了一架，她說：

「唉！生活眞是一點意思也沒有……。」

她已不再對我訴說她的煩惱，只緩緩對我說：

「再見了！阿娟。」說完便匆匆離去。從她平靜的話語和呆滯的目光中，我猜想她這次一定做出了某種決定，是要離婚呢？還是要自殺？若是打算離婚的話，應該對未來的生活抱有一點希望才對啊！一種深深的不安和莫名的煩惱困擾著我，一時竟不知怎麼去安慰她。我正準備離開，忽然想起前幾天游教授在「習慣領域」講習班的一次演講〈人人都是無價之寶〉，一個新奇的主意躍出我的腦海。我急忙追趕已走遠的阿玲。

「阿玲！阿玲！等一等！」

追上她後，我說：「妳是打算自殺吧？若妳眞想自殺的話，我是完全瞭解的。」

她沉默不語，我肯定了自己的猜想，接著說：

「不過，我有一個小小的請求，相信妳會答應我。」

「妳說吧。」阿玲終於開口了。

「請妳答應我先等一個月才自殺。」

「爲什麼要等這麼久？……我明白了，妳是假裝支持我，其實不過是要我降下火氣，平心靜氣時便打消自殺的念頭。你知道這是沒有用的！」

「妳說錯了。我不是要阻止妳自殺，那一個月時間不是給妳的，我需要這一個月，幫妳準備身後事！人既然要死，若能留點財富給小孩，不是很好嗎？從現在開始，我要四處打聽，幫妳找買家。」

「什麼買家？我沒有什麼要賣啊！」

「當然有呀！既然妳一定要尋死，身上的東西就不要浪費。妳視力一向很好，失明的人可以移植妳的眼角膜重見光明，所以妳的眼角膜可以賣到幾百萬；我看妳的皮膚很細膩，那些曾經遭遇火燒、需要植皮的人，他們也會很樂意買妳的皮膚的。」

「還有，妳的身體一向非常健康，心臟、腎臟等等通通都可以賣給有需要的人！這些對妳沒用的東西都是別人救命的無價之寶呢！這些東西賣給別人後，得到的幾千萬元可以給妳的孩子，就當是替他們積點福吧！這樣妳也可以去得無牽無掛了。」

這是阿玲聞所未聞的，大大出乎她的意料之外，她竟然呆在那邊。

良久，阿玲終於恍然大悟：

「是啊！我有這樣寶貴的身體，我爲什麼不珍惜呢？謝謝妳，我的好朋友，不管怎樣，我都會好好活著！」

阿娟這位朋友，因爲觀念始終停留在跟丈夫不愉快的關係上，因此十分痛苦、想要自殺。可是當阿娟充滿智慧地點化她，讓她知道自己擁有無價之寶的身體時，阿娟朋友的觀念，便從原來想要自殺的死結移轉，而趨向光明。

富有的雙腳

有一個在醫院當義工的大姊姊，有一天帶了故事書和玩具，專程到兒童病房爲小朋友講故事。有一個半身癱瘓的小女孩告訴大姊姊她想聽「哆啦a夢」，大姊姊沒有這本故事書，也不知道這樣的故事，於是大姊姊自己編了一個「哆啦a夢」的故事。小女孩在聽到哆啦a夢有個無所不能的口袋後，突然好奇想看大姊姊口袋裡的東西，大姊姊就掏出口袋裡的東西：一枝鉛筆、一串鑰匙，及一顆可愛的小石頭。當大姊姊掏到最後一個口袋時，只掏出了兩個一塊錢的銅板，大姊姊不太好意思地說：

「我口袋裡沒什麼錢呢！」

小女孩看了看銅板，然後抬頭看著大姊姊說：

「大姊姊妳口袋裡雖然沒什麼錢，但是妳有一雙會走路的腳；所以妳是富有的，因爲妳能走路！」

大姊姊聽了小女孩的話後，愣了一下，因爲她從來沒有想過有健全的四肢有什麼特別的，但此刻卻頓悟到自己能自由自在走路的確很幸福，於是她看著小女孩的臉說：

「妳說得對，我是眞的很富有呢！」大姊姊接著對小女孩說：

「其實妳也很富有哦，因爲妳有一對美麗發亮的眼睛，也有健全的雙手。」

這時，小女孩笑了，小女孩說：「是啊，我只注意到我無法任意行走，卻沒想到我有這對好的眼睛，還有一雙靈巧的雙手！」

你可曾想過走路是多了不起？或者可以看見這美麗的世界是多了不起嗎？也許你從未想過，因爲這些能力是大部分人都擁有的，所以我們常常忽略了擁有這些是多麼可貴。

但是，可曾想過失去這些的痛苦與不便？事實上，這些無價之寶，它讓我們感到方便，更因有了它們，我們可以感受到美好的人、事、物，縱然有人以千金向你買，相信你也不肯賣的！所以我們除了要珍惜這些無價之寶，更要有警覺去保護所擁有的無價之寶；一旦失去了，即使有錢也買不到。

富翁的願望

一位年老的富翁，經過半輩子努力，已經擁有上億的財富。雖然他很富有，但因爲身體不好，只能待在老人院裡休養，不能自由自在地到處走，因此很不快樂。

有一天，一個小男孩跟父母來探望爺爺，他發現鄰床的老先生一直注視著他，於是便親切地和那位老先生打招呼並交談起來。兩人聊了一陣子，當小男孩知道老富翁的成就後，非常羨慕，但老富翁卻跟小男孩說：「如果我給你一百萬，但你不能用它，還必須像我一樣躺在床上，不能到處走動，你願意嗎？」

小男孩回答道：「我才不要呢！一天到晚躺在病床上，不能到處去玩，有什麼意思！」

「如果給你一千萬呢？」老富翁繼續問道。

小男孩還是說不要。

「如果給你我全部的財產，你願不願意呢？」

小男孩更是用力搖搖頭，並好奇地問老富翁，爲什麼會這樣問？

老富翁說：「我雖然富有，但我反而希望擁有你的健康和青春活力啊！因此，你要好好珍惜你所擁有的！」

小男孩對老翁的話似懂非懂，聽到父母的叫喚，又一蹦一跳地回到爺爺身旁。

你曾經體會到青春、活力、生命的可貴嗎？除非曾經面對失去它們的威脅，或者已經失去了它們，否則我們很少會去注意和警覺生命時光的寶貴。如果我們能警覺所擁有的無價生命時光，便不會去浪費、虛度生命。

人人擁有無限潛能，但會消失！

正常人的大腦約有一千億個腦細胞。心理學家威廉．詹姆斯（Willam James）說：「人們用不到他天賦潛能的一〇%。」腦科學家觀察，在每一個時間點上，只約有一〇%的腦細胞在活潑地工作，其他九〇%都在休息、睡覺。

賽跑時，別人跑十秒，你跑九秒九，你就是冠軍；考試時，別人考八十九分，你考九十分，你就是榜首了。如果科學家和心理學家詹姆斯說的是事實，那麼假若我們能夠額外使用天賦潛能的一％，得冠軍或榜首並不很困難。

假若我們能讓一一％的腦細胞爲我們工作，我們將會產生無比的威力，成爲集榮耀於一身的英雄、甚至是超人。

根據腦科學家的研究，人的大腦有一千億個腦細胞，想想看，一千億個腦細胞可創造多少千奇萬變的想法和做法?例如，千萬種人類的語言、無數種音樂、科技等等。

腦科學家又告訴我們，如果不使用腦細胞，腦細胞就有可能白白地萎縮、死亡；而且，死亡了幾乎就永遠無法再生。因此，如果我們不發揮潛能（使用腦細胞），我們的潛能就會消失。

靈活的應變能力可激發我們的潛能，可惜的是，當我們壓力很大或執著於既定的看法時，常忽略其他更有力量的觀念；我們的應變能力即失去其靈活性，潛能也就無法發揮。這是有趣的問題，也是本書探討的主題之一。

展現你的潛力

你看過氣功大師的表演嗎?爲何世上竟有如此神奇的氣功?事實上，氣功是通過對意念的控制（心力控制）發揮人體潛能所產生的力量。你知道嗎，你也有這樣的潛能，不信的話，讓我們來做一個簡單的試驗。

第一步、雙腳站立，與肩同寬，全身放鬆，雙手握拳，重疊靠在鼻上，面向正前方。

第二步、雙腳不動，身體盡量向右轉，記住我們眼睛正視所能見到的地方。

第三步、向左轉，回復原來的放鬆姿態，放下雙手，閉上雙眼。

第四步、現在改用心轉，想像向右轉（身體不動），且所轉角度是原來第二步實際所轉角度的兩倍，然後再轉回來。（若原來轉五十度，現在就轉一百度）

第五步、用心轉，想像轉成原來第二步實際所轉角度的三倍大，再慢慢回復原來的位置。

第六步、再一次用心轉，想像轉成原來第二步實際所轉角度的四倍大，再慢慢回復原來的位置。

第七步、現在睜開雙眼，按第一步和第二步的方法實際再轉一次。

第八步、恢復原來自然姿勢。

當你認眞做完以上實驗，請問，你是否發現第二次實際所轉角度比第一次大了許多？根據統計，九〇％的人做完以上實驗都發現第二次實驗所轉的角度比第一次大了許多。

實驗結果讓我們看到了心力的存在，兩次實際所轉角度的差距其實就是心力的展現。前面談到的氣功也是心力的一種展現。心力的存在遠不止這些方面，人人都有無限潛能，無論做什麼事，只要我們用心去做、方法得當，就一定能把事辦好。値得注意的是，所謂「方法得當」，就是怎樣發揮潛在能力的問題，人的潛能是很大的，只是我們沒有注意，沒有去開發它而已！

華人的語言能力

一九九六年夏天，台灣第一次直選總統，這是除了「經濟奇蹟」外，台灣人所創造的另一項奇蹟，因爲台灣以最短的時間從強人政治走向民主政治，而沒有經過流血革命，這實在是一個値得華人引以爲榮的「政治奇蹟」。

在當時有兩位最被看好的候選人，一位是李登輝，另一位是彭明敏。他們兩人有一個共同點，就是都會說五種語言。李登輝會說華語（國語）、台語、客家話、英文和日文，而彭明敏則會說華語、台語、日文、英文和法文。

當時我剛好在馬來西亞講授習慣領域。我在一個演講會上向四、五百名聽眾提及我對台灣總統選舉的感受，我說：「要當選台灣總統實在很不容易，你們看這兩位候選人都能講五種語言。」

怎知此話一出，台下的聽眾突然笑了出來，我當時呆了一下，以爲說錯了什麼。

此時台下即有人說：「講五種語言有什麼困難呢？我們都會說五、六種啊！（華語、廣東話、客家話、福建話、馬來語、英語、印度語等）」

一般台灣人只會說台語和國語，能操流利英語的已比其他人有優勢。對於一些會說多國語言的人，如精通九國語言的教宗約翰保祿二世等，我們會非常羨慕，並且認爲這是自己不可能做到的事。

我不禁要問，同樣是華人，爲什麼對馬來西亞的華人而言，懂得多種語言在他們眼中是稀鬆平常的事情；而住在台灣的華人卻普遍只會說一、兩種語言呢？

我們也可以注意到，一般而言，同樣是華人，如果出生在美國內陸，只會說英文；住在南美的華人只會說西班牙語；生在法國的華人只會說流利的法文；而在中國內陸，就只會說一種語言（當地的華語）。

如果再看看同爲亞洲四小龍的台灣、香港、新加坡和南韓，我們可以發現它們都曾經受過殖民統治，該地方的人民在接受不同文化的衝擊下，擁有較多語言能力。殖民統治固然不受歡迎，但從另一個角度來看，由於經歷過殖民統治，這些地方的人民或許多懂得一種語言，就能在激烈競爭的國際經濟戰場占得一定的優勢。

其實華人潛在的語言能力是一樣的，然而由於生活上的需要及願力的不同，造成了台灣華人與馬來西亞華人對語言認識多寡的差異。在台灣的華人只會說一、兩種語言是因爲在台灣的社會環境中，懂得一、兩種語言便足以應付生活所需，自然沒有再學習更多語言的需要和願力。

相反的，馬來西亞華人因爲所生存的社會是由馬來人、華人和印度人三大種族組成，而馬來西亞亦曾是英國的殖民地，同時華人本身又來自很多不同的地方，因此，爲了能和他人方便溝通，他們便有願力去學習多種語言。

這個例子說明，當人們沒有生活上需要的壓力或願力時，便會習慣於所處的環境狀況，滿意於現狀，因此無法發揮一些與生俱來的能力。但因爲你有無價之寶和無限的潛能，改命、造命絕對是有可能的。習慣領域正是改命造命的良好工具，使你人生更有活力、效率、喜悅和智慧。

第三章　打開習慣的束縛，做自己電網與心靈的主人

破繭而出，自由飛翔

一千億個腦細胞

世上什麼機械最寶貴——我們的大腦和身體。

大腦是我們行爲的主宰中樞。人的行爲主要是根據大腦的感認（感覺與認知）、判斷和指令而進行的。

人的大腦是非常奧妙的東西，它的構造極其周密複雜，正常人約有一千億個腦細胞。一千億個細胞有多大？如果把每個細胞放大成細沙那樣大，一部大卡車也無法裝進所有的腦細胞。但上天給我們的這個禮物被巧妙地裝在我們頭腦裡。此外，每一個細胞約有成千上萬個「神經突觸」（Synapses）與其他細胞聯繫。從外形上看，每個腦細胞形狀有點像人參。

根據腦科學家和心理學家的研究，透過神經突觸和腦激素（neural transmitters），由於生化

與電的作用，大腦細胞間便可以傳遞訊息。腦細胞有時會亮，有時會暗。腦細胞的明、暗變化在三度空間裡形成網狀，稱爲電網（circuit patterns）。

電網是可以快速變化的，如同電腦的運作。由電網的變化，大腦就可以處理訊息。每一個電網變化，就相對應我們的一個想法或行爲。

猴子拉重物實驗

一九五〇年代，美國有兩位科學家葛利斯（G.Glees）和柯爾（J.Cole），他們用猴子做實驗，發現了行爲和電網的關係。

在還沒開始實驗之前，他們先用食物訓練猴子拉物開門取食的能力。當猴子掌握了這拉物開門的技巧後，便開始做實驗。他們首先將染色的化學物品注射在猴子身上，然後把猴子的腦蓋打開。當猴子拉物開門時，牠的一些腦細胞會活潑地運作（明暗變化）起來。

這時，葛利斯等人用電極燒炙猴子腦細胞中活潑明暗變化的部分。結果，猴子便失去了拉物開門的能力。

一星期之後，猴子拉物開門的能力恢復了，跟未被電極燒炙前一樣，又可以開門取食。此時，實驗人員再次把變化的相關腦細胞破壞，猴子再次不能拉物開門。

第二次實驗之後，要等兩、三個星期，猴子才能恢復拉物開門的能力。

等到猴子拉物開門的能力恢復之後，實驗人員又把猴子有關活潑變化的腦細胞燒壞。可是，這次「用刑」之後，猴子再也無法恢復拉物開門的能力了，於是被打針安樂死。

上述這個實驗非常殘忍，筆者不能認同。然而，實驗確實證明了思想和行為與大腦的電網變化有密切的關係；當大腦的電網被破壞時，相對應的行為和思考就會消失。

目前科學家可用精密的掃描儀器重新實驗證明，當人們有不同的想法和行為時（如想起甜食、女友、漂亮的花等），大腦就會有不同的電網變化。

我們可以說：每一個行為和思想，在腦中都有相對應的電網變化；反過來，每一個電網變化時，皆有我們相對應的行為和思想。

以下為使文字敘述流暢，當我們說某一電網，是指某一電網的變化。

沉睡的記憶

你記不記得小時候好朋友的名字？能不能想起三歲那年生日的情景？是不是那些記憶都隨時光消逝了？

有一個腦外科專家潘費爾德（W.Penfield），他是專門治療羊癲瘋的醫生。患羊癲瘋的病人，腦中有時會有不正常的電流由某一點傳散到其他點，而影響到正常的電網運作。當有不正常電流引發不正常電網時，病人會有口吐白沫、發抖、跌倒，甚至停止呼吸等症狀出現。治療手術的第一步就是要發現這不正常電流是由什麼原點經過什麼路線而傳播的，然後再從原點附近把有關的路線切斷，將病人受不正常電流的影響降至最低。

在手術之前，潘氏會用一根很細的電針刺探各部位的腦細胞，看看細胞有沒有受不正常電流的影響。

在這過程中，他發現了一個奇妙的現象——經由對病人的腦細胞施以微弱電壓，病人深藏的舊記憶就會被喚醒。

例如，在手術刺探過程中，每次他在某病人太陽穴旁邊加以相等微弱的電壓刺激，這位病人便會講述以前同件記憶中的事，例如小時候他常和鄰居小女孩玩耍的情景。

有趣的是，每次用同樣的電壓，刺激相同的地方時，這個病人就會很清楚地把和小女孩玩耍的情景講出來，而且每次都講得幾乎一樣！

從上述的發現我們知道，除非相關的腦細胞死掉，否則記憶都會被保存在腦海裡。若有適當的刺激，這記憶便會跑出來。

腦細胞每天都會死掉幾千個、甚至幾萬個，而且一旦死了，就會被排出去，除了非常特別情況，不會再補充，不像其他細胞還有新陳代謝的功能。

既然我們的記憶是存放在腦細胞內，那麼腦細胞死掉了，不是連記憶也會失去嗎？事實上，我們的記憶或電網會分散儲存在許多不同的腦細胞中，即使和某個特定記憶相對應的一些腦細胞死掉，大腦仍有其他與該記憶相對應的細胞，因此我們的記憶大都被保存下來。除非所有相對應的腦細胞皆消失了，否則記憶便一直會保存著。不過，正如潘氏的發現，這些埋藏著的記憶必須要有適當的刺激才能被喚醒。

電網：心靈運作的基礎

大腦既然這麼複雜，那麼它是如何運作以處理各種身體內在和外來訊息，以及應付瞬息萬變的情況呢？科學家對腦的了解至今仍然有限，腦科學家都很謙虛地說，目前他們仍只知道大腦運作的皮毛而已。

不過，從許多腦科學家及心理學家的研究，我們可將大腦的運作歸納成四個構想（Hypothesis，此字在英文是指「大概是對的結論，但有待進一步科學證明」），這四大構想我在第六章會詳細探討。之所以稱爲「構想」，乃是因爲這四個簡單的結論來自腦科學家的試驗。腦科學家既然謙虛表示只知大腦運作的皮毛，我們的總結當然也應該保有彈性。將來若有新的發現時，可以將總結或構想做彈性修改。從一九八〇年到目前爲止尚未找到無法用我們的構想解說的行爲。

以下先談大腦運作的第一個構想，其他三個構想則留待第六章再討論。

構想一：電網

「我們的想法、概念和訊息是用腦細胞明暗的電網變化來表示。使用越多，電網越多、越強，也越容易被取出。」

我們的想法、概念、訊息是用腦細胞的明、暗電網變化來表示的，如果這個想法、概念用得越多，電網就會跑到腦海裡各種不同的地方，同時電網也會越多越強，也越有可能被拿出來說明現象或解決問題。

當我們經常使用的那些電網變得非常強而有力時，它會經常在不知不覺中跑出來為我們處理問題。除非我們能夠警覺，否則在不知不覺中便會被那些潛藏在腦海中強而有力的電網所控制，讓它們為我們做決定，而成為我們行為的主人；我們也會在不知不覺中，做它們的奴隸而不自覺。

丈母娘看女婿

一坐上飛往美國的班機，陳女士不禁回想起第一次去美國探望女兒倩倩的情境。那時候，倩倩剛與喬治結婚，陳女士隻身一人初次踏上了飛往美國的飛機，想著即將見到分別三年之久的女兒，陳女士愉快的心情變得有點激動。

電話中女兒說她將與新婚的丈夫喬治一起到機場來接機，陳女士心裡琢磨著這女婿到底是什麼模樣，聽女兒的口氣，喬治一定是個不錯的小伙子。身爲馬來西亞的華人，她始終保持中國的傳統觀念，沒想到女兒會嫁給一個洋人。

女兒及女婿在機場等候多時，母女一見面立即相擁在一起，久久不能分開，那場面實在令人感動。此時喬治只好在一旁傻等著，過了好一會兒，女兒才想起該給媽媽介紹喬治：「媽媽，這就是我的丈夫，喬治。」

喬治一邊用結結巴巴的華語對陳女士說：「媽媽，很高……興看見您！」一邊上前擁抱陳女士，並在她臉上吻了一下。

這舉動大大出乎陳女士的意料之外，立即從喬治懷中掙脫出來。她滿臉緋紅，差點惱羞成怒，只見她用手狠狠地擦著被喬治吻過的地方。

激動的情境變成尷尬的場面，喬治不知做錯了什麼，向倩倩伸了伸舌頭，只有倩倩明白是怎麼回事。她趕緊悄聲對媽媽解釋道：「這是美國人表示友好的舉動，沒有別的意思！」

後來陳女士又去了美國兩次，漸漸習慣了與喬治互相擁抱問好的方式。

當陳女士第四次從馬來西亞飛往美國探望女兒，想著又能見到女兒、女婿還有小外孫，心裡很是高興。

下了飛機，只見女兒帶著小外孫來接她，大家熱烈擁抱問候。過了一會兒，陳女士左顧右盼，總不見喬治的身影，女兒說：「喬治原本打算一起來接妳的，但臨時有重要的事，無法抽身。」

陳女士微感遺憾地嘆了一口氣：「哦！」

突然她自己感到有點可笑，竟會發出這樣的聲音，後來終於醒悟過來，她微感遺憾的原因是這次機場的歡迎，少了喬治的問候——擁抱。

我們可以用電網的概念來解釋陳女士的行爲變化，當喬治第一次擁抱陳女士時，陳女士腦海中既存「擁抱」的電網代表的意思是：情人或同性好友之間的親近方式。因此，當女婿喬治擁抱她時，她感到手足無措、難堪而惱怒。後來經過女兒的解釋，「擁抱」也是「問候」的電網開始在腦海中建立。

後來幾次去美國，擁抱問候的電網得以加強，並形成某種習慣，以致於她再到美國時，在機場因沒有喬治的擁抱問候，而感到若有所失。

電網的建立和加強是需要時間的。當一個新訊息出現時，我們常常會用已有的電網去解釋它，這就是以後要討論的類推聯想的構想。如果新的訊息與我們預期的感認有較大的差距，我們就會直覺地排拒它。這就是爲什麼陳女士最初對喬治的擁抱感到反感，後來對缺少擁抱問候會感到失望的原因。

從上述的例子中可以看到，我們的行爲常常受到腦海中既存電網的支配影響，甚至成爲電網的奴隸也不自知。如果可以適當、靈活地運用電網，而不被電網所控制，那我們將可以做電網的主人，及做自己行爲的主人。

電網會即刻的、不知不覺的控制我們的行為

D 三天內學會游泳

有一次，我到馬來西亞講授習慣領域。課程結束後，主辦單位安排了五天的休假，讓大家鬆弛一下，其中有三天是到著名的蘭卡威海邊去遊玩。

在旅館邊，蘭卡威海灘的景色相當迷人，有蔚藍的天空、細白的沙灘，再加上海浪沖上岸時的美妙聲音，眞使人有如置身仙境之中。

我和其他學員一到海邊，便迫不急待想下海游泳、充分享受這難得的時光與景色。其中有三位學員（分別是二十多歲、三十多歲、四十多歲）不敢接近海水，眼中卻又流露出羨慕、想玩又不敢玩的眼神。我一問之下，才知道他們三人都怕水、都不會游泳，因此不敢接近海水，

但又很羨慕別人會游泳，可以充分享受眼前的美好時光。

於是我告訴他們三人，這正是他們實踐習慣領域最好的機會，也是學會游泳的難得時機。爲了增強他們學游泳的願力與信心，我說：「其實從動物進化的過程；由魚類而變成兩棲動物，而爬蟲類，而脊椎動物，而哺乳動物來看，游泳這個電網、技能是與生俱來的，就在你腦海中，只不過因爲你們從小怕水，沒有把這個游泳的電網拿出來用，久而久之，便很難再取出來了。現在，我希望你們能應用所學到的HD，在三天内學會游泳。」

這三位學員聽完我這番話後，受到鼓勵，便眞的下海學游泳。

我一開始要他們學仰泳，告訴他們放鬆自己全身的肌肉，頭往後仰，便能浮在水上，而且我會用手扶住他們的背，所以不用怕會沉下去。他們很有信心地依我的話躺在海水上。我用手扶他們的背，請他們用腳踢水。果然他們都能浮在水上並且仰泳前進。

這時，我順便做個試驗對他們說：「你看，我現在不扶你的背，你一樣能游得很好！」

沒想到此話一出，他們知道我沒有扶他們的背，便開始緊張起來，不會游泳的舊電網又跑出來占有他們的注意力，於是全身肌肉僵硬起來，姿勢完全走樣，馬上沉下去，嗆了幾口海水。

而之所以沉入水中，都是因爲原有怕水的舊電網又跑出來占有注意力的結果。我說：「你們要改變舊有的電網、創造新的電網，而且你們一定能做到，因爲我們每個人都有無限空間可以編儲新電網、有無限能力可以轉化舊電網。只要你們嘗試多次，不要害怕吃到海水，你們一定會游泳。」

他們聽完我的話後，果然信心滿滿地不斷練習，三天後他們眞的學會游泳了，能自在地在海面上仰泳。

學會游泳後，其中一位同修高興地流淚說，沒想到怕水的電網竟然束縛她三、四十年而不能享受游泳的快樂。她在海中邊游邊唱歌，把多年來的沉悶吐出來，也唱出自由解放的喜悅。

從這個例子，我們可以看到怕水的電網綁住他們的行爲，而敢接受挑戰的電網則打開他們的領域。電網可以不知不覺地控制注意力，我們做了電網的奴隸也不自知。

請問你一生中有沒有一些你敢做或不敢做的事？有沒有感到你之所以敢做或不敢做，是因爲有一些電網在支持著你或束縛著你？**警覺是智慧的開端**。請你現在就仔細想想那些有關的電網。

做電網的主人：相由心生，心由相轉

笑取博士

幾年前一個在堪薩斯大學（University of Kansas）念博士的學生，想請我當他的指導教授。他來找我的時候，神情臉色十分不好，因爲那一陣子他的父親過世，再加上太太又和他離婚，因此顯得很不開心，從他臉上只看到愁苦，看不到一絲笑容。我見他這樣，便告訴他：「你很聰明，我很欣賞，但有一個條件，如果你能做到我就答應你，否則請你去找別的教授指導你。」

學生聽完我的話後點點頭。於是我開出條件：「你一天要大笑三次，每次五分鐘。」

他接著回答說：「老師，你知道我最近很痛苦，怎麼可能笑得出來？」

我問他：「你以前笑過沒有？」他說：「當然笑過。」

「那就回想以前快樂的事來笑吧！若這不可能，你可以想一些好笑、好玩的事，或去看一些笑話故事，讓自己開心；何況笑是上天賜給我們最珍貴的禮物，若因不如意的事就失去了笑的功能，豈不是太可笑嗎？如果這樣仍無法讓你笑，你就勉強笑，笑久就成眞了！」

「你如果不笑，不去改變你的心情，那我無法同意擔任你的指導教授！」

於是他答應了我的要求。

我們一週要見面兩次，每次我都會先問他：「你笑了沒有？每天三次，每次五分鐘。」剛開始時，他答得有點勉強，後來就很自然了，兩、三個禮拜後，他的面容轉化了，喜悅的笑臉常掛在面上。一般博士論文需一、兩年才能完成，這學生竟在兩、三個月內就完成了。

爲什麼這個學生改變了心情後，論文可以這麼快完成？

在他痛苦的時候，他的注意力都集中在不偷快和痛苦的電網上；因此，他的心是封閉的，表現出來的行爲都是消極的態度。當他每天大笑後，由於肌肉的抽動，腦的電網重新結構了，他的心情由悲傷轉爲喜悅；此時，他的心是開展的，想法也趨向光明、成功的這一面。於是積極正面的電網影響他的態度，他的行爲也跟著改變，效率也提高了。

試想，同樣做一件事，抱著快樂喜悅的心和抱著痛苦悲哀的心去做，哪個比較有效率？只要有光明、積極的心態，自然做任何事都比較容易成功。

我們快樂是由於快樂的電網占有我們的注意力；而悲傷是由於悲傷的電網占有我們的注意力。

笑與喜悅是連在一起的，當你悲傷、生氣時，不妨試著大笑。當你大笑時，在面部、脖子、胸部、腹部共有四十多條肌肉會抽動，而把「快樂」的訊息送到你的腦中，而腦的電網就會重新結構，因此悲哀、憤怒都會隨即消失。俗語說：「相由心生」，其實心也可以由相來轉化。

我們的行為舉止會因為腦的指令工作；心裡高興，臉部表情是笑嘻嘻的；不高興的時候，便愁眉苦臉。反過來，「相」也可以改變「心」。當你正生氣時，若嘴角一笑，你腦海中的電網重新結構，由生氣轉為喜悅，便不會再生氣了。所以如果我們警覺到這點，便可以改變心意、轉化心情，做自己電網的主人。

同樣的，當你惆悵時，不要彎腰駝背；不妨抬頭挺胸或高歌一曲，你的情緒也會因行為的轉化，讓積極的電網占有你的注意力而轉化。另外，我們可以多回想自己以往成功、喜悅的經驗。因為這些成功、喜悅的經驗都有相對應的電網，如果經常回想這些電網，這些電網便會越強而有力，也就越容易取出。這樣一來，大腦中將有很多積極光明的電網，影響我們日常的思想和行動，我們將會更有效率、更成功和快樂。

先天與後天的電網

我們生下來便會呼吸、會哭，這是天生的。另外，有關傳宗接代的電網，在嬰兒時期，我們不會把注意力放在上面；但是當我們漸漸長大，到十幾歲時，這電網就會越來越強；到了近二十歲時，這電網在一般人腦中會變得十分強而有力，因此會對愛情充滿好奇和嚮往。這些與生俱來的電網不容易爲我們所改變。

後天的電網是透過後天的經驗、想像和學習而來的。我們生下來便接受父母親的薰陶和環境的影響，因此生在不同地方的華人會有不同的價值觀、不同的喜惡……。例如有人喜歡學數學，有人喜歡學工程，也有人醉心藝術創作，這些大多是後天學來的電網。後天的電網需經過訓練和重複使用，才會逐漸變得強而有力，而使相對應的活動能由生疏、熟悉而變得巧妙。

譬如打羽毛球，剛學會如何拿球拍時，往往無法把球發到正確的位置，也無法正確地回擊來球，彎腰撿球的次數比打球的次數還要多。如果你並沒有因此洩氣，而繼續努力去練習，漸漸你會發覺擊球過網並不是那麼困難，自己撿球的次數少了。

如果再繼續努力練習，你甚至可以打出落點奇佳的好球。爲什麼？這是因爲你打羽毛球的技術已經由生疏變成熟悉。在你腦中與之相對應的電網，也因經常使用，變得強而有力。練習越多，你的球技便越有進步，漸漸你便能靈巧美妙地攻守自如。

D 想像與體驗

憑空想像和實際經驗都可以創造電網，也都可以使電網加強。例如打籃球，你可以眞正走到籃球場上練習籃球，這樣有關的電網便會與實際經驗連在一起。你若有經驗，或觀看別人打球，也有相對應的電網存在。有這電網後，你可憑意念在腦海裡想像各種傳球、搶球及射球。

經過幾次重複加強，電網就會越來越多、越強，而使你在打球時能靈活運用。

想像和實際經驗同樣非常重要。你也可以想像自己拿著籃球在球場上往返穿梭、遠投近射；你想像越多，有關的電網也會越強。想像對於實際經驗電網的加強，有如調味料之於加強菜餚的味道一般。

電網不管是想像或實際體驗的，只要它變得強而有力，就會不知不覺地占有我們的注意力，因而影響我們的個性、行爲和命運。若我們常心存光明和善念，自然命運就趨向光明和善良；反之，如果我們常心存陰暗和惡念，命運就會朝向陰暗和惡命。

電網對我們的人生影響如此重大，我們能不警覺嗎？下面是一極端的例子，可做爲借鏡。

貝絲的悔恨

心理諮商師常透過催眠，暗示和要求被諮商者無限地想像，以尋找病人深沉的記憶。在一九九二年密蘇里州有位牧師的年輕女兒貝絲，向一教堂的諮商師求助。

在催眠、暗示過程中，諮商師幫貝絲建立了一些電網：她的父親在她七歲到十四歲期間常常強暴她。在諮商師的引導下，貝絲又建立了一個電網（記憶）：她父親使她懷孕兩次，並迫使她墮胎。

當這控訴公開後，貝絲的父親面子盡失，必須向教會辭職。後來，貝絲接受身體檢查，發現她仍是位處女、從未懷孕。當時她是二十二歲。

貝絲悔恨並控告她的諮商師，於一九九六年獲得法庭判決一百萬美元的賠償。

貝絲被種下不實的陰暗電網後，懷恨她的父母並深信她小時候被父母虐待；當眞實的證據出現後，她悔不當初，並痛恨她的諮商師。

電網一種入我們的腦海，經多次加強，當它占有我們的注意力時，我們的想法就反映出電網的想法，甚至會以假爲眞。所謂「謊言重複千次，也會變成眞理」就是這個道理。因此保持一顆清醒而警覺的心，不隨波逐流，是避免受誤導或不良影響的前提。

這例子說明陰暗電網的建立，以及它可怕的後果。

哪種電網強而有力？

電網的創造是需要時間的，然而，在什麼情形下所產生的電網會較強而有力呢？我們歸納出以下幾種情形：

一、小時候學到的電網：小時候我們電網稀少，頭腦單純，因此較能專注，所學的電網很容易又強又有力量。根據科學家的研究，一般而言，人類對於母親的印象要比對於父親的印象來得深刻，這是因爲當我們在嬰兒時期，通常是母親爲我們解除各種生理壓力，例如，肚子餓了餵奶、尿片溼了換尿片等，所以在我們的腦海中，儲存有關母親的電網會多於有關父親的。另外，例如小時候學會的吃飯、走路等，這些我們小時候學到的電網，也都非常強而有力地儲存在我們腦海中。

二、利用多種管道（例如，眼、耳、鼻、舌、皮膚等）學到的電網：從不同管道學到的電網在腦海中重複的次數較多，因管道不同，擴散的範圍也較大；因此同一個訊息若能利用多種管道加以接收，則與此訊息相對應的電網便會越多越強。如此，日後取出此電網的可能性便越高。例如我們在課堂上學習時，老師都強調要眼到、耳到、心到、手到，便是這個道理。請問在下面哪種情況下，你對初見面的人印象最深？互用眼睛看一下？看了握握手？看了握握手又交換名片？看了握握手、交換名片、談彼此的趣事、離開時擁抱一下？你的答案應該很清楚。

三、在高壓下所產生的電網：因爲在高壓力的情形下，注意力會特別專注，因此所產生的電網也會較強。例如剛到新環境時，由於對周遭事物陌生，爲了能盡快融入新環境，我們會專心注意周遭的新事物。由於注意力提高，此時所產生的電網會特別強。另外，如果你有被搶劫的經歷，相信你一定記憶深刻，因爲在那種高壓力的情況下所產生的電網會特別有力，而使你難忘。

四、經常重複使用的電網：如果我們一直在重複學習某項知識或技能，腦海中相關的電網就會不斷地加強，並擴散到大腦其他部位；我們對於這些知識、技能、事件將會熟到「不必想」就「直覺」知道它們的存在與可能的變化，所謂「熟能生巧」便是這個道理。走路、開車熟練後，人們可邊唱歌邊走路或開車。當熟練掌握專業知識後，便能在不知不覺中使用。

五、與自身有關的電網：與自身有關的事物，因爲會有壓力和特別專注，所以產生的電網相較與自身無關的電網強。爲什麼你自己的頭痛遠比別人的車禍更清晰，就是這個道理。

六、專注情況下所得的電網：如同前述，你之所以對被搶劫的經歷印象深刻，是因爲在那種高壓力的情況下，你會特別專注，因此所產生的電網特別有力，而令你難忘。然而，即使不是在高壓力的情況下，只要我們能專注去學習或做一件事，則相對應的電網也會特別強而有力，如此才能容易取出此電網，爲你所用。所謂「不專心致志，則不得也」便是這個道理。

七、超出自身習慣領域外所得的電網：面對一個從未遇過的訊息或具有挑戰性的問題時，由於此訊息或問題超出我們的習慣領域，而我們並沒有處理類似問題或訊息的經驗，此時所產生的電網也會較強。因問題超出我們的習慣領域，我們有好奇心須得到滿足的壓力，也有打開原來習慣束縛的喜悅，所以我們會專注，也可能得到打開習慣領域的奇妙見解。

第四章　認識習慣領域

本章我們將介紹習慣領域的基本內涵，和它對我們一生成敗的影響。爲什麼要學習習慣領域呢？認識習慣領域對我們有什麼好處？因爲它會令你更有效率，令你感到富有、快樂，而且可以創造智慧和喜悅。

我們的記憶、觀念、想法、做法、判斷、反應（統稱爲念頭和思路）雖然是動態的，但經過一段時間以後會漸漸地穩定下來，而停在一個固定的範圍內。這些念頭和思路的綜合範圍，包括它們的動態和組織，就是我們的「習慣領域」。

這些記憶、觀念、想法、做法、判斷、反應等，都是由腦海的電網所表示，因此習慣領域也可說是我們的人性軟體，我們腦海裡所有電網的綜合，包括它們的組織和變化。

好像「龜殼隨龜」一樣，我們走到哪裡，習慣領域就永遠跟我們到哪裡，對我們的行爲、思想有非常大的影響。

諸位看到「龜殼隨龜」會不會有點訝異？因你的習慣領域沒有「龜殼隨龜」的電網（成語

HD保護你，也束縛你

大典未曾編入）。如果我們用「如影隨形」，你大概就不會訝異，因爲你有這成語的電網。可惜，「如影隨形」無法形容習慣領域對我們的密切影響。試想當沒有光源時，我們還有沒有影子？我們是不是也一樣用慣常的方式來想事物、想問題呢？但龜殼卻是一輩子隨時隨地跟著龜走。

老董事長的智慧

一家大公司的董事長即將退休，他要物色一位才智過人的接班人。經過一段時間的物色和觀察，他挑出了最後兩位人選甲和乙。

因爲他們皆善於騎馬，一天，老董事長邀請兩位候選人到他的農場。當甲和乙來到農場時，老董事長領著兩匹同樣好的馬走出來說：「我知道你們都精於騎術，這裡有兩匹一樣好的馬，我要你們比賽一下，勝利者將會成爲我的接班人。」

「甲，我把這匹棕馬交給你；乙，這匹黑馬交給你。」

兩個候選人接過馬後，不約而同地打量馬的素質和衡量自己的技術。

乙想：「幸好我一向都持續練習，這次董事長之位非我莫屬！」想到這裡，不禁沾沾自喜。

這時，董事長宣布比賽規則：「我要你們從這裡騎馬跑到農場另一邊，再跑回來。誰的馬『慢』到，誰就是下一屆董事長！」

乙從自己的美夢中醒來，不能相信自己的耳朵；甲也以爲自己聽錯，呆立著不知如何是好。

兩人心裡奇怪：「騎馬比賽都是比速度，誰快誰就贏，怎麼會比慢呢？」董事長見兩人都張著嘴巴沒說話，便說：「我再重複一次，這次比賽是比『慢』，不是比『快』。你們各就各位，我數到三便開始。」

「一、二、三，開始！」

三聲過後，甲和乙仍然站在原地，不知該怎樣做。過了一會兒，甲突然靈機一動，迅速跳上乙的黑馬，然後快馬加鞭向另一邊騁馳，把自己的馬留在後面。

乙看著甲的舉動，覺得很奇怪：「甲怎麼騎了我的馬？」

當乙想通是怎麼一回事時，已經太慢了。他自己的黑馬已經遙遙領先，甲的棕馬還留在原點。結果，乙的馬最先到達終點，乙輸了！

「恭喜！恭喜！」董事長高興地對甲說：「你可以想出有效創新的辦法，這證明你有足夠才智繼承我的位置。」

「我現在宣布，甲是下一屆董事長！」

平常我們會想，騎馬比賽都是比快的，而不是比慢的，因此我們可能會覺得這位董事長頭腦有問題，因爲他不符合我們習慣的想法。然而，候選人甲卻能跳脫出這種習慣性的想法，想出了勝利的妙計。由此例可知，習慣領域是存在的，而且隨時隨地與我們同在，我們平常不知不覺就成爲它的奴隸；然而當我們能夠警覺時，就可以做它的主人。

富翁與窮鄰

從前有位富翁，雖不是富可敵國，但也稱得上富甲一方，他卻整天忙忙碌碌，不停地賺錢，好像賺錢是他唯一的嗜好。他有位窮鄰居，整日優閒自在，不時從他那陋室裡傳出歡樂的琴聲。

富翁對此感到奇怪，認爲自己這麼有錢，居然還沒有這窮小子活得快樂，他問僕人這是什麼原因。

這僕人相當聰明，說道：「你的鄰居之所以快樂是他安於清貧，你若想要他不快樂也能辦到。」

這富翁問：「怎麼做？」

僕人說：「只要你拿十萬塊錢給他，他從此就拉不出這麼多歡樂的琴聲了。」

富翁根本不信，僕人接著說：「如果你不信，我跟你打賭好了，要是我輸了，我一輩子給你幹活，不要一分錢。」

富翁想：「世上哪有人有了錢反而不快樂，如果你賭輸了，你一輩子白爲我幹活，太划算了！要是你贏了，我只不過是損失十萬塊錢。十萬塊錢對我來說只不過九牛一毛而已，今天我跟你賭定了。」

當天晚上，富翁與僕人一起把十萬塊錢送給了他的窮鄰居，還特別強調說這錢隨他怎麼花，並給他留了字據。

這窮人意外得到一大筆錢，欣喜若狂。他簡直不敢相信這是眞的。他知道這富翁很有錢，但他與富翁非親非故，平時幾乎沒有往來，這富翁怎麼會送這麼多錢給他，莫非有什麼詭計？但從富翁的態度和僕人的表情來看，不像是在弄鬼，何況他們還留了字據。莫非那些錢是假的？他仔細驗了驗鈔票，全是眞的，他百思不得其解。

這窮鄰居一夜未睡。這錢該放在什麼地方？存銀行呢？目前利息太低，不划算。拿去投資？沒經驗，虧了很可惜，要是以前多看點投資指南一類的書就好了！要不就先買新房子、買家具？這也不太好，全買了，手上又沒錢了。整晚想來想去想不出一個好辦法。

第二天哪也沒去，怕錢被偷。第三天，他想應該去買些好酒、好肉、好東西，好好地享受一番。於是他去了一家大商場，挑選了不少值錢的東西，一個店員一直注視著他，好像防賊似地。因爲他平時去這家商場只是逛逛，或只買極便宜的東西，難怪這勢利的店員要對他「另眼相看」了。

當他發覺店員懷疑的目光注視著他，原本愉快的購物變得讓他很不舒服，他匆匆付款走了。回到家中，仍有餘氣，你想他現在還有心思拉琴嗎？更別說拉出歡樂的琴聲了。

打賭結果可想而知是富翁輸了。這個富翁時時想要更多錢，想到有更多錢就高興，怎會想到沒錢的人有了錢反而帶來煩惱！這相當於富翁付了一大筆錢把窮人的「歡樂」消滅了。當然，並非每個人都會像這窮人一樣不會享用意外之財，也許有的人在同樣情況下會樂上加樂。

現在讓我們用習慣領域來探討一下這窮人的行爲變化。在獲得意外之財前，他的習慣領域處於比較穩定的狀態，對現狀也算滿意，因而有輕鬆愉快的心情去拉琴。但是，在得到意外的一大筆錢之後，過去對他來說一些不太重要的生活目標突然變得重要起來，比如，好吃、好穿、好玩等物質享受，同時他還得考慮怎樣去運用這一大筆錢。

他剛從貧窮的狀態一下子變得比較富有，對怎樣滿足「目前變得重要的生活目標」缺乏經驗或電網，所以其內心反而增加不少煩惱（這與以後要講的壓力結構有關），當然就再也沒有好心情去拉琴了。以「習慣領域」的觀點來說，當外部環境變化時，不能靈活轉化使用電網，則心理壓力會上升，失去平衡。這窮人雖然得到了意外之財，但卻失去了原有安祥快樂的心情。

反看這位富翁，天天與「錢」打交道，增減十萬元，他尚能應付自如；但那窮鄰居因意外獲得十萬元而失去歡樂的情況，讓他感到莫名其妙，這是因爲他沒有這電網的存在。

而富翁的僕人既有富翁的電網，也有窮人的電網。因此，他知道窮人得了十萬元後會身心不安，而失去快樂；富翁剛開始也不相信會有這可能（因這可能不在富翁的HD裡）才與他打賭。

這例子告訴我們，習慣領域是與我們同在，並對我們有深刻的影響；唯有廣大豐盛的HD，才能有廣大豐盛的想法。

習慣領域的形成

習慣領域為什麼會穩定？主要的原因有下列幾點：

一、當學得越多，新的事物對我們來說是新的機會便越來越少。比如說，當我們進入一家新公司工作，第一個星期學到的東西很多，一方面我們會覺得很新鮮，另一方面又會感到有點吃不消。第二個星期上班時，學到的新東西仍然很多，但沒有前一個星期那麼多，不過吃不消的感覺很可能會消失。等到第三個星期，學到的東西又少了一點，第四個星期又更少了。就這樣，學到的東西越來越少，除非有重大事情發生，否則我們的領域就會被侷限在一個範圍之內。

二、透過類推、聯想，我們常常用過去的經驗來解釋新的訊息，會有曲解訊息的傾向。

三、儘管訊息是新的，但有可能把新訊息曲解，並把它看成不是新的。這曲解是因爲我們追求一種主觀上的一致性，即將新的訊息與既有的看法合併起來，使我們認爲它有新意的機會大爲降低。

四、我們的外在環境雖然是動態的、有變化的，但正如春、夏、秋、冬，儘管有變化，但是變化都是在一定的範圍內。

這幾個原因加起來，即可用數學證明，除非有重大事情發生，或我們刻意地去擴展習慣領域，習慣領域便穩定在某一固定的範圍內。

飯店的搶案

堪薩斯城是美國中部一個大城市，約有一百多萬人口。我有一個學生在鬧區開了一間飯店。一天，一個人拿槍給他看，並遞上字條，上面寫著：「拿出店裡所有的錢給我，否則……」我這學生非常緊張，立即拿出所有現金給他。這學生對我說，這個遭遇使他整整一個月睡不好，睡著了又常常驚醒。因爲被搶劫是生死邊緣的事，這個強而有力的電網常令他午夜驚醒過來。

過了一段日子，又有一個人拿槍指著我學生，並遞上字條。我那學生說這次他也非常緊張，立即給他所有現金。但這回他只有一星期睡不好，之後就睡得好好。

隔了一段時間，又有一個人拿槍遞紙條給我學生。他面對搶劫仍然很緊張，不過這回緊張之中又帶一點鎮靜。

他對歹徒說：「我會立刻把所有錢給你的，但請你不要太緊張。」

你看，同樣一件事情，第一次一個月睡不好，第二次一星期睡不好，第三次就緊張中帶點鎮靜，之後也不會因而睡不好。我那學生應付搶劫的能力因幾次的經驗而增強，也不覺那麼震撼。被劫這件事，他漸漸明白了該如何應付，而有關的習慣領域也慢慢穩定下來。

失戀的經驗也類似被搶劫的經驗。很多曾經失戀數次的朋友告訴我說，第一次失戀最痛苦，整顆心碎了，一個多月吃不下、睡不好，心情也十分壞。第二次失戀時，情緒仍然會不好，往往沮喪整個星期。到第三次失戀時，痛苦彷彿輕微了許多。經過多次失戀後，有些人甚至會說：「舊的不去，新的不來。」

同樣一件事情，幾次之後，我們處理該件事情的電網便會慢慢地穩定下來。當然，這穩定的原因一方面是我們具有經驗，另一方面是我們透過類推聯想，知道如何處理。同時，不管被劫也好、失戀也好，有關的人、事、物變化，都是在某一個固定的範圍內。

四個重要概念

習慣領域既然是我們大腦內所有念頭和思路的綜合，也是所有心意運作的基礎，它是非常錯綜複雜、變化多端的！我們如何了解、學習和善用習慣領域呢？如果能掌握習慣領域四個重要的概念，我們便能有效地掌握並善用習慣領域。

讓我們舉個例子：你家中一定有很多CD。你會挑出哪一張來放？一曲既盡，你是不是往往會產生一些情緒、念頭。而這些情緒、念頭和思路又會引發出一些新的念頭和思路。同時，每張CD被你取出的機會也不盡相同。我們用這個例子來解釋習慣領域的四個主要概念。

一、**潛在領域**：指在腦海裡所有可能產生的念頭和思路，或是腦海內所有電網的總和；類似你家中所有可能被取出的CD。

二、**實際領域**：此時此刻占有我們注意力的念頭和思路；相當於此時被你取出的那張CD。實際領域占有注意力，對我們的影響最大。

三、**可發概率**：每個電網實際上占有我們注意力的機率。正如每張CD被你取出的機會不一樣，每一個電網占有注意力或被取出使用的機率也不同。

四、**可達領域**：由我們實際領域的運作，往往會引發一些想法、看法。這延伸出來的念頭和思路就是我們的可達領域。比如唱完一首歌後，你會有一些新的情緒或想法、看法等。

太太的智慧

我有一個學生，在工作上他是一個非常認眞的人，三十多歲就當上公司的副總經理。他每天經常工作到晚上七、八點，回家時還帶著文件回家處理，工作壓力非常大。有壓力便得解除，不幸發洩的對象是他的太太。他一回家，看見東西不順眼就大聲對太太說不禮貌的話。

他的太太不吃先生這一套，也對先生以牙還牙。先生對她說不禮貌的話，她也用不禮貌的話回敬他；先生對她大聲說話，她便把話說得更大聲一點。

結果，夫妻慢慢養成這樣一種「相互回報」、每晚爭吵的習慣，感情也因此日漸冷淡。

一天，這位太太到醫院探望朋友，途經醫院的加護病房。透過玻璃，她看到裡面的病人戴著氧氣罩，只能靠著機器維持呼吸、延續生命。

這情景給她帶來很大的震撼。她想起了自己的先生，不需用氧氣筒就可以大聲說話、又中氣十足，回家要好好看看、欣賞欣賞；同時心中又有一種感激之情，還好她先生身體健康，不然她整天都得在醫院陪她先生。

這天晚上，她的先生八點多下班，又是帶著一堆文件和一臉焦躁回家。看見太太坐在客廳裡，頓時又覺不順眼，於是張口說些不禮貌的話。出乎先生意料之外，太太沒有像以往般回罵，卻面帶微笑看著他，彷彿在欣賞什麼珍貴的動物似的。

先生很驚訝地問：「你今天怎麼了？」

太太把在醫院看到的事情告訴先生。「看見那些病人，我覺得有這樣健康的一位先生是多麼幸運啊！我實在要感激上天，給我這樣的好先生！所以我要告訴自己，要好好地欣賞你、珍惜你。」

先生深深地被感動了，說：「我也不應該對你說不禮貌的話！請你原諒我。」從此，夫婦兩人成了最好的朋友。

在太太去醫院之前，因爲夫妻兩人的電網停留在互不欣賞，而走入了惡性循環的可達領域中，結果夫妻感情漸淡。當太太看到醫院加護病房的病人時，興起了欣賞感激的心（電網），因此有智慧地轉化了實際領域，帶動了彼此良性循環的互相欣賞感激的可達領域，而轉化了夫妻的感情。

如果我們能警覺實際領域停在哪裡，並且靈活地轉化它，就可能創造喜悅。「警覺是智慧的開端！」如果我們不能知道實際領域停在哪裡，要轉化它是很難的。

警覺實際領域停在哪裡，如此容易嗎？

沒頭髮的女人也要

有位同修曾經說過這樣一個故事：

有一位先生經營貿易生意，常常要應酬客人，往往到凌晨時分才回家。他有個能幹的太太，很擔心先生在外頭拈花惹草，因此在先生回家後，總會仔細檢查他的衣服。若看到有不是她的長頭髮，就跟先生大吵大鬧，甚至大打出手。

隔了一段時間後，這位太太都沒有在先生的衣服上找到長頭髮。

有天先生回來，看到太太在哭，哭得很悽慘，他問太太：「爲什麼哭成這樣呢？」

太太說：「我在你衣服上找長頭髮，已經找了兩、三個月，都沒找到。」

先生說：「這不是很好嗎？不是你要的嗎？」

太太以冷酷的眼神瞪了先生一眼說：「沒想到你竟然這麼墮落，連沒頭髮的女人也要！」

在這個故事中，太太一直認定先生在外一定有問題（實際領域固定在某一範圍），因此不斷地想找到證據證明自己的想法是對的。由於已經認定先生在外有問題，這時，任何蛛絲馬跡（外來訊息的進入）都被她聯想成與先生的外遇有關，最後沒有證據（頭髮）也變成了「證據」。想想看，我們是不是也經常犯了這種先給答案、再找證據的毛病呢？我們是不是也受了這種習慣的束縛？

我們常聽到「執著」這兩字，其實它是指實際領域固定在一點上，無法轉動，而自己也沒警覺。因此，即使事情、環境已變了，也無法察覺。請問人生多少不幸的事情是因「執著」或實際領域僵住而沒警覺所發生的呢？

習慣領域和習慣不同

順便一提，一般人所講的習慣，是指那些強而有力電網產生出來的行爲。因此習慣只是習慣領域的一小部分而已！習慣領域不同於習慣，因爲習慣領域除實際領域之外，還包含潛在領域、可達領域、可發概率。潛在領域除包含強而有力的電網（習慣）之外，它尚含有許多不常用或微弱的電網，但也許這些微弱的電網正是解決我們問題的主要觀念。本書其中一個主要目的是在開發擴展我們的潛在領域；換句話說，是幫助我們擴張潛在領域，讓有效力的電網可以容易占有我們的注意力，成爲實際領域的一部分，爲我們工作。

習慣領域影響一生成敗

習慣領域與我們同在，是操作大腦的軟體，因此它不但影響日常的行爲，更影響一生的成敗。

拿破崙的起落

拿破崙是一位非常偉大的軍事家，他統領的法國軍隊聲勢浩大，所向披靡。爲什麼拿破崙剛開始時能百戰百勝？因爲他的習慣領域超越了敵人的習慣領域。

例如，成功跨越阿爾卑斯山進攻奧地利是拿破崙軍隊戰績中，廣爲人稱道之事件。當時一般人都認爲，阿爾卑斯山是天險，沒有一支軍隊可以成功翻越。不過，拿破崙心中早就盤算好；如何應付軍隊可能面對的險阻，擬妥了好幾個解決的方案，並加以演練。所以，當拿破崙軍隊在跨越阿爾卑斯山時，他們胸有成竹。

在阿爾卑斯山另一邊的奧地利軍隊，當發現幾萬法軍成功逼近京城時，他們的將領以爲拿破崙軍隊是從天而降的，所以慌忙調兵準備迎戰時，已經太晚了！拿破崙帶領法軍把奧國軍隊徹底瓦解了。

既然拿破崙是如此厲害、如此懂得出奇制勝，後來怎麼會垮台呢？因爲他贏了太多的戰爭！

贏太多次後，人會自信滿滿。自信滿滿的人，他會認爲用以前的方法就會贏，因此他的習慣領域不會繼續打開。

相反的，拿破崙的敵人爲求生存，壓力很大，就要隨時隨地找點子，因此他們的習慣領域就會繼續不斷地擴大，甚至大過拿破崙的習慣領域。

例如，當時英國大將威靈頓在西班牙境內向進攻當地的法軍發動游擊戰。當法軍出現時，英軍和西班牙軍隊馬上消失得無影無蹤，任由法國軍隊如何搜索也找不到；當法軍離開時，兩國聯軍便立即跑出來，向法軍偷襲！

如此，英國和西班牙軍隊盡量不和法軍正面交鋒，卻躲在暗處等待時機，對法軍攻其不備，打完便逃。這新的戰術完全超出拿破崙的習慣領域，讓法軍疲於奔命、束手無策，而造成法國的經濟和軍事力量的重大損失。

又如俄國大將庫圖諾夫（Kutuzov），他發明了一個焦土戰略。當法軍入侵俄國，俄軍每次看到法國軍隊時，便向後撤退，並且把所有他們認爲有可能落入法軍手中的房屋和補給品統統燒掉。

拿破崙的軍隊一直在追，俄軍便一直在退。沿途法軍所見的，盡是紅紅烈火，找不到糧食和駐軍的房子，從法國送來的補給品又遙遙無期。法軍常是餐風露宿，就這麼追趕了俄軍幾千哩路。

當法軍追到莫斯科，他們發現首都大部分都在焚燒中。當拿破崙來到克里姆林宮時，他看見如此莊嚴宏偉的國家教堂，此刻也在烈焰中燃燒。

這讓拿破崙發抖，驚怕地說：「這些俄國人眞的瘋了！居然燒毀這麼美麗的教堂。我們這些正常人要和那些瘋子打仗，叫我們如何應付得來？」

想到這裡，拿破崙不由得全身冒汗發抖，心裡害怕得不得了。當時正值冬天，在嚴寒的天氣下，法軍饑寒交迫，祖國的補給遙不可及，在風雪中又找不到棲身的地方。

拿破崙發覺形勢不妙，匆匆下令退兵，可惜爲時已晚。

士氣低落的法軍倉皇地退回法國，沿途又遇到聯軍的追擊。最後，終於在滑鐵盧被聯軍擊敗投降。

一般人常常以自己的習慣領域來看外在的人、事、物。當這些人、事、物超出他們的習慣領域時，他們便會認爲別人「神經病」，殊不知這只是因爲自己的習慣領域僵化在一個固定的陷阱內而不自知，無法警覺。請問我們有無這種「拿破崙心態」？其實大至國家、公司，小至個人，都有這種心態。俗語說：「富不過三代」，也是闡述相同的道理。

而一家公司在開始起飛後，會覺得用以前的做法就可以成功，只要繼續照著這些方法即可繼續成長生存。但外在環境不斷地變化、日新月異，維持舊方法的公司，習慣領域僵化在固定的範圍，便無法面對外在環境的挑戰。當外在環境迅速轉變時，我們處理事物的能力（HD）也應隨著跟進；否則，我們將難適應時代的潮流而被「淘汰」。

升級人性軟體

我們的大腦好像超級電腦，有無限處理訊息的能力。正如電腦需要軟體和程式來操作一樣，人類的大腦也有它自己的軟體和程式，這是我們腦裡的電網，或是念頭和思路，也就是我們的習慣領域。因此習慣領域也可稱爲人性軟體。

一部電腦要有好的軟體和程式才能發揮威力；同樣的，我們的大腦也需有高素質的人性軟體（習慣領域）才能發揮無限潛能。其實，不單個人有個人的習慣領域或人性軟體，公司也有其獨特的習慣領域或人性軟體。

這種人性軟體一旦僵化或過時，不管是人或公司都會變得思想保守而失去創新。

HD 慈濟世界

幾十年來台灣除了有經濟和政治的奇蹟外，在宗教與社會淨化人心方面也創造了一個令人敬仰的奇蹟。

每當我看到慈濟委員和慈濟人的報導，心裡都會產生一種震撼。經過何國慶先生的引見，很幸運能拜見證嚴法師，向她請求教益，並設法了解她宏偉的習慣領域。

我曾經受邀到花蓮慈濟功德會介紹習慣領域。在拜見證嚴法師和參觀精舍、慈濟醫院及慈濟醫學院後，受到很大的感動，也讓我看到許多慈濟世界創造的奇蹟。我個人受益良多，願與讀者分享。

在證嚴法師宏大習慣領域的領導下，慈濟人在慈濟世界中不斷有超越一般人習慣領域的創舉，讓人們以加入慈濟世界爲榮，甚至願意把生命奉獻給慈濟。慈濟的會員加上非正式參與的人，在全世界至少有一千萬人。每個人有一雙手、一雙眼，慈濟無形中便變成了一個大菩薩——一個有千萬手、千萬眼的大菩薩。

慈濟世界的成功其實在於它能不斷地超越一般人的習慣領域或人性軟體。這些事例非常多，有興趣的讀者可多了解。在這裡先敘述三個例子供讀者參考。

例一：每天五毛錢，不要一月十五元

當證嚴法師在一九六六年許下宏願要蓋醫院時，她只有三十多位基本信徒。每位信徒每個月都捐獻十五塊錢給師父濟貧做功德。

有一天，證嚴法師跟他們說：「師父不要你們每人一個月捐十五元，我要你們每天捐五毛錢。」

這些信徒都是家庭主婦，他們每天都要到市場買菜。他們會與菜販討價還價說：「請你算便宜一點好嗎？我要省五毛錢來給師父做功德。」

小販聽到這些話都會十分好奇問：「這是怎麼一回事？你的師父是誰？她有什麼宏願呢？」就這樣，證嚴法師的宏願經由信徒傳到市場、再經過媒體傳到台灣各地去。

因爲台灣本來就有很多心懷善念的人，善念被激起，很快就感染燃燒起來，眾志成城；慈濟醫院便由證嚴法師的智慧領導下的慈濟人完成，可算是台灣近代文化的一個奇蹟。

一般人會認爲「每個月捐十五元」跟「每天捐五毛錢」沒有什麼不同。證嚴法師卻不是這樣想，她的想法已超越一般人。因爲門徒每天捐獻，他們做善事的電網便會每天加強一次，一個月便加強三十次之多。再加上他們在市場的傳播力量，「師父的宏願」及善行無形中很快就傳到台灣各角落。

儘管證嚴法師不用習慣領域這名詞，事實上她已在善用習慣領域的原理。她深知人間疾苦，也知道人性及人際間善念傳播的奇蹟，她的人性軟體超越一般人的軟體，因此她建醫院的宏願在她宏大的習慣領域下得以實現。

例二：「大體老師」

在台灣，一般醫學院會將人的遺體放在地下室，用防腐液體將屍體保存起來。由於人體的比重較這些防腐液體爲輕，放在液體裡會浮上來，所以醫學院通常會用重物把屍體壓下去。

證嚴法師及慈濟醫學院的教授均認爲，那些願意把自己身體捐給醫院作教材的人，其實是把自身奉獻給社會的大菩薩。他們用自己身體幫助學生了解人體，學生成爲醫生後，又造福社會，因此他們都是十分了不起的大菩薩和偉大的老師！

爲了表示對「大體老師」或大菩薩的尊敬，慈濟醫學院用特別的防腐過程，使人體能保持在良好狀態。他們把人體放在醫學院的二樓，依山面海，完全沒有地下室那種陰森的感覺。

當「願意捐獻身體的人」去世時，慈濟醫學院會請一群法師對著「大體老師」唸「往生咒」。當學生要做解剖實習之前，醫學院會再做法事，由教授、法師及學生在「大體老師」面前敬拜，並感激「大體老師」的偉大精神。

當完成解剖後，他們會把人體縫好，再替它穿上白色的衣服，然後火化，並再做儀式以表示尊敬和感激。

火化之後，再把骨灰以「精舍形狀」的兩個精緻的琉璃盒子盛好，一個給家人，另一個則放在醫學院的大體老師紀念堂內。莊嚴的紀念堂裡，放著每位大體老師的琉璃骨灰盒，以及他們的照片和生平記載。此外，每天按時播放「佛歌」來超渡他們。

慈濟醫學院在證嚴法師的領導之下，對人體尊敬尊重的程度，可說是遠遠超越一般人的習慣領域，並激盪人們的內心深處。一般醫學院很難找到給學生作解剖實習的人體，但慈濟醫學院一直有善人允諾死後把身體捐出來。

例三、「給紅包」

我有許多學生是慈濟人，他們過年時收到證嚴法師的紅包，都感動得流淚。他們這樣感觸，是因爲證嚴法師日理萬機，一定非常忙碌，沒想到師父仍會記得他們，並送他們紅包。這種對證嚴法師尊敬和感激的心使他們流淚，同時也加強了他們「以師志爲己志」的決心。

我向證嚴法師請教，問她爲什麼會想到將紅包送給慈濟人。她說：「我寫靜思語錄時，沒想到會有稿費收入。最初稿費是二十萬元，後來變成七十萬、九十萬……。我本來沒有任何財富，也沒有任何煩惱憂慮。有了這筆財富後，反而多了煩惱憂慮。因此，我想到把財富送給辛勞的慈濟人，把我的煩惱都送給他們，那我的煩惱就消失了！」

證嚴法師這種「能捨」的精神令人很感動也很尊敬，也讓慈濟人更能一致地邁向慈濟的目標；證嚴法師的人性軟體確實遠遠超乎一般人的軟體。

既然要捨，爲什麼不直接捐給慈濟功德會比較省事，而要用心送紅包給辛勞的慈濟人呢？證嚴法師的思想和方法，你說有沒有超越一般人的習慣領域？慈濟有今天的成就，能成爲千萬手、千萬眼的大菩薩，主要原因之一可能是因爲繼續不斷地超越一般人習慣領域的想法和做法，或是他們的人性軟體能繼續不斷地升級而遠遠超乎一般人的想法。

這樣的事例很多，有興趣的讀者可以加入慈濟多多了解。你的習慣領域一定會打開，一定會受益良多的！

眾多電網之中，有一些是又強又有力的，我們稱爲「習慣領域的核心」。這些又強又有力的電網常常占有我們的注意力，在不知不覺中影響我們的行爲和想法、做法，因此對我們的影響最大。這些電網如果用得好，可以給我們很大的幫助；用得不好，則會對我們產生負面的影響。警覺是智慧的開端，在下章我們將介紹古今中外人們常用的電網（人性軟體），透過對這些強有力的電網的認識、善用和升級，我們的習慣領域便可更有威力、更廣大，使我們工作和生活更有喜悅和智慧。

第五章　人類行為的八大通性

古今中外，沒有兩個人的習慣領域是完全一樣的；也就是說，沒有兩個人腦海裡的念頭、思路（電網）和使用方法是全然一樣的。然而，在每個人那麼多的電網之中，有一些是強而有力的電網，它們常常占有我們的注意力，在不知不覺中影響我們的行爲和想法、做法，這些稱爲習慣領域的核心。我們把這些人類共有的核心電網，歸納成八項人類行爲的共通特性或基本傾向。人類日常的行爲，大多數可由這八大行爲通性之一或多項反映獲得解釋。若我們要知己知彼，認識此行爲通性或HD核心，將是入門的第一步。

八通讓你知面又知心

HD 失去鼻子的美人

《戰國策》記載了這樣一個故事：魏王送給荊王一位美人，荊王十分喜歡這位美人，對她寵愛有加。

和美人比較起來，荊王的愛妃鄭袖顯然遜色不少。鄭袖心裡十分妒忌美人的姿色，且害怕她會取代自己的地位，因此暗生惡念，想要加害美人。鄭袖表面上裝作很喜歡美人，比荊王還要親近。凡是美人喜歡的，從衣服到玩樂的東西，鄭袖都送給她。這一切，荊王都看在眼裡。他對鄭袖說：「難得妳這麼大方明理，不嫉妒新人。以後妳這位當姊姊的要好好照顧妹妹！」

鄭袖知道荊王認爲自己對新人沒有惡意，同時美人也信任她之後，就找機會對美人說：「我的好妹妹，大王這麼喜歡妳，我實在替妳高興呢！不過我擔心大王很快又會喜新厭舊。」

於是美人便問：「姊姊，那我要如何使大王更愛我，而不至於又去找新的美人呢？」

鄭袖說道：「妹妹，妳長得非常漂亮，尤其是當妳用手掩住鼻，只露出眼睛時，那眼神、姿態更是傾倒眾生，所以妳以後見到大王就擺出這樣的姿勢，大王看了一定會更加寵愛妳！」

美人於是照著鄭袖的話去做，每次當她見到荊王時，便用手把鼻子掩住。

荊王覺得很奇怪，爲什麼美人每次看到他都將鼻子掩住，只露出眼睛，於是便問鄭袖：「愛妃，美人爲什麼一見到我便用手掩著鼻？妳知道原因嗎？」

「大王……我不知道。」鄭袖吞吞吐吐地答道。

「妳和美人這麼親近，難道沒有聽她說過嗎？」

「……有是有……不過我想還是不說的好。」

「究竟是什麼原因？妳直說無妨啊！」

「大王，我怕說了你會不高興。」鄭袖裝成有些惶恐地回答道。

最後，荊王不耐煩起來，說：「我要妳馬上坦坦白白地告訴我！」鄭袖裝作既驚慌又爲難，然後回答說：「大王請息怒。我好像聽她說過，她不喜歡聞到大王身上的臭味，所以掩住鼻，大王……」

「大膽賤妾！居然嫌我有體臭！來人呀，將美人的鼻子割掉！」

從表面上來看，鄭袖的「行爲」是喜歡美人；實際上，她的動機卻是嫉妒和想要陷害美人。如果美人能洞察鄭袖的行爲，那麼她就有可能逃過被割鼻的劫難。當然，人類的行爲錯綜複雜，如果我們能多了解一些，或掌握一些人類行爲的通性，就可以避免像故事中的美人一樣受害。

故事中，美人和鄭袖都是荊王寵愛的人，因此鄭袖便經由「同類互比」的行爲，發現美人也同樣受到荊王的寵愛，並且她看到荊王對美人好，便心想荊王以後會對美人更好（這是一種「印象概推」的行爲），可能危及自己在荊王心中的地位，因此心生歹念，想要加害美人。但如果她表現出對美人不友善的行爲，不僅美人會有防範之心，並且荊王也可能會不高興，甚至把她打入冷宮，鄭袖的這種想法是「投射效應」的行爲表現；所以鄭袖一開始便對美人非常友善，時間一久，因爲「近而親」及「相互回報」的行爲通性，於是美人對鄭袖便完全沒有戒心，更由於美人和鄭袖都是荊王寵愛的人，因此美人因爲「相似相親」的心理，更把鄭袖視爲自己的姊姊看待，全然沒想到鄭袖會加害自己，以致落入鄭袖的詭計，慘遭割去鼻子。

了解人類行爲的共通特性，將有助於我們處理好人際關係，並使我們的行爲更趨正確、更受歡迎。同時，掌握人類行爲的基本特徵後，我們便能學人之長、補己之短，揚己之長、克己之短，以求理想目標順利實現。

一、同類互比（Social Comparison）

「人們為了達到其理想的生活目標，隨時都需要了解自己的現狀，尤其需要了解自己在社會的位置。當缺乏判斷訊息的標準和有效方法時，就常常透過與他自認為同類的人比較，來確定自己的現狀、社會位置及應採取的行動。」

有一個同修有一對雙胞胎女兒，同修跟我說，他的女兒在兩個星期大時便開始互相比較。例如，比較吃奶的先後。先有奶吃的那個不會哭，後吃奶的就會哭叫起來。

其實，在人還沒有成形的時候就已經有互相比較的行爲。人之初是由精子和卵子結合而成。在數億的精子中，只有那些又強壯、又幸運的精子才能得到卵子的青睞，而與它結合。

由此可見，「比」也許是與生俱來的電網。

幼稚園的小孩會比較哪個畫圖畫得好、哪個走路走得快、哪個最得老師的疼愛等等。從小學、中學到大學，老師都會利用學生的成績、操行、校外活動等等的比較，以激發學生認眞學習、力爭上游。畢業以後，公司又會透過業績、獎金等比較來鼓勵員工上進。

其實互相比較是人的天性，彷彿什麼人、事、物都可以比較一番。

俗語說：女人相妒，文人相輕。有人比較衣服，比較小孩、比較父母；電影明星愛比身材、比知名度……。

海外投資的經驗

一九九〇年代台灣很流行到海外投資。有一位同修順應潮流，到海外投資了幾千萬。兩年之後，他把所有的錢都虧掉，只得返回台灣。

我問他：「你爲什麼要到那個地方投資？」

他說：「那時候同業都去了，因爲那裡人手足、工資低。如果我不去，便無法競爭下去。」

「那爲什麼又回來？」

「因爲都虧本了，同業也虧了很多錢，所以都回來了。在那裡連生活都成問題，大家都回來了，我不回來怎麼可以？」

這時，身旁一位女同修響應說：「我本來也想到海外投資，不過我認爲先調查一下比較好，便親身到那裡觀察。我請一位主任吃飯，對他不斷灌酒。酒過三巡之後，我便向他試探：『大哥，請你用眼睛看我的眼睛，告訴我，我來這裡投資會有前途嗎？』那主任悄悄對我說：『我告訴你好了，如果可以賺錢的話，本地人早做了，哪裡會輪到你們外地人！』因此，我打消了投資的念頭。雖然花了幾十萬元，但是保住了幾千萬，不像許多同業那樣血本無歸。」

前文中的男同修透過和同業比較來決定要不要到海外投資，也決定要不要返回台灣。女同修也是透過和同業比較，間接顯出自己高人一等。

其實，不管是外國人還是台灣人、古代人還是現代人，都會常常比來比去的。爲什麼呢？因爲我們都有一個強而有力的電網，「**同類互比**」。

在日常生活中經常可看到「同類互比」的行爲。連出家人也會比「功德」。雖說出家人與世無爭，但也會互相比較誰辦的法會最盛大、誰印的經書最多、誰普渡的人最眾等等。

在台灣現在有幾千個基金會，他們都想爲社會做點好事。他們在比對社會的貢獻，而比起以前只比較留多少遺產給子女，這是很大的進步和令人高興的事。

記得我在大一時得到朱大經先生獎學金。朱先生是台電的工程師。他平時勤儉節約，把錢留下來捐作獎學金。我有幸得到這獎學金才順利完成大學課程，因此心中對朱先生非常感激。以前每個學期我都去探望他老人家，現在他已仙遊，但心中仍然懷念他。人們常常愛比較留給子孫遺產多寡，像朱大經先生的慷慨作爲，實在是人性的昇華。如果人人都能「比」對社會的貢獻，世界將會變得更美。

如何善用

1. 保持警覺

同類互比是我們最常使用的電網之一，因此這電網對我們的影響非常大。如果我們能警覺，就可讓這電網爲我們服務，行爲也會得到改進。

曹操和劉備

曹操對劉備存有戒心。有一天他設宴款待劉備，裝作毫不在意地對劉備說：「當今天下各路英雄中，就只有你、我二人了。至於袁紹和袁術那些人是不足爲論的。」

劉備正在夾菜，聽了這話時嚇了一跳。

這時，外面正好響了一聲雷，劉備乘機故意把筷子弄掉，對曹操說：「你一個人的威風產生這麼大的震撼，實在令人畏懼。」

曹操是藉與劉備「比較」，來觀察劉備是否具有英雄氣概，是否會成爲自己日後的心腹大患。

當他見到劉備這樣怯弱時，就從內心看輕劉備了。而劉備心知曹操藉比較來探他的抱負，故意扮演「聞雷失箸」，表現出十分怯弱無能，使曹操放鬆戒備，以求保護自己。

2.注意可比性

在比較時，我們要注意兩件事情是不是眞的可比；若用大人和小孩來比較體力的話，這種比較是沒有意義的；然而，若用大人和小孩來比較一般人類通性的話，也許就有可比性。所以在比較時，要先掌握住「可比性」。

好色登徒子？

登徒子是楚國的大夫，他和宋玉不和，時常想在楚王面前中傷宋玉。有一次，這個時機終於來了，登徒子馬上拜見楚王說：「大王，請你千萬不要讓宋玉進入妃殯們居住的後宮，否則妃殯們便要遭殃了！因爲宋玉樣子俊朗、狡言善辯，而且特別好色！」

楚王對登徒子的話不置可否。等登徒子退下後，他召見宋玉。楚王問：「宋玉，登徒子說你樣子俊美，唇舌如簧，而且十分好色。究竟有沒有這回事？」

宋玉立即回答說：「請大王明察。我的樣子漂亮，這是父母的恩賜；我能言善辯，這是老師給我的眞傳。父母的恩賜和老師的眞傳能算缺點嗎？至於好色，根本就是登徒子編出來的謊話！」

楚王說：「好，依你這樣說，體貌漂亮、伶牙俐齒都不能算缺點。不過，你不能一句不認賬就推掉好色的惡名。你有證據證明你不好色嗎？」

宋玉正中下懷，緊接著說：「大王，大家都知道，天下漂亮的女子，哪裡都不如楚國的佳麗，而我家鄉的佳麗又是楚國之最，不過我家鄉的美人又沒有一個比得上我鄰居的女兒。」

「我這位鄰居的女兒，一雙眼眉如新月一彎，面色嬌艷亮麗；她的牙齒潔白整齊，像晶瑩的玉貝。此外，她的肌膚細膩像白雪，身材適中，再長一點就太高了，減一分就太矮了；她的纖腰好像束緊的素絹，她嫣然一笑，整個地區的人都會骨頭酥軟，如痴如醉。」

「天下果眞有這樣一位美女嗎？就算有，那和你好不好色又有何關係？」楚王問道。

「大王你有所不知了。這樣一位絕色女子，三年來一直趴在牆頭上，向我目送秋波。不過，到今天爲止，我還沒有接受她的愛情。登徒子就不一樣了……」

「此話怎說？」

「登徒子的妻子身材佝僂，頭髮像一堆亂草，雙耳蜷曲，鼻孔朝天，獠牙大嘴。這樣一個醜婦，登徒子還愛得不得了，居然和她生了五個孩子。」

「請大王明察，我和登徒子比起來，究竟哪個好色？」

這個故事中，宋玉以一連串的比較來形容他鄰居的絕色美人。更妙的是，他以自己不接受絕色美人的眉目傳情和登徒子連奇醜無比的女人也娶來當妻子進行比較，充分善用了同類互比的「可比性」，不僅在楚王面前洗刷了自己的嫌疑，還把好色的惡名栽到登徒子頭上。以至幾千年以來，登徒子的名字成了好色的同義詞。

3. 注意針對性

我們在比較時，必須先在兩件事中找出焦點，而且不讓焦點隨意擴展。比如有人學業成績不錯，就以爲他領導才能也很好；其實成績好的人並不一定是好的領導者。小學老師常常提拔成績好的人來當班長，其實不見得有道理，因爲這種做法失去了「針對性」。當好班長所需的個性和做學問所需的條件，其實不大一樣，但我們卻經常把它擴散了。

皮箱與金錶

請問各位可曾想過「皮箱」和「金錶」間有何異同？兩者是否可以比較呢？從某個角度來看，這兩者是可比較的。曾經就有人利用這兩者的比較，打贏了一場重要的訴訟案件。

一九三〇年代中期，香港有一間皮箱行，由於產品手工精緻，價格實在，因此皮箱行生意非常興隆，但也因此引起其他同業的嫉妒和一些不肖商人的覬覦。

有一個英國商人也想從皮箱得到好處，於是特地去皮箱行買了個皮箱，回去仔細研究他們的產品。經過反覆察看，發覺這家皮箱行的產品果然是名不虛傳，挑剔不出什麼毛病。但當他更仔細檢視皮箱時，發覺這個皮箱並非全部由皮革製成，皮箱內部爲堅固起見，使用木頭做內襯。這個英國人突然心生詭計，他認爲可以利用皮箱有木襯這點向皮箱行敲詐一筆錢。於是立刻到皮箱行訂購了三千個皮箱，時值港幣三十萬元，在合約上載明必須於一個月後交貨，若逾期不能交貨或皮箱品質有問題，則由賣方賠償買方合約金額的五〇％。

這家皮箱行在接到這麼一大筆訂單後，自然是日夜趕工，終於在一個月的期限內如期完成三千個皮箱。不料當把這三千個皮箱交給英國商人時，這個英國商人卻以皮箱有木襯，一口咬定這些箱子不能稱爲「皮箱」，向法院提出訴訟，要求賣方（皮箱行）依合約上之規定（產品品質有問題）賠償他港幣十五萬元。

開庭時，由原告英國商人的律師首先陳述該皮箱行所製造的皮箱並非全部由皮革所製成，因其內部有木襯，有詐騙之嫌，被告（皮箱行）應該依照合約規定賠償買方。

法官在聽完原告律師的陳述後，即詢問被告（皮箱行）律師有何答辯，只見被告律師從容不迫地從懷中掏出一隻金錶，然後高舉金錶，高聲問法官：「請問法官大人，這是什麼東西？」

法官回答說：「是一隻金錶啊！這和本案有什麼關係？」

「是啊！這和此案有什麼關係？」其他人心中也都十分奇怪。

「大有關係！」被告律師大聲回答，接著他轉身對庭上所有人說道：「我想在場所有人，沒有人懷疑這是個金錶吧！可是請問大家，這金錶難道全部是由金子做成的嗎？」

只見庭上其他人紛紛搖頭，大家都贊同被告律師說的，金錶不是全部由金子做成的。接著被告律師繼續說道：

「金錶並非全部由金子做成，但是我們仍然稱它爲金錶；同樣的，皮箱行的皮箱爲了牢固，內部使用木襯，其他是皮革做的，因此它仍是皮箱啊！由此可見，這不過是原告無理取鬧，存心敲詐罷了！請法官大人明察。」

法官聽完被告律師的答辯後，最後判處原告英國商人誣告罪，罰款港幣五千元結案，而此案的被告律師也因爲漂亮地打贏這場官司而聲名大噪。

在這個實際案例中，被告律師在替皮箱行辯護時，巧妙地應用了同類互比的針對性，因爲就某個觀點而言，「金錶」和「皮箱」是可以相互比較的。金錶並非全部由金子做成，但我們一般仍稱之爲金錶；同樣的，皮箱也不一定全部由皮革製成，但我們仍稱之爲皮箱。

洗手間的衛生紙

威廉開了一間加油站，除賣汽油外，也順便賣一些日用品。威廉太太和女兒珍妮就在店裡照顧生意。他們的店門上貼著：「請勿吸菸」。

有一天，一位先生加完油後，走進店裡付錢，但手上拿著一根點著的香菸。珍妮很有禮地請該位先生把菸弄熄或到外面吸。

這位客人平心靜氣地說：「我看到你們店門上『禁菸』的標誌，但是我也看到你們店裡販賣香菸。」

珍妮一時不知如何回答，威廉太太在一旁笑笑說：「我們店裡也賣洗手間的衛生紙。」

這位先生楞了一下，終於意會了，大笑起來（賣洗手間的衛生紙不等於可以把加油站當洗手間），威廉太太和珍妮也一起大笑。

從此，每次這位先生來到威廉的店裡，都會問珍妮：「你們店裡還賣衛生紙嗎？」然後三人都大笑。

「比」是人的天性。「比得對」有很強的力量，可以傷人，也可以令人開懷。有度量地接受「比較」，有幽默地回應「比較」，世間便可以創造無數的美事。

任何兩件事物皆可以比較，但要使比較發出力量，在內容上應力求「針對性」。

4.人際關係的比較

我們在進行同類互比時，往往會出現「人比人氣死人」的現象。當你跟人比較時，如果你發現你比別人強、比別人成功，你可能會驕傲自滿、輕視別人，這可能使自己落伍、事業退步，同時也會引起別人的反感。反過來，如果我們謙虛謹慎、和氣待人，可能的結果是，由於虛心使自己進步，獲得更大的成功，並可以獲得眾人的好評和人際間的融洽。

相反的，當我們比別人差時，我們常常會嫉妒別人並灰心，結果可能引起別人的反感，造成自我孤立，更由於無法力爭上游而使事業不能進展。

一個比較正面、積極的反應是，當你發現自己不如別人時，就承認不如人，虛心向別人請教學習。由於虛心學習，別人會樂意幫忙，自己的能力會漸漸加強，自己的信心也會建立起來；結果是學人之長、補己之短，最後就可以轉弱爲強。

因同類互比的電網從小就存在於腦海中，如果我們能善用同類互比的電網，並使之產生正面、積極的效果，就能讓小孩子走上光明的正途；相反的，如果我們不能善用，就可能誤導小孩。

如何提升

從以上的說明可知，同類互比是一個強而有力的電網，它立刻、不知不覺地占有我們的注意力，影響我們的看法、情緒和行爲。但同類互比也可能對我們的行爲有負面的影響。我們應如何昇華同類互比的行爲？如何讓這個我們經常使用的電網或人性軟體得以提升呢？

關鍵就在於「謙虛、學習」。當經由同類互比發現自己比別人強時，要能保持「謙虛」的心態，才不會引起別人的反感，並且要有幫助別人一起進步、共享成果的心態；相反的，如果發現自己比別人弱時，千萬不要氣餒、灰心，反而應該抱著謙虛、向人請教學習的心態，學人之長、補己之短。如此一來，「同類互比」的行爲便得以昇華。不管比人強或弱，皆可以進步及和樂，而不淪入「人比人氣死人」的陷阱。

隨著成長，我們也可以和自己比較。例如，在不考慮其他因素的情況下，可以比較每天所完成的工作，從而和自己比較。

也不妨和造物主或神比較一下。你可以問自己：「爲什麼我們不能像造物主或神那樣偉大？」這樣的比較可讓我們更謙卑，也豐富自己的行爲和想法。

二、印象概推（Halo Effect）

「人們在判斷別人時有一個傾向，首先把人分成『好的』和『不好的』兩部分。當一個人被列為『好的』部分時，一切好的品性便加在他的身上。相反，如果一個人被歸於『不好的』部

分時，一切不好的品性便都加在他的身上。」

有一個實驗：在幾個月大的嬰兒面前，放兩個屏幕：一個是位可愛可親而美麗的女護士（甲），另一位則是個沒有表情、略帶怒氣的護士（乙）。科學家藉此觀察嬰兒們看哪個屏幕的次數較多。

實驗結果發現：嬰兒們看甲的次數遠大於看乙的次數，超出四、五倍之多。

這個例子告訴我們，當我們還小時，因爲某些原因，我們會寧願看甲而不看乙，這是**「印象概推」**的展現。

隨著我們的成長，印象概推的電網逐漸強而有力起來，從我們幼稚園、小學、中學乃至做各樣事情，都會繼續不斷地使用印象概推。

有些推銷員會從顧客的衣著來決定服務態度的熱烈程度；面試員在初見求職者的一、兩分鐘內就會決定要不要考慮這個人。人們往往只看別人的外表、表情等，就很快地判斷是否喜歡他們。

在這個社會裡，印象概推比比皆是。我們喜歡以別人的外表、教育程度、背景等，來判斷人們的好與壞。

有些人喜歡看人家開的車子。如果人家開的是賓士，就會認爲對方富有，而沒想到車子可能是租來的，甚至可能只是代客泊車而已。

也有些人看別人的國籍來斷定他是富有或貧窮。有些人甚至單看別人的外表或宗教信仰來判斷他是個好人還是壞人。

更妙的是，古今中外都有「面相」的書，只需看外表便可預測一生的運程。

其實這都是以偏概全的結論。如果我們把一個成功企業家打扮成一個乞丐的樣子，又把一個乞丐打扮成富有的紳士，不知這些命相士還會不會準確。

實驗

一九七二年，迪安（Dion）和瓦爾斯特（Walster）做了一個專門的調查，他們選取一批不同人的照片，將之分成三組：一組很好看，一組不好看，一組中等。針對這批照片，他們設計了一份問卷，上面列有社會地位、職業的愉快、結婚的可能性、配偶的能力、生活幸福等項目。

他們把照片和問卷抽樣寄出，請人看著照片而對問卷上的各個項目加以評估。結果是，照片好看的那一組，獲得的評價最高；照片不好看的那一組，獲得的評價最低。

這個調查的結果顯示，人們往往會因為有些人面相好看，就對他們產生良好的印象並給予良好的評價；而相貌不好看的人，人們就對他們產生不好的印象並給予不良的評價。

如何善用

印象概推沒有對與錯，但用對時會產生良好的效果，用錯時則會產生不良的效果。以下是我們應用印象概推應注意的幾點：

1. 印象概推的「片面性」

印象概推是一種以點代面、以偏概全的感認方法。只知道一點點，就把它推演到所有的個性上，這是一種過於簡單化的缺點。

強盜與大學生

一位大學生，因做實驗的緣故，有時很晚才能回家。一天下午當他做完實驗，已無公車可乘，只好走路回去。如果沿大道走，大概要五十分鐘左右；沿小路走捷徑，則二十分鐘就可到家。

他又累又餓，只想盡快回家休息，因此決定走小路。但走小路要穿過一個公園，聽說公園不太安全，常有人遭搶劫。他想自己大概運氣還沒那麼壞，就算是冒一次險吧！不過，他還是找了一件較爲陳舊的衣服穿在身上。

當他走到公園中心時，天快黑了，四周幾乎不見一個人影，風吹樹叢發出沙沙的聲音，讓他感到絲絲恐懼，往身後一看，還好，不遠處有一沿此路而來的行人，但他轉念又想這會不會是強盜？不知怎地，腳步不由自主地加快起來，走了一段路，回頭一看，那人也緊緊跟在身後，他故意放慢腳步，那人也慢了下來，總之身後的人始終與他保持一段距離。

他開始緊張起來，仔細往後一看，來人是身材魁梧的大漢，戴得很低的鴨舌帽幾乎遮住了面孔，看來一定是碰上強盜了！雖然身上只有一點錢，但對一個窮學生來說也是不小的數目。前面一段路更爲偏僻，他又加快了步伐，但身後的大漢以更快的速度向他逼近，想避開已是不可能了！他靈機一動，停了下來，轉身直朝大漢走去，裝出一副可憐相，伸出雙手對大漢說：「行行好吧，給我幾角錢或給我一點吃的吧，我已經好幾天沒吃一頓飽飯了。」

大漢先是一愣，看到大學生一身陳舊的衣裝，困倦饑餓的可憐樣，隨即反應：「本想弄點意外財，沒想到跟上你這窮小子。」

他摸出幾角錢扔給大學生說：「快滾吧！枉我跟你這一程，你這可憐蟲！」大學生於是連連稱謝而去。

強盜僅從外表去判斷大學生，而把他當成了可憐的乞丐，還發慈悲給他幾毛錢；大學生則由於機警善用「印象概推」而得以脫險。

故事中強盜的行爲表現即是一種印象概推。的確，印象概推是人們判斷事物簡便且常常有效的方法，但如果不加注意，有時難免會導致判斷錯誤。因此，當我們想迅速對某一事件、特別是比較重要的事件下決定之前，不妨全面分析一下，以避免印象概推造成的錯誤。

2.盡量客觀、全面地判斷

當我們認識到印象概推可能出現不全面的缺陷時，在應用上就要以此爲戒，力求避免。在判斷別人時，不要草率下結論。

唸佛倒會

有個社區來了一位五十多歲的婦人，每天早上都虔誠地燒香唸佛，人們經過她家時，都會聽到敲木魚的聲音，並聞到香的味道。每當她見到左鄰右舍時便雙手合十，口中唸著阿彌陀佛，一副慈悲爲懷的樣子，許多鄰居都對這位虔誠的居士留下了深刻的印象。

這位婦人爲了能盡快融入這個社區，做了很多敦親睦鄰的工作。不久之後，大家都知道這位心地善良又虔誠的中年婦人，而且也漸漸和她熟了起來。她爲社區做的一切也都得到認同及讚賞。

有一天，她以「會頭」的身分在社區裡起了一個互助會。許多人都因爲她良好的形象，加入了這個互助會，前幾個月，她都很準時地主持標會、蒐集會錢。

但就在第五個月的時候，有位「會腳」想標下這個月的會，於是打電話給這位婦人，但打了三天都找不到人，她的鄰居也不知道她到底去哪裡，一個星期過去了也不見她回來。

這位會腳心想婦人會不會有什麼意外，於是便去報警，警察進入她家裡面搜查，才發現房子內什麼都沒有，早就人去樓空了。大家萬萬沒料到這麼一個做好事的人居然是個騙子！

一般虔誠信佛的人應該是心地善良、心懷慈悲，所以就有人就利用道個形象包裝自己，創造騙局。類似這樣的故事時有耳聞。因爲我們有印象概推的行爲通性，往往會對行爲耿直、做事光明磊落的人存有好印象，於是，便把其他好的部分也加在他們身上。這種想法不一定全部正確；例如一個在事業上十分成功的男人，他在家未必就是一個好先生、好爸爸。想行騙做壞事的人，他們在進行陰謀前會先取得其他人的信任，等到取得別人的信任後，這些壞人便很容易進行他們的陰謀。

因此，我們在觀察別人的時候不要因爲他一時好的表現就認定了一切，應該多方面了解，有些人表現良好的行爲很可能是爲了某個目的、只是短暫的。我們要長時間觀察，從整體來看，並慢慢地深入了解。

3.留下好印象

既然社會普遍存有「印象概推」的現象，我們在言論、行爲、外觀等方面就要加以適當注意。

電話禮貌

各位是否都有過這種經驗，當你打電話給一個人時，若對方的電話禮貌表現不好的時候，是不是會對這個人的印象不太好。同樣的，如果一個公司的總機若沒有良好的禮貌，公司的形象是否也會受損呢？

有個新上任的總經理，最近經常接到客户的抱怨，說公司第一線的總機，在接聽電話時禮貌不周、語氣不佳。總經理爲了證實客户的抱怨，於是親自打了幾次電話去了解情況，結果確實如此。

爲了扭轉顧客對公司的印象，他決定來個特別訓練。

總經理選了一個風景別緻的渡假村。除了接受訓練，也在餐飲、住宿方面給員工一定程度的享受，使員工感到公司很關注他們，也很重視此次的訓練。

經過這次訓練之後，總機不僅口氣親切和善，客户們也都感受到了。因此公司的形象越來越好，業績自然就蒸蒸日上了。

在日常生活中我們是不是經常忽略了電話禮貌呢？而給別人留下的印象也非常重要，如何一見面就讓人留下好印象呢？以下幾點可注意：

- 衣服清潔整齊。
- 身體潔淨，沒有髒亂和強烈的體味。
- 真誠地對別人微笑。
- 尊重別人，不輕意打斷別人的說話。
- 真實地對別人產生興趣。
- 誠懇地對別人欣賞、讚賞。
- 專心地聽取別人說話，鼓勵他們談論自己，說些他們所喜愛的事情。

如何提升

印象概推是一個簡單好用且快速的判斷法。然而，如果沒有謹愼使用的話，往往會發生錯誤，所以在應用時必須加倍留神。

因爲每個人的習慣領域都有無窮盡的電網，好像一本很厚的書一樣，實在難單從外表或幾個行動、說話來完全了解。既然印象概推會造成我們判斷上的以偏概全，我們應該如何進一步昇華這個行爲，讓它能爲我們工作得更好？

昇華印象概推行爲的重點就在於「小心求證」。由於印象概推是一種以點代面、以偏概全的感認方法，會讓我們在判斷人、事、物時，忽略應該去全面性地了解，因此我們必須加入謹慎的態度，隨時提醒自己不要犯了這毛病，不要太早就對人、事、物妄下斷論，如此方能有效昇華此行爲。

三、投射效應（Projection Effect）

「人們往往有一個傾向，當他們不知道別人的情況（如個性、愛好、思想等）時，就常常認為別人具有他們自己的特性。或者說，當人們需要判斷別人時，就往往將自己的特性『投射』給別人，想像其他人的特性也和自己一樣。」

經常聽爲人父母者說：「我以前都能省吃儉用，爲什麼我的孩子不可以？」也常常聽當主管的朋友說：「以前我做屬下時，每天都能工作八個小時，就是下班回家了也經常加班。我有今天完全因爲我盡心盡力爲公司貢獻。爲什麼現在我的員工不能？」

其實天下沒有兩個人的習慣領域會完全一樣，但是我們常常透過我們的喜好、經驗等，將特性投射在別人身上。

我不聽地藏王菩薩經！

有一個台灣學生到美國留學，跟母親住在一起。他和母親都是虔誠的佛教徒。後來，他收到台灣的父親重病昏迷的消息，立即和母親飛回台灣看父親。醫生對他們說，要有心理準備，因爲情況隨時會惡化。

母子倆看見病榻上的老人，心裡有了最壞的打算。依照佛教的信仰，教徒希望人死後能「往生」，因此必須加以超渡。於是母子兩人準備了一捲「地藏王菩薩經」的錄音帶，一天二十四小時不停地在父親身邊播放，希望他早脫苦海、登上極樂。

過了一個星期，昏迷中的父親突然甦醒過來，對他們揮揮手。母子兩人看見這情景，都認爲是個奇蹟，是佛經發揮了力量，使父親醒過來。

後來父親示意兒子靠近他一點，有話對他說。兒子把耳朵貼近父親的嘴唇，心想父親有什麼重要事情要告訴他。但父親竟然說：「請你把錄音帶關掉好嗎？我是基督徒，佛經我不想聽！」

上面這個故事的誤會，其實是我們有一個強而有力的電網**「投射效應」**的展現。

我們經常有一個習慣，會因爲別人和自己長得很相似，同樣有軀體和七情六慾，因此就認爲自己有的習性和興趣，別人也應該具備。比如說，我喜歡吃的菜，就覺得別人也喜歡吃；我喜歡唱歌，就以爲別人也喜歡唱歌……，這些想法都是將自己的喜好投射在他人身上。

投射效應如果用得好，可幫助我們了解別人；然而如果用不好，我們便會有錯誤的判斷。

除了個人的行爲之外，公司或組織的行爲也經常出現投射效應，公司購併便是一個例子。當公司購併之後，原來的公司常常用自己的管理方法投射在被購買的公司上，而且強制將自己的想法加諸新員工。根據統計，七成以上的購併是失敗的，原因來自公司無法和所購併的公司有效地融合起來，結果只有失敗。

投射效應的應用也是宣傳和公共關係中的一個基本原則。某一項產品或某一個宣傳方法在市場上受歡迎，並不表示這個產品或宣傳手法在另一個市場上也能成功。

可樂和紅酒

可口可樂公司多年來促銷可口可樂做得非常成功，而且擁有一個強大的行銷網。公司高層認爲可口可樂和紅酒很像，若能把一個造酒的工廠買下來，用同樣的促銷方法來行銷，一定能成功地賺大錢。因此就買了一個很大的製酒廠，用促銷可口可樂的方法來推銷紅酒。結果，兩年間虧損了幾億美元，可口可樂公司最後不得不把造酒工廠出售。

事實證明，人們飲用紅酒並不像喝可口可樂一般。這兩種飲料的市場本來就不一樣，如果要成功地促銷紅酒就必須想出一個不同的宣傳策略。可口可樂公司將促銷可口可樂的手法投射到紅酒上，這是一個錯誤應用投射效應的例子。

如何善用

我們的行爲雖然千差萬別，但也有一些共通性；我們的目標，先後次序也許不一樣，但也有共通的地方；我們的個性可能大異其趣、各有獨特之處，但也有相似的地方。因此，當我們不知道眞實情況時，可以用我們知道的情況投射到別人身上。這個做法十分方便簡單，但應該很謹愼。每個人有不同的實際領域，我們所投射的在某一時間點上也許跟別人的實際領域完全吻合，但在另一時間點上也許會互相衝突。

爲了避免投射效應可能出現的缺點，我們在應用這個方法時，有幾點值得注意：

1.「揣情、摩意」

「投射」固然是一個了解別人的方法，但仍需要經過「揣摩」來印證。因爲透過「揣摩」，我們才不至被其外在的行爲表現所蒙蔽或誤導，而導致錯誤地以自己的想法投射他人。

鬼谷子是中國一個絕頂聰明的思想家和策略家。他曾教他的學生說，當與別人在一起時要特別注意揣摩別人，意即「揣情、摩意」。他列舉了一些見解：

- 平和的人，顯得很安靜。（因此不安靜的人，很難平和。）
- 公正的人，表現得很耿直。（因此不耿直的人，很難公正。以下類推）
- 心有喜事，外表就歡樂。
- 發怒的人，表現激動。
- 愛名的人，愛表現。
- 力行的人，會把事情做完善。
- 有廉恥的人，會很高潔。
- 有信用的人，會表現光明磊落。
- 好利的人，往往多求。
- 卑鄙的人，常常諂媚。

有些人會假裝表現很有信用、假裝光明磊落，但假裝只是暫時而不是長期的，所以要長時間地「揣情、摩意」。事實上，經過專家研究，兩個人在溝通時所講的話，具有意義的溝通只有四〇%到五〇%，其他還包括身體語言和情緒語言。若你能仔細聽和仔細觀察的話，你就可以了解得更清楚。這也是「揣情、摩意」的一部分。

辭職的本錢

有一個部門經理向總經理辭職。由於該經理才能出眾、業績超人，總經理對他多方挽留，主動給他加薪，又承諾在短期內給他晉級。結果，部門經理打消辭意，繼續爲公司服務。

這個消息很快傳到另一個部門經理的耳裡。他認爲自己也是個部門經理，如果向總經理辭職，總經理必定給他升職加薪以作挽留。想到這裡，他立即走到總經理的辦公室，向總經理要求辭職。

總經理不加思索地對該位部門經理說：「既然你去意已決，我也不好強人所難。祝你前程似錦！對了，請你盡快補交一封辭職信給我，謝謝你。」

其實總經理對這部門經理的表現一向有意見，只是找不到適當機會把他除去。因爲部門經理盲目使用了「投射效應」，不但沒有像別人一樣得到升職加薪，反而原有職位也不保。如果這位經理能夠揣情摩意，也許他不會落得如此下場。

2.「己所不欲，勿施於人」；「己之所欲，勿強加於人」

孔子說：「己所不欲，勿施於人」，就是說自己不要的，不要加在別人的身上。不過，即使是你所要的，也不要強加在別人的身上。

堯訪華山

《莊子》這本書曾記載了這樣一個故事：有一次堯帝到華山地區視察，華山的人向他致祝詞，祝他「多子、多財、多壽」。但堯帝說：「我不要這些東西，因爲多子，增加麻煩、憂慮；多財也是增加苦惱，不能清心；多壽，人若活得太久會招來侮辱。」所以他不要多子、多財、多壽。

這個故事說明了人的目標各有獨特的方面，雖然是最基本的目標，也不能按照自己的想法「投射」給任何人。也就是說，要根據人們不同的地位、職務、目標和個性，來推斷不同的看法和想法。

如何提升

當我們了解了投射效應的行爲後，應該如何昇華此行爲呢？

其實只要我們也能「從對方的角度投射回來」，便能避免在判斷別人時，只單方面地將自己的特性、喜好投射給別人，把其他人想成具有與自己相同的特性與喜好。盡量讓對方先講、不先給意見；換句話說，重點在於不要只從自己的角度去看別人，必須也能從他人的角度看問題。

四、近而親（Proximity Theory）

「人們之間住得近的，要比那些住得遠的，更有可能成為親朋好友。」

我們小時候常常到鄰居家裡和鄰居的小朋友玩耍，因此鄰里之間非常親近。小學、中學時期，和我們最親近的人往往是我們的同窗，因爲大家每天相見，有相似的經歷、共同的話題。畢業之後，公司的同事成爲我們的生活圈子的一部分，因爲距離很近，很容易親近起來，成爲朋友。

在學校住宿期間，我們通常與住在同一層樓的同學較爲熟悉；而這當中，往往又與住在隔壁或對面寢室的同學來往較密切；不過與這些左鄰右舍同學間的關係，經常比不上同一寢室的室友間的關係那樣密切。另外，父子、兄弟之間，長期相處在一起的，要比長期分離的感情更加深厚。這些事實告訴我們，距離的遠近是影響人與人之間友誼及親情的一個重要因素。

老闆的女兒

鐵雄是位年輕有爲的學生，他看上美麗的碧玉姑娘。碧玉對鐵雄也有好感。鐵雄知道要想娶碧玉爲妻，必須先獲得碧玉父親的同意。他打聽到碧玉的父親是位勤勞起家的企業家，但不知什麼原因，曾把幾個向他女兒求婚的小伙子趕出門外。

鐵雄不知自己會不會受到同樣的待遇，不過他實在太喜歡碧玉，於是絞盡腦汁想尋求一個讓碧玉父親滿意自己的見面方式，但一時想不出萬全之策。他把自己的煩惱告訴了他最崇敬的老師，希望老師給他出個好主意。

老師對他說：「你是一個聰明能幹的小伙子，你要想辦法讓碧玉的父親了解你、欣賞你、信任你，然後他才會同意把女兒嫁給你。」

鐵雄反覆揣摩老師的話，終於想出了一個辦法。

在暑假期間，他來到碧玉父親的工廠打工，這是一個有近百人的工廠，每年暑期都有不少學生來此打工。鐵雄每天穿戴整潔，提前第一個來到工廠，把準備工作做好。上班時，認眞幹好每一件工作，他用心記下每一種工作的要點，思考可以改進的地方。下班時，他最後一個離開工廠。

一星期後，老闆終於注意到鐵雄與眾不同的地方，更留意鐵雄的一舉一動。鐵雄仍堅持早到晚歸，由於他很用心，很快熟練掌握了各種工作技巧，他做出的零件又快又好。同時，他用書面的形式提供給老闆不少好建議，因未署名，老闆對此很好奇，透過比較每個人的筆跡認出了這是鐵雄所爲，於是他對鐵雄大加讚賞，並表示要給鐵雄加薪。

鐵雄對老闆的好意表示眞誠感謝，並對老闆說：「我來此的目的，一方面是爲了掙點學費，雖然我父母有能力負擔我的一切費用；另一方面，我聽曾來此工作過的同學說，老闆您是一位聰明能幹、勤勞起家的企業家，我最欽佩您這樣的人，因此來此想向您學習。」

老闆聽了鐵雄的話很高興，更加欣賞鐵雄。他邀請鐵雄去他家做客，鐵雄愉快地接受了邀請。鐵雄來到老闆家自然碰到了朝思暮想的碧玉，他裝作吃驚的樣子對碧玉說：「你也是我們老闆的客人嗎？」

碧玉笑說：「這是我的家呀！」

老闆本想介紹女兒與鐵雄相識，沒想到他們早已相識了。以後的故事這裡就不多說了，美妙的結局大家可想而知。

鐵雄追求愛情成功有許多方面的原因，但主要的原因之一是他找到了接近碧玉父親的好方法。用習慣領域的術語來說，他首先想到了「近而親」的行爲通性，並好好地應用了這一行爲通性。

如何善用

1. 在鄰里關係上

俗話說「遠水救不了近火」，這說明好鄰居的重要性。我們要睦鄰，除了互相幫忙，也要以防萬一鄰家變寃家。因爲近而親與相互回報的關係，若兩人很常接近，則兩人彼此的電網就會很強，如果彼此關係良好，你對我好、我對你好，我給你恩惠、你給我恩惠，兩人間的關係就可蒸蒸日上，產生良性循環，很容易成爲親近的朋友。反之，相處多了，難免有不同意見，若處理不好，可能變成仇家。所以要寬以待人，保持良好的關係。

銀行因「近」而旺

在美國中部一個小城，有一家商業銀行從成立到一九八〇年代末，業務發展一向很平穩，此後的兩三年內，大量移民湧入，人口由原來的八萬增加到十二萬左右，但銀行業績反而不如從前。

銀行董事長兼總經理對此深表憂慮，特從外地聘請顧問與管理人員一同探討業績不佳的原因和尋求對策。大家各抒己見，有的認爲員工素質有待提升，有的認爲辦公設備需要現代化，有的認爲服務方式應靈活多樣，有的甚至建議搬遷銀行總部等等。

有一位顧問，曾學習過習慣領域理論，提出了自己的見解，他認爲銀行業績不佳的根本原因在於，沒有及時適應小城新的變化。首先，小城人口增加了二分之一，但居住比以前更爲分散，比較富有的住家由小城東區漸移至西區，而銀行的營業點沒有變化；第二，其他商業銀行進入該城設立分支機構，使競爭更激烈；第三，經營方式和辦公設備相對落後；第四，員工素質沒有提升。

針對這些情況，他建議：一、在每個超級市場設立銀行的營業點，因爲人口居住雖然比以前更爲分散，但大家都得去超級市場購物。二、在適當的商場、機場和學校等公共場所和消費場所增設櫃員機，以方便客户。三、協調與其他服務行業的關係，使銀行信用卡在商場、餐廳、加油站等絕大多數消費場所都能使用。四、提升員工素質，讓每個員工都以熱誠、喜悅的心態去服務顧客。

此家銀行採納了該顧問的建議，一年之後，業績不但恢復，而且比以前提高。目前這家銀行的業務也由一個小城向整個中部地區及全美延伸。

從這一故事，你是否看到了「近而親」行爲通性的應用？

當銀行沒有及時適應環境變化時，實際上它與顧客疏遠了，結果業績每況愈下。採納顧問的建議以後，隨時隨地讓顧客感到方便，以親切友好的形象讓顧客滿意，這樣，銀行與顧客更爲貼近，自然興旺發達。

如果你經營的是其他行業，你服務的對象是誰？怎樣與他們親近而發展你的事業？你能否從故事中得到一點啓示。

因爲「近而親」彼此會相互影響，在使用「近而親」時，我們要注意「近朱者赤，近墨者黑」，因爲你身邊的環境對你有很大的影響。孟母「三遷其居」，無非是爲孟子找尋一個良好的學習環境，如果沒有孟母的智慧，善用「近而親」使孟子接近學校，而對讀書學習產生濃厚興趣，也許孟子成爲殺豬的或祭師，而不是今天人人景仰的亞聖了。

陋巷雖也會出清士，但在成長階段中，我們寧可相信「地靈」更容易導致「人傑」。

2.在工作上

近而親在工作上的應用更是明顯。你必須和每天見面的人保持良好關係。因爲如果你對身旁的人好，他們會感覺到；這個友好的電網會漸漸地加強，當你有需要時，他們便會相互回報而樂意幫忙你，畢竟遠親不如近鄰。

擁抱的力量

有一次，我和台灣某大企業一位總經理討論公司和員工的關係，他說：「公司員工好像對我這總經理有一種疏離的感覺。怎麼辦？」

當時我對他說了一個故事：從前美國有一間公司幾乎破產，差點被另一間公司收購了。後來來了一個新總經理，上任後不久就召集所有員工開會。公司員工對這位總經理完全陌生，不知道他是何許人，因此對這個大會都存著好奇和觀望的態度。

大會由總經理的致詞展開序幕。總經理在台上對所有員工說：「各位親愛的員工，公司之所以能存在到今天，完全是因爲您們的努力和貢獻，公司隨著您們的成長而成長。現在公司正面臨重大考驗，遭遇相當的困難。我懇請各位員工共同努力，幫助公司渡過這難關，然後我們一同分享大家努力的成果⋯⋯。」

在大會結束前，總經理站在會堂大門口，他眞誠而熱情地和每一位員工及他們的家人握手並擁抱，並且對他們說：「公司的命運就拜託您的努力了！謝謝您！」

所有員工對這位新上任的總經理都有好感和親切感，認爲他沒有擺架子，主動接近員工；從此他們都有一致的目標和使命感，要爲公司貢獻自己的力量。

說完，我問總經理：「你何不像那位總經理那樣，給員工親熱的擁抱呢？」

總經理爲難地說：「我不是不想，但公司有幾位女員工。這裡是台灣不是美國，我怕這樣不大好。」

但經過我的鼓勵，總經理終於說服自己，要讓所有員工知道自己親近他們的決心。

在公司餐廳裡，總經理對所有員工發表感謝的話語，並在午餐結束前站在飯堂大門口，一個不漏地向每個離開的員工，不論男、女，逐一熱情擁抱，並親切地對每個員工說：「謝謝你的幫忙，讓我們共同努力。」

員工對總經理這舉動非常讚賞和感激。我問那幾位女員工：「你們被總經理擁抱，心裡會覺得不舒服嗎？」

她們異口同聲地答：「不會啊！我覺得總經理很親切，他眞是位有熱血、眞誠、有作爲的領導者！」

由於總經理的「近」，員工自然對他會有「親」的感覺。因此會更加努力起勁工作，爲公司貢獻力量。

如果你想晉升，最好能置身在權力的核心——多爭取一些和你上司有緊密聯繫的工作來做。如果你表現良好，你的名字便會留在上司的腦海，當他要提拔新人時自然會想起你，這也是近而親的應用。

如果你想要事業成功，不妨先找出那些對你的事業有密切關係的人：顧客、同事、下屬和上司、供應商、夥伴等，然後繼續不斷地與他們保持直接交往，爲他們提供服務，解除他們的痛苦和壓力；如此由近而親、相互回報，很自然你的事業前途就會蒸蒸日上。

如何提升

若我們仔細觀察，其實不管是人類或其他動物都有近而親的行爲通性，那麼應如何去昇華此行爲、提升這個人性軟體，讓自己的行爲能提升到更好的境界？要昇華近而親的通性，我們不應只和自己距離近的成爲好友，而且應該和所有人都成好友，不分距離遠近，即不近也親。例如，我們不應只和隔壁或對面的鄰居敦親睦鄰，也應該和整個社區或甚至整個社會的人都要敦親睦鄰。

五、相互回報（Reciprocation）

「人往往有一種傾向，喜歡那些他自認為喜歡他的人，討厭那些他自認為討厭他的人。」

這強而有力的電網從小就存在人們的腦海，因此在人際關係上有種非常普遍的情形：假如某人知道你對他好，他也會對你好；他認爲你不喜歡他，他也不會喜歡你；他知道你關心他，他也會關心你；他知道你陷害他，有一天他也會對你報復等等。

一杯羹而亡國，一壺食而得壯士

中山君設宴款待都邑的士大夫，司馬子期也在被請之列。

席上，中山君把羊肉羹分給各位士大夫，卻沒有把羹分給司馬子期。

司馬子期心中怒極，心想：「中山君，既然你不把我司馬子期放在眼裡，你等著瞧吧！」

於是司馬子期到楚國，慫恿楚王攻打中山。楚王答應，帶兵向中山猛擊。不久，中山被攻破，中山君倉皇逃命，有兩個人拿著戈要跟隨他。中山君回頭問那兩人：「大家都逃跑了，爲什麼你們還要跟著我？」兩人回答：「大王，你以前曾賜一壺食給飢餓將死的家父。家父臨終時對我們說，如果中山君有事變，你們必須以死報答大王的恩德。所以我們來爲君死。」中山君仰面嘆息道：「給予不在乎多少，在乎別人是否正在困厄之境；施怨不在乎深淺，在乎是否曾傷了別人的心。我因爲一杯羊肉羹而亡國，卻因爲一壺食而得二位壯士。」

中山君因爲一杯羹而亡國，卻因爲一壺食而得到兩位壯士，這個鮮明的對比，正好生動地說明了「相互回報」的行爲通性。

古今中外，人們普遍有「禮尚往來」的習慣，每逢生日、過年過節就會彼此互相送禮物，這也是「相互回報」的心理。

如何善用

相互回報的行爲從正面來講，有助於人們的相互關心、愛護、幫助和支持，以及人際間友誼的發展和團隊向心力的加強。

1. 個人與個人之間

在個人關係方面，有兩點須加以注意：

如果你欣賞或喜歡某人，就眞誠、眞心地對他說出欣賞或喜歡的話，創造他的電網。剛開始時，或許對方的電網不強，但多講幾次，讓他的電網越來越強；總有一天，他會被你「電」到，感受到你的喜歡或愛而相互回報，對方自然也會喜歡你。

其次，要廣結善緣，平時多培養自己的能力，以便能隨時有效地解除他人的痛苦和壓力；別人受到你的幫忙，自然會銘記在心，等到你有痛苦或壓力時，別人自然也會相互回報，解除你的痛苦和壓力。

HD 「電」來的太太

有一位HD同修，分享了他的故事：當他大三時，心中非常愛慕班上一位女同學，並且幾次向她表白心意，可是那位女同學一直對他相應不理，讓他非常困惑。

他去請教學長。學長很有智慧地對他說：「『精誠所至，金石爲開』，何況是人呢！只要你對她經常表示你的愛，她有什麼困難、壓力，你都爲她解除。日子一久，她一定會被你感動的！」

這位同修回去之後，不僅在功課上幫助那位女同學，在日常生活如果那位女同學有任何困難，他總是第一個出現在她的身旁，幫她處理各種疑難，而且不計辛勞。每當考試前，這位同修都會費心去幫那位女同學搜集考題、筆記，然後親自送到女生宿舍給她，並很眞誠地對她說：「這是我幫妳搜集的一些資料，希望這些資料能幫妳準備好這次考試！」

這舉動大大出乎那位女同學意料之外，她感激他爲她所做的一切。時間一久，這電網越來越強，那位女同學對同修的態度有了顯著的改變。後來在校園、圖書館中經常可看到他們兩人同行的身影，幾乎形影不離。最後兩人眞的結爲夫妻。

那位同修調皮地說：「我的太太就是因爲我的電網一直傳過去，她漸漸感受到我對她的愛，終於被我『電』到了！」

他又說，那次追求的成功，讓他得到一個啓發：在待人處事上，只要他堅持對人們好，人們最後也會被他感動而相互回報。

怪不得他現在擁有一間大規模的電子公司。

在這個例子中，我們可以看到那位女同學最初對同修的愛無動於衷，但是經過同修繼續不斷地向她表示愛意，以及不遺餘力地爲她解決問題和困難時，她開始感受到對方的美意，因此也對他的行爲投以善意的回應，最終被他「電」到。這就是一種相互回報的具體表現。

在日常生活中如果你喜歡或欣賞某個人，你就眞誠地直接告訴他「我很喜歡你」，甚至「我很愛你」這類欣賞的話，創造對方的電網，若能持續地增強他的電網，日子一久，對方自然地會感受到你的眞誠美意，也會因相互回報而喜歡你。

有時爲了改變別人對我們的看法，我們需要做一些超出對方習慣領域之外的事。如上例中，同修幫那位學妹費心地搜集考題、筆記等，這完全超出她的習慣領域之外，因爲她從未想過有人會如此費神地爲她做這些事。

不要讓對方的實際領域只停留在看到我們的缺點，而要讓對方轉化他們的實際領域看到我們的優點。

此外，我們也必須擴展自己的能力，以有效地替對方解除壓力或痛苦。

汽車銷售大王：顧客等於麵包

有一位汽車銷售員，由於不敢主動向顧客推銷，只要顧客一拒絕馬上就退縮，因此他的銷售業績始終墊底，當然他的收入也就無法和其他銷售員相比。由於收入始終不見好轉，加上小孩也誕生，慢慢他的經濟壓力越來越大。雖然他知道這種狀況必須盡快改善，也去請教其他同事銷售技巧，但他的業績依然未見起色。

一天早上，當他正吃早點時，望著手中拿的麵包，突然閃過一個念頭：「我如果再不能提升我的業績，連現在手中的麵包都沒得吃了，那些來買車的顧客其實就等於我手中的麵包啊！我能多爭取到一位顧客就等於多一塊麵包。每天都有麵包（指顧客）自己送上門，不需要去外面找，我爲什麼還退縮不把握！」

就因爲想法這麼一變（實際領域的轉化），這位汽車銷售員的態度、作法完全和以往不同。每當有顧客上門，他總是主動積極爲顧客介紹各種車輛的性能，並額外告訴顧客有關車輛的常識，讓顧客有全然不同的感受。

即使顧客沒有購買汽車，他也是很客氣地請他們留下資料，並親切地送顧客離去。顧客們感受到他這種親切的態度，也都很樂意留下他們的資料，並允諾只要想買車，一定會回來找他。

此外，他還經常打電話給那些向他買車的顧客，詢問車輛使用的情形，並且免費提供如何保養車子的常識。如果有任何問題他無法解決，他都會介紹顧客到值得信賴、價格公道合理的修車廠。他這種做法讓那些跟他買車的人都感到很滿意；因此，這些曾向他買車的人，都十分願意介紹親戚朋友向他買車（基於相互回報的行爲通性）。而對於那些介紹親戚朋友向他買車的人，他都會送他們禮物以表達謝意。

另外，他與銀行內辦理汽車貸款的職員也經常保持聯繫，並表示只要他們介紹客户向他買車，他便贈送精美禮品給他們。就這樣，他有許多朋友基於相互回報的心態，介紹許多新客户向他買車。如此一來，他的客户如滾雪球般不斷增加，不僅銷售業績節節高升，收入也顯著增加，經濟壓力完全解除，最後還成了有名的汽車銷售大王。

在這個例子中可以看到，當我們有所警覺時便能轉動我們的實際領域，就像例子中的汽車銷售員，由於麵包和顧客的聯想，而轉動了他的實際領域，進而改變他的行爲，並帶來成功。由於他眞誠地爲顧客解除難題，把他們當作是自己的家人、朋友，顧客感受到他的誠意而相互回報，爲他介紹更多的顧客。所以如果我們能眞心誠意地對待人、廣結善緣，日子一久，人家自然也會「以彼之道，還施彼身」。

除此之外，讓我們回顧第四章〈太太的智慧〉。人際關係之所以常常會陷入惡性循環，我討厭你、你討厭我，而導致兩人互不往來，這都是因爲雙方相互回報而使可達領域走進惡性循環，或走進死胡同。如果我們能善用相互回報，轉化自己的實際領域，帶動對方良性的相互回報，那麼，我們便會如滾雪球般創造良性循環的互動，而使人際關係得以改善。

2. 個人與團體之間

個人與團體之間最好能創造出相互回報的良性循環而避免惡性循環。你喜歡團體，團體自然也會喜歡你；你不喜歡團體，團體自然也不會喜歡你。此外，我們也應避免「損公肥私」的可能性。

松下幸之助解經濟大恐慌

一九二九年，世界經濟大恐慌，整個日本經濟蕭條，許多公司裁員、有的甚至倒閉。像許多公司一樣，松下公司的訂單銳減，只有平常一半的生產訂貨量。面對這種情況，一般公司的做法是減少生產量，當然相應的工作人員也得減少，因此松下的幕僚建議裁員五〇%以擺脫公司的困境。

松下老闆松下幸之助不以爲然：「爲什麼我們不組織一個工作環境以保證公司的生存，同時不裁員也不削減員工福利？」

後來，他找到了答案，召開全體員工大會說：「我們的公司和其他公司一樣，生產的東西一半存在倉庫賣不出去；但我們的公司絕不裁員，員工的福利也絕不削減。但我請求生產部的員工每天只做半天生產，另一半時間幫忙業務人員努力推銷產品，讓我們能共渡難關。」

員工們聽完後，歡聲雷動，非常高興，因爲這樣做他們就不會失去工作；當然，他們得努力去適應新的要求。爲了報答對公司的感激之情和保住自己的飯碗，他們拚命工作，每天工作十幾小時，不到三個月，公司就走出了困境，而且比以前更有凝聚力，員工對公司有更多的認同感。這奠定了松下公司蓬勃發展的基石。

松下幸之助跳出習慣的思維方式，找到解決公司問題的辦法，而員工爲了感激松下不裁員的做法，大家比以前更加努力，同舟共濟，而使公司能順利渡過難關，這便是團體與個人之間相互回報的良性循環。

然而，「相互回報」的行爲如果應用失當，可能會損害大家的利益，敗壞社會風尙。例如，有的人貪污盜竊或幹其他壞事，串通好後，你不揭發我、我不揭發你，我包庇你、你包庇我。有的人利用自己掌握的權力，拿公家的東西作人情，你送我、我送你，損公肥私；有的人暗中交易，你投以桃、我報以李，你給我錢、我給你權。這種種相互回報、相互利用、謀取私利的反面行爲，是不道德的，是人們所厭惡的，甚至是法律所不容許的。

如何提升

我們如何讓相互回報昇華呢？

第一步，可重寫我們的電網，「不討厭那些不喜歡我們的人」。如此，我們的心胸便會擴大，接受不喜歡我們的人。

第二步，若可能的話，建立「喜歡那些不喜歡我們的人」的電網。因爲不喜歡我們的人，其實是一面鏡子，可以讓我們反省自己不受歡迎的原因，進而改進自己的行爲，因此他們可以幫助我們成長。如果我們能喜歡那些不喜歡我們的人，則我們的心是開的，這樣可以不斷擴大自己的習慣領域。

如果可能的話，我們可以向耶穌學習「愛我們的敵人」。敵人一方面是競爭對手，一方面讓我們隨時警惕，使我們進步。如果能欣賞敵人，眞誠地愛我們的敵人，敵人最後也會被我們感動，而相互回報，那時敵人也會愛我們的。就像三國時代，孔明經營蜀國時，他曾七擒七縱孟獲，最後孟獲感於孔明的仁德，而眞心誠服於蜀國，便是很好的例子。

管鮑之交

管仲是春秋戰國時代有名的政治家。在〈史記．管晏列傳第二〉中記載了他說的一段話；大意是：「我原先經濟困難，曾與鮑叔牙合夥經商，分財時我自己多分，鮑叔牙不以我爲貪，知我貧也。我曾爲鮑叔牙謀事，結果弄得更爲窮困，鮑叔牙不以我爲愚，知時勢不利也。我曾三仕三見逐於君，鮑叔牙不以我爲不肖，知我不逢時也。我曾三戰三走，鮑叔牙不以我爲怯，知我有老母也。（最後，鮑叔牙站在公子小白（齊桓公）一邊，而管仲站在公子糾那邊，彼此爭權打仗）公子糾敗，召忽死之，我囚禁受辱，鮑叔牙不以我爲無恥，知我不羞小節而恥功名不顯於天下也。生我者父母，知我者鮑子也。」

這個故事中，鮑叔牙善用光明心態，因他能欣賞人才，能夠多次同情、容忍、協助管仲。

管仲由衷地相互回報，與鮑叔牙成爲莫逆之交。歷史上，當人們提起最好的朋友交情，莫過於管鮑之交。其實這也是從「愛我們的敵人」而昇華的美麗故事。

六、相似相親（Similarity Effect）

「人們普遍認為，相似的人要比不相似的人，彼此更容易互相喜歡和親近。」

實驗

紐康（Newcomb）一九六一年做過一個實驗。他選了一組條件相似的男大學生住在同一個大屋裡，又選了一組不相似的男大學生住在另一個大屋裡。實驗結果：條件相似的那個房間的人，關係很密切，成了好朋友；而條件不相似的那個房間的人，關係很平常，難於成為朋友。

如果你的公司裡每一個人都穿西裝打領帶，偏偏有一個人便裝上班，你很可能會認爲那個人「非我族類」。相反的，如果你穿一套款式老舊的深灰色西裝到一間設計公司去面試，接見你的人卻是一身T恤牛仔褲的裝扮，他們很可能會認爲你正經刻板、沒有創意，不是他們需要的那類人，因此未經面試已把你的名字刪去。

上述的行為是一種直接而原始的本能，如毛蟲找毛蟲，猴子找猴子；小孩子往往喜歡和小孩子玩，老人則往往喜歡和老人在一起；黑人找黑人、白人找白人，是很正常的行為。

另外，興趣相同的人會找興趣相同的人，如喜歡跳舞的人常聚集在一起跳舞；喜歡唱歌的人常聚在一起唱歌；喜歡上教堂的人，就喜歡一起去聽聖經……，這都是相似相親的行為。

子貢說馬

有一次孔子坐馬車到西邊去，途經一片農田，他的馬肚子餓，低頭便吃起田裡的小麥。正在麥田工作的農夫看見這個情景，十分生氣，一手把馬捉住，不肯放走。

子貢（孔子學生中最靈活、最善辯的一位）自告奮勇對孔子說：「老師，請您讓我去把馬兒要回來好嗎？」

孔子心中有數，不想讓他去，但最後還是答應了子貢的殷切請求。

子貢走到農夫面前，向他躬身行禮。謙遜有禮地說：「我們老師的坐騎逕自走到您的麥田裡低頭便吃起來，這是我們一時疏忽了，沒有把牠拿住，實在非常抱歉，我們心裡也替您難受。但是我們老師很需要這匹馬，請您看在仁義道德的可貴、饒恕別人的美德，把我們老師的坐騎還給我們好嗎？」

接著子貢又對農夫說了一番大道理。農夫卻愛理不理，把子貢的話當耳邊風，不肯把馬交出來。

子貢自知失敗了，垂頭喪氣地返回孔子身邊。

孔子早知結果如此，對子貢說：「不要灰心，我有辦法把馬要回來。」說罷便請馬伕去向農夫要馬。

馬伕爽快地答應，走到農夫面前說：「老鄉，咱們的馬不知小麥是你的或是咱們的，肚子餓便低頭吃。如果換成是你的馬來到咱們的田裡，肚子餓也會把咱們的麥吃掉啊！咱們知道這是馬的天性，所以不會把你的馬扣起來。你也不要把咱們的馬捉住，麻煩你把馬放了吧！」

農夫對馬伕的話十分受用，和馬伕拍拍肩膀便把馬交了出來。馬伕說了聲多謝，然後把馬拉回孔子身邊。

爲什麼不識字的馬伕和飽讀詩書、善辯出名的子貢比起來，說話更爲農夫所受用呢？因爲他的生活背景、文化背景和農夫差不多，所以馬伕講出來的話能引起農夫內心的共鳴，就因相似相親的人類通性，農夫答應把馬交出來。

相似相親這種行爲通性，並不一定要同一國家、同一民族才會發生的。

我也國民黨

我每到一個地方，總會學當地的一些日常用語，一方面可豐富自己，另一方面也可以打破和當地人之間的隔閡。

一九八九年我第一次應邀到芬蘭演講。有位工業工程學的教授到機場迎接我。在車上，我謙虛地向他請教：「芬蘭話『早安』怎麼說？」

他十分認眞地回答：「Oh Yeh Kou Min Tah」。

我努力地模仿著說，但語調總是不正確。那位教授很耐心地要求準確，又重複了幾次給我聽。我認眞跟著學，他總是說有進步，但仍然需改進，如此一、二十分鐘就過去了。

突然間，我發覺芬蘭話的發音和中文有點相似，想著想著，我想到了如何去用芬蘭話說「早安」。

用類推聯想，「Oh Yeh Kou Min Tah」不就是「我也國民黨」嗎？於是我對迎接的教授說，我會說「早安」了，而且永遠都不會忘記了。

講座在第二天早上舉行，我充滿信心地走到講台上。「我也國民黨！」（轉化成芬蘭話早安），我向著會場上所有人說。

在場的人一聽我用芬蘭話說「早安」，而且有七、八分像，大家都笑起來，我問他們：「你們知道我在說什麼嗎？」他們齊聲回答：「早安」。

語言是一個國家習慣領域的核心，當我們與對方心靈連在一起時，我們便被認爲是相似的人；大家的心打開，心就通了，思想也就容易溝通。

接著我請聽眾允許我用英語演講，因爲芬蘭話太高深了；那天大家都很有興趣地聽完兩小時的演講，我們也共同渡過了愉快的一個早上，以及其後一個禮拜的時光。

當來聽演講的芬蘭人聽到我用芬蘭語向他們問好時，由於相似相親，對我產生了很多好感，因此把我這個本來與他們不相似的華人當成是和他們相似相親的人。

許多觀察說明，對事情的態度有時比種族更能影響人們的關係。如果對形勢或事物的看法一致，態度一致，即使不同種族或民族，仍然可以相似相親，成爲朋友。「相似」和「不相似」要看我們的電網停在那個角度看問題。例如，全世界的保育人士，雖然國籍不同、語言不同，但他們爲了保護野生動物、保護我們的地球環境，就可以因爲觀念的一致，而相似相親。

如何善用

在應用相似相親時，以下幾點應該特別注意：

●誰是主要影響你事業的人？你知道他們的目標、理想、個性嗎？善用我們實際領域的靈活轉化，多重視相似的地方，也珍惜不相似之點。

●你知道你的主管、顧客喜歡什麼、不喜歡什麼嗎？如果知道他們的想法，就比較容易創造共同的感情，打開彼此共同相似有趣的觀點。

●當你與人交談時，多談對方有興趣的話題。如此，你能與人相似相同，而受到對方的喜歡。

●多注重良好的溝通，使彼此能產生共識，互相尊重彼此的不同。

另外，在組織上若大家有共識，能志同道合地邁向共識的目標，這個組織就會很堅強而有力量。現在一般公司經常用的教育訓練、座談，並由有關的人互相透過公開、坦誠的討論來找一個共識的價值觀與策略。有了共識的價值觀與策略之後，這群人的目標、經營理念就會比較接近，也會因此成爲好朋友、好的經營或工作團隊。

如何提升

所有動物皆有相似相親的行爲通性，但唯有能將此行爲昇華的人，才能欣賞、珍惜不相似的人。因此，如果我們除了相似相親外，若又能培養出欣賞、珍惜不相似的人或生物的電網，並使它強而有力，便可以打開自己的領域，容納那些跟我們不相似的人的看法和行爲，並且繼續不斷地充實擴張自己的領域；相似的人可以與我們相親，不相似的人也可以與我們相親。

如果我們能由「欣賞和珍惜不相似的人」擴張到「欣賞和珍惜不相似的生物」，那麼我們不就是邁進「同體大悲，無緣大慈」的偉大境界嗎？

七、替罪羊（Scape goating）

「當人們煩悶或惱怒時，在不知煩悶的根源，或知道煩悶的根源但不敢對根源進行攻擊的情況下，往往傾向於尋找煩悶根源的代替品進行發洩或出氣。」

一個五、六歲的小孩若受父母的懲罰，感到不平，充滿著煩悶，他敢向父母發怒洩氣嗎？一個員工若受主管訓一頓，他會不會直接找主管發怒洩氣？在正常情況下，一般人是不會這樣做的。小孩子也許會找更小的小孩或玩具來發洩；而受氣的員工也許會找他的下屬、甚至他的家人或小孩發洩。

爲什麼一般人會這樣做呢？因爲我們每人皆有下列強而有力的**「替罪羊行為」**的電網。

丈夫的腳印

有一位同修曾說過個故事：一位先生十分愛他的太太，但他的脾氣卻很不好，有時會對太太動粗。他的太太也很愛他，認爲丈夫脾氣不好是因爲工作壓力大，並不是有心傷害自己，因此沒有責怪他，對他十分體貼和關懷。

在丈夫生日當天，太太送給他一份包裝精美的禮物。丈夫高高興興地把禮物拆開。

「啊！好美的一雙皮鞋啊！」丈夫忙不迭地把它穿上。

「尺寸完全準確呢！太太眞棒！謝謝妳！」

丈夫穿著新鞋來回走著，忽然覺得奇怪，問太太：「連我也不知道自己腳有多大，你怎麼能夠替我買這樣合腳的鞋子呢？」

太太調皮地一笑：「我當然知道你腳的尺寸！」

然後慢慢把長裙的裙腳拉開，露出右腿。

「你看，這個腳印是你以前踢我時留下的！我帶著它就好像帶著你的腳一樣，當然可以替你買到合適的鞋子！」

丈夫看著太太，感激、心痛又內疚，決心痛改前非，對太太說：「我眞的對不起妳！從此以後，我不會再傷害妳了！請妳原諒我吧！」

這是一個笑話，卻也說明了替罪羊行爲。丈夫因爲工作壓力大，有時會對太太拳打腳踢，把太太當成替罪羊來發洩工作的怨氣。因爲丈夫的「腳下不留情」，太太才會得到那個「腳印」來替他買鞋子。當丈夫親眼見到自己因爲一時的情緒發洩，而對太太造成的傷害後，心裡愧疚不已，便痛改前非不再把太太當成替罪羊。

怎樣讓家庭免受替罪羊行爲的傷害呢？日本人有句格言很値得我們參考：「如果你在外面工作不愉快時，回家進門之前，先把身上的沙塵撥下、把鞋子打乾淨，不要把外面的煩惱帶回來，家裡才會和順。」

不要對最親近的人出氣。與我們最親近的人常不知不覺中做我們的替罪羊。請問你曾否對最愛你的父母親沒有禮貌過？你曾否對最愛你的先生、太太、小孩發過脾氣？爲什麼？

當我們心頭有氣時，除了常常傾向找人來當替罪羊外，也會藉事或藉物來解除煩悶。例如，當出現煩悶、苦惱時，有些人喜歡瘋狂購物，有的人會大吃一頓，有的會拚命抽菸、猛喝酒，還有的會摔東西（如花瓶、飯碗、枕頭等）、撕東西（如書本、衣服、相片等）。有的學生考試成績不好，他們會怨題目太難；小孩子跌倒，祖父母常會說地面不平……，從廣義而言，這些事、物也是替罪羊，其行爲也是替罪羊行爲。

如何善用

下列的考慮可以幫助我們防止或降低「替罪羊行爲」的弊害：

1. 正確認識，力求不用

替罪羊行爲其實是一種短視、不負責任和無能力的表現。它本身是粗暴攻擊的行爲。這種用感情代替理智的行爲，雖能得到一時的痛快，一般卻無濟於事，不能助你解決根本問題，而且往往會產生後遺症。（有能力、有修爲的人是不會用它的。）

多少夫妻感情冷漠、甚至分離，是因爲替罪羊行爲而起的！多少員工對工作興趣不高、甚至離職，也是替罪羊行爲引起的！多少年輕人與父母失和、離家出走，甚至走上不良道路亦是因爲替罪羊行爲！

在出現煩悶、惱怒時，我們應該了解煩悶、惱怒的來源是什麼，然後設法解除它；在未能解除前，要盡量克制自己，不可讓感情衝動而做出傷害他人的行動。

若滿肚子怨氣無法發洩，不妨去運動，如跑步、游泳等，把自己的實際領域變化一下，怨氣就會轉化消失；因爲怨恨是怨恨的電網占有你的注意力引起的。由運動轉化電網，可轉化你的情緒。千萬不要對親近的人發洩怨氣。

2.針對根源，對症下藥

根源也許難尋、也許難改，但除非我們把它找出來，正面地處理它，否則問題可能越來越嚴重。面對根源需要智慧和勇氣，但處理後，我們的能力和信心就會大大增加。

例如，如果煩悶是由於上級的錯誤決定，或者不正確的批評所造成，我們應該設法向上級好好地說明情況，以求改正；如果是自己的過錯所造成，就要正視自己，認眞檢討，避免重犯；如果是工作不順利引起的，就要努力找出不順利的原因，並全心全力設法加以克服，不能走捷徑、圖省事。

3.創造阻力，不做羔羊

替罪羊行爲，一方面受別人的氣，另一方面又把怨氣轉給他人，兩者都不可取。我們可以創造阻力，使別人不敢輕易地把我們當做替罪羊。努力工作增強能力，如此職位比我們高的人越少，會找我們當替罪羊的人就會越少。另外，暫時離開那些有怨氣的人，讓他找不到你，你被拿來發洩的機會也會減少。

會說話的天鵝

從前有一個公差，時常恃著一身蠻力和強大的「後台」招搖過市，對村民造成困擾。

有一天，這個公差被上頭狠狠地罵了一頓，他帶著滿肚子氣走到街上，剛巧路過一個池塘。公差看見一群天鵝在水上優哉游哉地暢泳，心中惡意頓生。於是取出彈弓，對準其中一隻最美麗的天鵝，一發鏢就把牠射死了，而其他天鵝也受到很大的驚嚇。公差拿著彈弓，放聲大笑起來，氣也消了一半。

看管天鵝的人看見這情景，走到公差面前和他理論。公差兇巴巴地回答：「是我打死你的天鵝又如何？你知道大爺是誰嗎？我是堂堂朝廷命官！只要我高興，喜歡做什麼便做什麼。你這放鵝的少跟我囉嗦。」說著又舉起彈弓，瞄準鵝群，想打死另一隻天鵝。

這群天鵝原來是一個秀才所養的，他剛好在附近，把公差的蠻橫無理全部看在眼裡。秀才覺得應該好好把他教訓一頓，於是走到池塘邊。

公差看見有人走過來，於是把彈弓放下。秀才卻不理他，故意伸頸看那隻被公差打死的天鵝，然後無可奈何地對公差說：「哎呀，怎麼恰巧是這隻？公差大人，這是隻會說話的天鵝啊！」

「胡說八道！哪裡有會說話的天鵝！就是會說話又怎樣，大爺喜歡打死牠便打死牠！」

「問題是我已經把這隻會說話的天鵝呈報給京府，京府的大人已經看過這天鵝，準備進貢給皇上啊！今天卻被你打死了，這可怎麼辦？」

公差一聽，頓時嚇得面如土色，心想：「損壞皇上的貢品，那是殺頭的大罪啊！這次大禍臨頭了！」他兩腳一軟，立即跪倒在地上，向秀才不斷地磕頭求救。

「大爺，求你趕緊想個法子，免我這場劫難吧！」

秀才表現得很爲難，站在那裡苦苦地思考。

經過了好一會兒，他說：「唯一的辦法，只有請求京府通融幾天，多花錢找人重新訓練另一隻天鵝講話了。」

對公差來說，這簡直是一個天大的好消息。

「原來還可以訓練過另一隻，有錢就行。死罪可免了！」

立刻把身上的錢都掏出來，交給秀才作爲賠償。說了幾句好話，然後三步併兩步地趕快離開現場。

公差被上司責罵，氣在心頭卻不敢反駁。當他見到一群天鵝時，立即拿出彈弓把最美的一隻射死，天鵝成爲他洩憤的替罪羊。

爲什麼皇上不會成爲公差的替罪羊，而天鵝、銀子卻會呢？因爲皇上的地位和權力高高在上，對公差造成了很大的阻力。因此我們要想不成爲別人的替罪羊，就應該努力不斷地提高自己的地位。

4.公司的訴怨程序

替罪羊行爲是一種人的通性，一個組織如果要工作效率得到提升，必須避免這種行爲的氾濫。爲避免這種行爲，公司必須有適當的訴怨程序。

這種程序可以讓人們有途徑發洩他們的不滿、讓人們的心聲可以給別人聽見，因而減少替罪羊行爲的發生。

如何提升

當我們了解「替罪羊」的行爲通性後，應保持「修養」，避免自己有「替罪羊」的行爲出現，同時也避免成爲別人的替罪羊。

我們除了避免成爲他人的替罪羊外，如果可以擴展習慣領域、增大能力，而達到「即使作爲替罪羊也能化解而不受傷害」。如此便可以解除別人的怒氣，而不覺痛苦。

「能當替罪羊而不覺苦的人，是人們喜歡倚靠的對象。」要達到此境界，我們應學習知道並掌握煩悶的來源、去路，並且讓這些煩悶成爲增長自己能力的補藥，當我們的能力增加後，自然能化解各種煩悶，當然也就能昇華「替罪羊」的行爲。

八、人群中的責任擴散（Responsibility Diffusion）

「當人們在一起做事而又沒有明確的個人責任時，有的人在一定程度內會失去他個人的責任感。責任出現後，認為別人應該而且會設法分擔他的責任，即使當時他是單獨在工作，也會認為分擔與降低個人責任是理所當然的。」

小孩剛出生時，不知什麼是責任；當他五、六歲時，漸知責任，但他會推卸責任給別人。負責任是一種壓力，但它能讓我們成長。有責任大家一起分擔，可以解除或降低壓力，甚至增加勇氣。

例如我們小時候如果作業沒做好，當媽媽要我們解釋時，我們常常會說：「班上很多人都沒完成啊！」這樣說，我們會覺得心安理得。爲什麼呢？

你是否曾有過這樣的經驗：當你在高速公路遇上塞車時，你看到有人違規行駛路肩，而你也想跟進？如果你看到只有一個人行駛路肩，你可能不敢跟進；看到兩個人行駛路肩，可能你還是不會加入；但如果一群人行駛路肩，你可能就會跟著去做了。爲什麼呢？是不是想，反正又不是只有你一人違規行駛路肩，更何況這麼多人違規行駛路肩，警察也不一定就抓到你？就算被抓到了，一群人一起受罰，也不覺得那麼心痛？

一個團體碰到難題，負責人常找一群人開會，明言「集思廣益」，骨子裡常多少在想：「一起想辦法，一起分擔風險和責任。」

爲什麼我們會有這種行爲呢？因爲我們腦海有一強而有力的**「責任擴散」**電網。

俗話說：「一個和尚挑水喝，兩個和尚抬水喝，三個和尚沒水喝。」

爲什麼沒水喝呢？因爲，三個人你推我讓，誰都不肯被占便宜，結果沒有人肯做，大家只有坐著挨渴了。這就是一種責任擴散的行爲。

在動物界中也有責任擴散的情況：弱小動物會採取集體行動，一旦遭到襲擊時，其他的同伴可以幫助轉移注意力，分擔責任，所以被捕食的機會便會降低很多。例如，野牛這種草食動物遇到攻擊時，強壯的雄牛會把頭向外朝，圍成一個圓圈，而把軟弱的小牛圍在中心，一同保護小牛，同時也藉攻擊部隊和保衛部隊的合作，減低自己被捕食的機會。

加入天體營

美國德州奧斯汀市郊有一個叫Travis Lake的大湖。湖的兩邊是山崖，中間架起宏偉的水閘，湖區山明水秀，是人們週末渡假的好地方。

在其中一個山崖之下，有一個叫Hippies Hollow的隱密處，被大石重重圍著，必須走過崎嶇的山路才能到達，然而那裡的景致卻特別美好，大石嶙峋，水清如鏡，簡直是與世隔絕的天堂。因此成爲當地大學生「自我解放」的熱門地點——天體營。

有一次，我帶一位由日本來訪問我的教授到Travis Lake欣賞大自然，他對天體營也有所聞，心裡好奇得很，想親自探索。於是我們走到山崖上，沿著斜坡一步一步地往下走。當我們快到山腳時，我們看到一個警告牌寫著：「天體重地，穿衣者勿進，後果自負。」

我對日本教授說：「我想我們也應該脱去衣服的。」

於是我們一同脱去衣服，但仍穿著内衣。又繼續往前走。

不久，我們終於來到Hippies Hollow的入口。地上零星散布著衣服和物品。

我問日本教授：「你眞的要進去嗎？要進去便得脱個精光！」

教授猶豫了一會，說：「我從來沒有在陌生人面前坦蕩蕩的經驗啊！」

我也想了一會，說：「反正來到了，要脱就脱吧！」於是我帶頭把身上僅剩的衣服脱光。

日本教授看見我的舉動，勇氣大增起來：「既然你敢做，我就不管了！」接著便把身上的衣服拋在地上。

就這樣，我們兩個大學教授，一絲不掛就入境隨俗走進Hippies Hollow。那裡果然是大學男女生的天堂，他們有的在日光浴，有的在嬉水。對我們兩人的出現，他們都以歡迎的眼光向我們行注目禮。

「從來沒感覺到如此舒暢！這全身解放的感覺眞好！」日本教授沐浴於水清見底的湖水中，

一面欣賞大自然的美景，一面欣賞美麗的人體，興高采烈地對我說：「幸好有你先脫，否則我不會有勇氣在這裡和別人裸裎相見的！這是我來美國最難忘的一次經驗！」

日本教授的勇氣，其實也是「責任擴散」的結果。他的心態是：「反正有人做了，要做就做吧！」因爲這種責任擴散的行爲，我們兩人才有勇氣走進大學生的Hippies Hollow，對年輕人的生活形態有進一步的觀察和了解。

如何善用

在應用上，我們應該注意下列四點：

1. 明確的責任

有清楚明確的責任、職權，及考核、獎賞的制度，使每個人都有清楚明確的責任和獎賞，以防責任的擴散；同時，也讓每人能遵守規範、敢於負責任。

民主國家提倡「人人有飯吃」，社會主義國家則提倡「有飯大家吃」。前者透過大家的共同努力建立富足的社會，多勞者多得，有明確的責任和獎賞制度。然而，以前在社會主義中，一般的情況是人們幹多幹少、幹好幹壞的獎賞都一樣，有句話說：「做也三十六，不做也三十六」。結果「飯」越來越少，人們生活也越來越不足。現在透過改革，加上「多勞多得」的落實，使責任明確，因此經濟蒸蒸日上。

2.讓黑暗曝光

讓黑暗曝光消失，是遏阻責任感流失最好的辦法之一。公司或團體的行爲、成績要透明化，使人人容易知道誰在做什麼，以避免混水摸魚。

在美國的大學，學校每學期都會讓學生評鑑老師的教學。爲討好學生，老師常給學生高分數，造成了「分數膨脹」。爲避免不負責任的行爲，有的院校便會公布老師給成績的情況，因此，分數膨脹的現象就降低了。

濫竽充數

春秋戰國時候，齊宣王很喜歡聽大型的音樂表演，幾百個人一起大合奏，聲勢非常浩大。

有一位南郭先生，對音樂一竅不通，卻垂涎於音樂表現者的厚酬，他對招攬樂師的人説：「我能奏百種樂器，善唱各地名曲，想加入樂團，爲大王表演。」

那個招攬樂師的人看著南郭先生，本想要他露兩手，隨即又想：「現在樂團急需新人，管他是否眞的會奏，就聘他好了。反正聲音少他一個也沒有多大分別，多他一人壯壯聲威更好。」

從此，南郭先生成爲了幾百人樂團中的一員，每天混水摸魚、裝腔作勢，倒也扮得有模有樣。

齊宣王死後，齊湣王登位。他也很喜歡音樂，卻鍾情獨奏。於是，原來樂團中的幾百名樂師便輪流走到齊湣王面前，施展一身技藝。

南郭先生心想：「幾百個人中，大概不會那麼快就輪到我吧！多留一天算一天吧！」

誰知一個星期後，朝廷派人來到樂團，說齊湣王翌日要聽南郭先生所在那一組人逐一表演拿手的樂器。

當夜，南郭先生趁著眾人熟睡的時候，偷偷收拾包袱，躡手躡腳地溜了。

爲什麼不識音樂的南郭先生當初可以在齊宣王面前表演呢？那是因爲招攬樂師的人把責任擴散到樂團其他人身上，認爲即使南郭先生不會演奏，表演時也有其他人，只要他能找夠樂手便算完成責任。就這樣，南郭先生在樂團混了好一段日子。然而，繼位的齊湣王卻喜歡聽獨奏。南郭先生知道表演的責任要自己一人承擔，很難再混下去，於是在夜深時偷偷逃走了。

3. 辨別是非

一群年輕人在一起比勇氣做壞事，「我們都敢抽菸，都沒事，你怎麼不敢？」「我們都敢一起去賽車，你怎麼不敢？」等等。年輕人在同輩的煽動下，很容易被說服去做壞事！其實不僅是年輕人如此，年紀大的人也不例外。「大家都敢闖紅燈，你怎麼不敢？」等等。這種外來訊息的誘惑，常使人格未成熟的人失去立場，而同流合污。

認同群體與潮流雖是一種通性，但有能力、有修爲的人會辨別是非，也具有不同流合污的勇氣。一個人格成長成熟的人，能自我昇華保持自主自立的行爲。自己認爲對的就勇敢堅持，而不輕易隨波逐流。

4. 靈活運用

有時候，責任擴散行爲可以鼓動風潮，製造勇氣，推翻舊制。古今中外，改朝換代都有靈活運用責任擴散的鮮明例子。

肢體抗爭與群眾運動

在台灣邁向民主政治的過程中，從前的反對黨（民進黨）最常使用肢體抗爭及群眾運動向政府表達要求。由於台灣長期一黨獨大的政治環境，反對黨如果循一般的議事程序在議會殿堂上表達政治主張，以少數服從多數的遊戲規則，反對黨的主張永遠無法形成政策法令；而民眾要求民主、自由的心聲及意願，很難受到執政當局的重視。

因此，反對黨爲了凸顯他們的政治要求及表達民眾的心聲，使運用議場上的肢體運動及號召民眾走上街頭的群眾運動，希望藉此加速台灣民主化的腳步。

事實證明了反對黨這種策略相當成功，直接造成台灣長久以來強人威權統治的結束。

我們如果仔細分析肢體運動和群眾運動，會發現這兩者在某程度上都是一種人群中的責任擴散行爲。首先，這些立法委員、國大代表等在議場上肢體抗議的行爲，便是由於眾人的參與，參與的每個人有了責任擴散的心態：「反正做的（打架抗爭）不止我一人，即使事後要承擔責任，這責任也是大家共同承擔的」，結果勇氣大增，膽敢做出一般情況下，單獨一人不敢做出的行爲。

這些國會議員在議場上打架的消息，引起國際媒體的關注，有許多人問我爲什麼會有這種情形。我告訴他們：「在議場上爭吵、打架，總比拿著武器上街械鬥，而給民眾帶來傷亡和不安要好得多。」

另外，群眾運動也是明顯責任擴散的例子。一開始民眾對於參加這種公開挑戰威權體制、批評政府的活動都心存疑懼，但是一方面心裡又想，在人群中可能不是那麼容易被認出來；心中仍有顧忌的人，更可戴上面具等來掩飾身分，以免被蒐證人員照相。萬一不幸被認出或被拍照，他們也會想反正被認出或被拍照也不止我一人，後果是眾人承擔的，於是放心大膽地參與運動。

經過這些民主人士多次的推動下，參加群眾運動的民眾越來越多，而且聲勢一次比一次浩大，在這種群眾運動的迅速擴展下，以及民意力量的洪流，終於喚起執政者及全民的警覺，台灣才有邁向政治民主的奇蹟。

除了台灣運用群眾運動達到政治改革之目的外，世界各地這樣的例子也屢見不鮮，例如印度聖雄甘地及美國黑人民主運動領袖馬丁路德．金恩博士，都是成功善用群眾運動的力量，以爭取國家的獨立與人民眞正的自由。其中金恩博士在面對極端白人主義的恐怖威脅下（包括用炸彈炸毀他的家和教堂），運用靜坐禱告的方式而頓悟了一個道理，「人的生命、生存是有限的，但創造一個自由平等的體制讓後世人可以眞正享有自由平等，卻是無限的！」。

正由於這樣一個強而有力的信念，使他義無反顧地帶領美國黑人爭取眞正的自由與平等。也因責任擴散行爲，參與他領導的群眾運動的人越來越多。金恩博士雖被暗殺，但他的偉大夢想終於實現了。

如何提升

我們要如何才能昇華人群中的責任擴散呢？「了解與掌握群體責任的來源、去路，和可能擴散的動力，培養能力以承擔並享受群體的責任和發展。」對此昇華有興趣的讀者，請參閱金恩博士或甘地的傳記。

第六章　大腦的運作

前面提到人人有無限的潛能。與電腦相比，我們的大腦簡直是一座龐大無比的電腦。每一腦細胞比每一位元要複雜，一千億的腦細胞是多麼龐大無比的訊息操作系統！

因大腦控制人的思想、記憶和行爲，要了解自己及別人的思想、記憶和行爲，就須對大腦的運作，及操作大腦的心意有進一步了解。如此才能更進一步做到知己知彼；同時也可以更進一步地讓腦和心意爲我們有效工作，使人生得到昇華，而成就造命立命之功。

由大腦和心意的運作，我們便有了心靈的運作。大腦是可以看得到的實體，許多腦科學家對它有極深入的研究，我們以四個構想來敘述腦的基本運作；**它的運作單元（電網的變化），它的能量（無限潛能），它隨時地、有效地重新結構，以及它解釋訊息的基本方法（類推聯想）**。

心意是看不到的，但它卻是我們大腦的駕馭者。了解心意的運作，可幫我們更有效運用大腦，讓我們更有效率、創造喜悅和智慧。

我們也將用四個構想來敘述心意的基本運作：第一是目標建立與情況評估的功能，第二是

電網萬變，但不離八構

壓力結構與注意力調度的運作，第三是壓力解除的方法，第四是外來訊息的處理。這四個基本構想將於下章闡述。

由第六、七章腦與心意基本構想的運作，我們便有千變萬化的思想、記憶和行爲。在第五章所述的行爲通性（強而有力的電網），都是根據這些基本構想所轉化出來的。

若用電腦的術語，這腦與心意運作的構想，就如各種電腦程式語言的基本邏輯架構及語法，是我們心靈運作的基本操作系統；而行爲通性及其他記憶或思維則是由這基本運作所衍生出來的內外表現，就像程式設計師依循一定的程式語言及邏輯架構，即可創造出各式各樣的應用軟體。

每個人軟體的綜合組合和使用（習慣領域）不一樣，但心靈的基本運作卻是幾乎一樣的。深入了解此基本運作，便可以了解人們「爲什麼」在不同情況下有各種不同的行爲和思想；同時，我們也可應用這心靈的基本運作來重寫或鼓勵重寫我們自己或他人的軟體，而改造自己的生命或引導他人改造生命。

爲使敘述更清楚，讓我們來考慮下面一個情境。

撒哈拉沙漠旅遊要帶什麼？

假設有個可信任的富豪邀請你和他一起到撒哈拉沙漠旅遊一個月，你要帶什麼都可以，回來後給你一千萬元。請問你會同意去嗎？若同意去，你要帶什麼？

撒哈拉沙漠是世界最大的沙漠，你有這個電網嗎？（**腦的構想一**）

在還沒有接受前，你有問題要問嗎？會不會想知道行程表？會不會想知道一些以前從未想到的問題（如吃的、穿的、行的等）？

你會不會去圖書館查詢有關的新訊息？爲什麼你的腦海尚能編儲新訊息的電網？因你有無限潛能的大腦。（**腦的構想二**）

當你注意到要去沙漠旅遊時，那些有關沙漠旅遊的念頭思路（電網），此刻有沒有讓你比較容易取出來使用？應該是有的，儘管它們平常不會跑出來受到你的注意，但你的大腦具有重新結構、使有關訊息容易受到你注意的功能。（**腦的構想三**）

當你受邀請到沙漠旅遊時，有什麼聯想？對這邀請有什麼懷疑或解釋？「沙漠旅遊」本身對你又有什麼聯想和解釋？這些聯想和解釋正是大腦類推聯想的功能。（**腦的構想四**）

對於這個邀請，你有沒有顧慮到生命的安全？有沒有想到萬一不能平安回來怎麼辦？若沒水喝，怎麼辦？若危險暴風吹來怎麼辦？有沒有考慮到沙漠旅遊是多麼新奇，別人做不到的你做到了？若平安回來一千萬元多好用？……其實這些都是你目標建立和情況評估的功能。（**心意的構想一**）

你要做決定：去或不去？若去，要帶什麼東西？你在做出決定前是不是要經過愼重的考慮？若猶豫不決時，是不是因爲一方面怕危險，另一方面又怕失去賺一千萬元或達成其他生命目標的機會？你的注意力是不是就隨著怕這怕那的壓力而轉來轉去？其實這是壓力結構和注意力調度的功能使然。**（心意的構想二）**

當你做出決定時，這決定有沒有讓你（主觀上）將心理壓力降到最低點？不管它有多短暫，其實這是你解除心理壓力的基本方法。**（心意的構想三）**

最後，有沒有用眼、耳、鼻、舌、身等來蒐集外來訊息以幫忙你做決定？有沒有一些訊息你沒主動要求、人家自動送來的？有沒有訊息是你主動尋求或請教而得來的？一般人都有隨時隨地接受外來訊息的功能。**（心意的構想四）**

上例簡述了八個構想與思維和行爲的密切關係。這八個構想其實是交叉互動的，因我們的思想行爲是動態的。我們是動態地交叉使用這八個構想（請參閱下一章圖表7-2人類行爲基本流程圖）。這八個構想妙用無窮，讓我用這兩章與你分享。

一、電網的構想（Circuit Pattern Hypothesis）

「想法、概念和訊息是用腦細胞明暗的電網變化來表示。使用越多，電網越多、越強，也越

容易被取出來使用，而占有我們的注意力。」

拋鞋子

大明是一位大學生，他向一位老太太租了層閣樓。大明有一個壞習慣，就是每次回家脱鞋時，總會隨意地把鞋子拋在地上。由於木頭地板的緣故，鞋子落地的聲音會直接傳到樓下老太太的屋裡。因爲大明經常深夜才回來，拋鞋子的聲音常常讓老太太從夢中驚醒。

過了幾星期，老太太終於忍無可忍，對大明說：「請你晚上回家時不要把鞋子用力拋到地板上好不好？我每次都被那響聲驚醒！我這老太婆身體不好，醒了便很難再睡著。」

「老太太，眞的不好意思，我不是有意拋鞋子吵你的！這是我從小就養成的壞習慣。以後我會注意。」

大明很守信用，眞的不再拋鞋子。可是一星期後，他「拋鞋子」的壞習慣又回來了。有天深夜，大明從學校回家，隨手脱去一只鞋子拋在地板上。正要把另外一只脱去時，忽然警覺：「糟糕！怎麼又忘記了！老太太一定又被我吵醒了！」

大明立即把手上的另外一只鞋小心翼翼地輕放在地板上，心想：「希望老太太很快就會睡著！」

第二天大清早，大明準備出門時，正巧跟老太太碰個正著，老太太無精打采，一見到大明便生氣起來。

大明知道一定是和昨晚拋鞋的事有關，於是對老太太說：「眞的對不起，我昨天回家時忘記了把鞋輕放，不過一放手就想起來了，沒有再拋第二只鞋子……」

「你還好意思說！就是你那一只鞋子讓我整晚都不敢睡！」

大明奇怪說：「爲什麼？」

「因爲我一直在等你把另一只鞋也拋落地板上才敢閉眼！誰知你遲遲不拋，我放心不下，結果整夜都沒睡好！」

因爲從小養成了「拋鞋子」的壞習慣，大明一時之間很難將它去除，因爲這個從小即形成的舊電網，經過不斷地取出來使用，在大明腦海中已經既強且深。雖然他知道自己半夜「拋鞋子」會把樓下的老太太吵醒，並且也向老太太承諾把習慣改變，但他後來仍然故「習」復萌，隨手又把鞋子拋到地上。

樓下的老太太，經過幾次被大明的拋鞋聲吵醒後，在腦海中也形成一個電網：即必須等聽到兩只鞋都落到地上的聲音後，才能安心入睡。

因此，當這次她聽到大明把一只鞋拋在地上的聲音時，這個電網便跑出來，告訴她要等到另一只鞋也落地後，才能睡得安穩，否則又會被驚醒。結果由於這個舊電網的作用，使得老太太對於新的訊息做出了錯誤的判斷，而失眠一整夜。

從上面這個例子以及第三章對「電網構想」的探討可以知道，電網經常在不知不覺中跑出來幫我們工作；另一方面，舊有的電網也常常會妨礙我們對新訊息的正確認知。因此，我們必須能控制潛藏在腦海中的電網，做電網的主人，不做電網的奴隸；而要做電網的主人，最重要的便是要有「警覺」的心。

二、無限腦力的構想（Unlimited Capacity Hypothesis）

「正常人對想法、概念和訊息，有無限的編譯和儲存的能力。」

人類正常的大腦約有一千億個腦細胞，可以創造、編輯、儲存幾乎是無限的念頭、思路、想法、訊息和概念。只要你願意，再多的念頭和思路、訊息和概念，你的大腦也會有空間、有能力來編輯和儲存。

你每天都要面對不同的人事物，在不同的時間和地點上進行生命的工作，爲什麼你能有如此能力來處理各種各樣的事？這是因爲我們的大腦有很大的空間，有無限能力讓我們編輯新的訊息、可以有條不紊地處理不同的事物。

正常人的大腦約有一千億個腦細胞，而每一個腦細胞又有幾千個突觸，使大腦成爲一個非常複雜的東西，遠遠比我們每天使用的電腦深奧。電腦的「中央處理器」（CPU）是用「位元」的明暗變化來處理的，假設有一部電腦只有四位元（如同四個燈泡或銅板），在這裡我們以「1」和「0」來代表明、暗的兩種可能性。四個位元所能造出的十六種基本現象（2^4=16）如下所示：

0100　0110　0111　1111
0010　0101　1100　1110
0001　0011　1010　1101
0000　1000　1001　1011

在個人電腦發明初期，電腦只用八個位元來處理，每個位元可明、可暗（或正或負），八個位元所能造出的基本現象不多，只有二百五十六（2^8=256）個。但如果我們賦予每一個基本現象不同的意義，應用這基本現象（如大腦的電網）的變化，電腦就可以處理很多訊息。

隨著科技日新月異，個人電腦後來用三十二位元的中央處理器，所能造出的基本現象就非常多(2^{32}=4,294,967,296)。如果有六十四個位元，電腦的威力更是令人難以想像，因六十四位元可造出2^{64}=1.85×10^{19}的可能現象。當我們在讚嘆電腦的偉大時，我們有沒有想過，我們的大腦約有一千億個腦細胞，可想像成是一台一千億個位元的電腦！二的一千億次方有多大(2^{1000}

億）？這是天文數字。

與電腦相比，我們的大腦可以說是超超超級大電腦。

我們擁有如此威力無窮的大腦潛能，所以只要你願意，就可以想出非常奇妙的想法，而且擁有無限的創意。

轉化情緒的無限妙法

要親自體驗大腦的無限能力，你可以試試這個小練習。把眼睛閉起來，在腦內想一個你平日見面便害怕的人，用你的心意來看著這個人慢慢縮小到原來體型的十分之一。重複做一遍。現在這個人已縮小到不到一寸高了。想像這個小人跳到你的手掌中，你可隨意要他做任何動作，唱歌跳舞等等，高興時還可以把他捉一捉。把這個練習重複做幾遍。現在張開眼睛。你感覺如何？因爲這個人比你的手掌還小，完全受你的控制、任由你擺布，你會發覺原來對那人的畏懼至少在短期內會消失得無影無蹤。

你有沒有被人騙財、被人離棄而感到痛苦萬分的經驗？要不要試一個簡單的方法，把自己從痛苦中解放出來？你可以利用大腦的無限能力：把經歷當成戲劇的情節，用倒敘的方法來演出。如此重複幾次之後，再把有關的男女主角美化或醜化，如眼睛、嘴巴變小或變大；再加入音樂、背景和其他人物。幾次以後，你再變成該劇的導演，一切都在你的旨意之下進行。你會發覺原來痛苦的情緒已經蕩然無存，不再對你有任何影響，因爲你正在享受一個快樂的創作過程。

因爲大腦有無限能力，可以隨心所欲地想。我們的思想可以穿越古今中外，可以遨遊在宇宙星際，你甚至可以和孔子、老子或蘇格拉底談話。

認識、活用大腦的無限潛能，我們的念頭思路就像永不枯竭的泉源，不斷地湧出思想的活水，使我們成爲最豐富的創作家、最偉大的發明家。

下面爲大家引述一位HD同修阿池所分享的一段故事：

無限潛能

我有一聰明可愛的女兒，現正在念高中，許多學科的成績都很好，唯有數理學科一直表現平平。這是讓全家人爲之頭痛的問題。

當我聽了游教授的演講「人人都是無價之寶，人人都有無限潛能」以後，我抱著試試看的心態，跟女兒分享了我聽到的演講內容，並對女兒強調說：「妳也是無價之寶，妳也有無限的潛能，妳一定能把數理學科學好。」

令我驚奇的是，經過一段時間之後，女兒在數理學科的表現開始好轉，現在已和其他學科一樣優秀。

有一次我在公司碰到一個棘手的問題，幾天想不出一個滿意的解決方案，回家後仍愁眉不展，女兒看出了我的煩惱，對我說：「爸爸，你也是無價之寶，你也有無限潛能。」

我恍然大悟，是啊，我怎麼忘了我也有無限的潛能呢！我一定能想出好辦法。因爲增強了信心，我的思維活躍起來，很快找到了解決問題的滿意方案。

不久前，由於工作的需要，我被調到公司的研究開發部門當主管。

上任的第一天，我沒有一般主管上任的例行訓話，只是講了我女兒的故事，並對大家說：「你們也是無價之寶，你們也有無限的潛能，相信大家一定會做出更好的成績。」

我相信大家的能力，放手讓大家各自發揮自己的特長，沒有過多的限制和計畫，但一年之後，研究成果卻是歷年來最好最多的。

請問，這是不是無限潛能的發揮？

由於大腦的特殊構造，人的潛能幾乎是無限的，但人們在遇到難題時，常常感到自己的無能，以致喪失信心，無法找到滿意的答案。在了解了「大腦有無限潛能」的構想以後，若遇到一時難以解決的問題，你是否會提醒自己「我是無價之寶，我有無限潛能」，從而增強自信心，開始動腦筋、打開習慣領域去尋找滿意的解決方案？

三、有效重新結構的構想（Efficient Restructuring Hypothesis）

「隨著注意力的調度，大腦有效地重新結構組合我們的思想、概念和訊息，使有關的訊息能有效地被提出使用。」

當你準備參加高中或大學入學考試時，會想到什麼？腦中所有如何準備入學考試的訊息都會跑出來，獲得你的注意。在考試時，如果要考地理，腦內有關地理的資訊便會受到你的注意，這些有關地理的電網會跑出來替你解答問題。

要是地理考試之後，你馬上接著要參加英文考試。此時，腦內有關英文的資訊便會受到你的注意，這些有關英文的電網會跑出來替你解答問題，而先前有關地理的電網便退下去，不再受到你的注意。

當你跟一個人講話時，如果他問你：「工作順利嗎？」你腦中有關於工作情形的電網便會立即跑出來。如果他又問：「身體好嗎？」這時，你的電網會經過重新結構，然後把所有關於健康的訊息提出來，再回答他。

當你看見兩、三歲的小孩天真無邪的笑和玩耍時，你會不會回想起自己小時候快樂玩耍的情景？其實這時由於眼前的景象，已經觸動大腦中的電網重新結構，而讓你想起快樂的童年時光。當你聽到不同的樂曲時，會不會引起不同的感觸，回想起不同的往事？尤其是初戀時第一次和愛人一起聽到的歌，不管時間相隔多遠，一聽到這些歌，你大概都會聯想到從前的一些情景。這時，你的大腦其實已經重新結構。

項羽和劉邦最後交戰時，張良就建議劉邦利用這種電網重新結構，奏起楚軍的鄉土音樂，於垓下製造「四面楚歌」，令楚軍思鄉之情氾濫，變得無心戀戰而離散。項羽最後在烏江自殺，劉邦統一了天下。

眼睛快速跳動（Rapid Eye Movement）

你可以做一個簡單的實驗來觀察人類大腦的重新結構過程：如果你平日比枕邊人早睡的話，今天晚上讓他先睡。當他睡約四十分鐘時，留心觀察他，你會發覺他的眼皮約於一小時左右開始跳動。此時你趕快把他搖醒。你可以肯定地問他：「我知道你剛剛在做夢，你在做什麼夢？」

他一定會驚奇地問：「我剛才眞的在做夢啊！你怎麼知道？」

根據某些科學家的解釋，當人的眼皮在跳動時，大腦其實正在重新結構，把當天所學的跟以前的經驗融和在一起，這也許便是夢的由來。

深呼吸的妙用

有一次我和幾位HD同修一起坐飛機到花蓮去拜訪證嚴法師，當一行人登機坐定位子時，我發現坐在隔壁的一位同行的台大學生緊閉著嘴唇、臉色鐵青，雙手緊緊地抓住座位扶手，神色非常不安。我問他，是不是身體不舒服，或是有什麼問題需要我的幫忙，還是要找空服員協助？

只見他轉過頭來，不好意思地對我說：「不瞞老師，我最怕坐飛機了，每次搭飛機時，我都會非常緊張，尤其是起飛和降落時，我都感覺到自己的心臟快要跳出來！所以若非萬不得已，我是絕對不搭飛機的！」

聽完他的話後，我對他說：「原來如此，我有一個辦法，可以讓你不會緊張，要不要試一試？」

這個學生聽了之後，眼睛爲之一亮，盯著我說：「眞的嗎？我當然願意試一試！請老師趕快教我吧！」

我便對他說：「你現在專心地做深呼吸，你知道深呼吸吧！盡量吸一大口氣，然後憋住一段時間，再慢慢地呼出來，全部呼出後，等到沒辦法時，再吸一大口氣。重複幾次後，你自然不會緊張了。但你要專心地做。」

雖然學生有點半信半疑，不過他還是照著我的話做，做起深呼吸，只見他用力吸一大口氣，然後憋住，再慢慢吐出來，做了幾下後，他緊繃的肌肉逐漸放鬆下來。此時飛機也開始起飛了，然而由於他專注地做著深呼吸，並沒有注意到飛機已經起飛了！過了約一、二分鐘後，我對他說：「你現在可以不用做深呼吸了，我們已經在天上，你覺得深呼吸有效嗎？」

這個學生聽到我的話後，馬上停止做深呼吸，然後以驚訝的表情對我說：「爲什麼會這麼神奇呢？剛剛我腦海中一心一意只顧著做深呼吸，根本沒注意到飛機起飛，老師你能告訴我原因嗎？」

於是我便說道：「這用習慣領域來解釋最適當不過了。你之所以每次搭飛機就會緊張，是因爲搭飛機緊張的電網占有你的注意力。也許你以前有搭飛機不愉快的經驗；這相對應的電網，一直潛藏在你的腦海中。因此每當搭飛機時，這個電網就跑出來占有你的注意力。同時，由於不愉快的電網通常會和其他負面的電網（例如，沮喪、緊張等）相互牽動，所以你的身體也受到這些電網的影響，而表現出肌肉僵硬、臉色鐵青等情形。因此，你根本無法想到其他事，而只是專注在這不愉快的電網上。」

「我之所以要你做深呼吸，便是要轉動你的實際領域，讓腦海中的電網能重新結構。生存是人類最重要的生活目標，因此當你做深呼吸憋氣，腦中氧氣不夠時，整個身體都是以『如何得到氧氣』爲最重要的事，因此這時大腦中的電網便有效重新結構，讓『如何得到氧氣』這個電網占有你的注意力；換句話說，就是把你的實際領域從『搭飛機不愉快』的電網轉化到『如何得到氧氣』這個電網，這麼一來，你自然不會感到緊張。」

聽完我的解釋後，這個學生說道：「原來習慣領域學說這麼神奇！我要好好向老師學習習慣領域！」

各位讀者，你可以回想看看，在生活中你是否有太多類似的生活經驗？例如第一次去面試、參加重大考試等等。下次如果再碰到任何事令你產生緊張不安時，不妨試著去想一些其他正面、快樂的經驗，讓你大腦中的電網能有效重新結構，實際領域能轉動到正面、快樂的電網，而不致有緊張、不安的情形出現，如此才能心平氣和地面對挑戰。

除了「深呼吸」之外，「笑一笑」也是一個重新結構大腦中電網的有效方法。當你生氣時，不妨使自己大笑起來，氣便會消失。

D 美婦與天花使者

有一曾得過天花的人，臉上留下許多小疤痕（俗稱麻子），不知是這一原因或是其他原因，快四十歲了還未娶到老婆。

有一天，他在街上行走的時候，前面一艷麗的少婦回首向他嫣然一笑，他很奇怪：「自己又不認識，莫非她喜歡我？」。不過一念之後，他又回過神來，「相貌平平的女人尚且不願嫁給我，何況美婦！」

他也禮貌地對少婦點點頭，繼續走自己的路。過了一會兒，又發現少婦回頭對他招手微笑。

「莫非她眞的對我有意？若是那樣的話，良機不可失。」

於是他緊跟在少婦的後面，激動的心情夾著幻想令他陶醉。不一會兒，他們來到一住所前，少婦對他說：「請你在這等我一下，我進去一會就出來。」

當少婦出來時，一手牽著一個小孩，讓他們向叔叔問好。沒想到少婦已是兩個孩子的媽媽，但他仍高興地向小孩問好。接著，少婦向小孩說：「叔叔小時候沒有去接種疫苗，因此得了天花，原本漂亮的臉變成了今天這個樣子，你們是去打針接種疫苗呢？還是想變成這個樣子？」

「我們要去打針接種疫苗！」小孩立即答應了媽媽。

聽了少婦與小孩的對話？他的心涼了一大截。

原以爲少婦對自己有意，沒想到被當成了活教材。

心裡有些惱火，不過看到小孩因此願意去打針接種疫苗，想不到這張麻臉居然這麼有功效，可成就一件善事。

這樣一想，心裡寬慰許多。當少婦請他進屋坐坐時，他自我解嘲地說：「謝謝你，不用了，天花使者還得去勸導其他小孩呢！」

至此以後，「天花使者」的美名漸漸傳開。

少婦爲教育小孩而拿他人的不幸作教材，用美姿引誘別人到她家這種行爲是不可取的。但是我們從故事中「天花使者」的行爲變化過程，可以了解到隨著不同的外來訊息的進入、情緒的變化等，我們腦海中的電網會不斷地重新結構。

當少婦第一次向他笑時，他腦中閃出「少婦喜歡我」這一念頭（電網），但經過與以前的經驗（電網）比較，他否定了這一念頭。當少婦再次回頭對他點頭微笑並招手時，在新訊息的刺激下，通過類推聯想，他頭腦中的電網得以重新結構，產生「少婦對我有意」這一印象。換句話說，「少婦喜歡我」這一電網得到肯定和加強。當他最後知道少婦並非喜歡他，而是在利用他時，「少婦喜歡我」這一電網徹底破滅。這時，他即時轉化了自己的實際領域，想到自己居然完成了一件善事，因而轉移了對少婦的「愛」與「恨」，激動的心得以回復平靜。

四、類推聯想的構想（Analogy/Association Hypothesis）

「當新事物到達時，大腦先依其特徵、屬性與既存的記憶建立關係；關係建立後，所有舊的記憶便自動地被用來解說新事物。」

當你看見一本名為《笑破肚皮》的書時，你會想到什麼？大概會聯想這是一本供休閒時自我娛樂的笑話或漫畫。

當你看見「孫悟空」三個字時，你會想到什麼？如果你曾看過《西遊記》，你聽到「孫悟空」時，你會想到一隻善用「變」術的猴子，頑皮卻又忠心。

為什麼許多化妝品廣告商都是選擇美女或俊男作為廣告代言人？因為透過類推聯想，消費者會聯想使用這些產品後，就會和他們一樣美麗動人或英俊瀟灑；經由這樣的類推聯想，消費者就會想去購買他們的產品。皮膚科醫生們有句話：「化妝品公司在工廠製造的是化妝品，而在百貨公司賣的其實是信心。」這信心就是源自消費者的類推聯想。

我很「物美價廉」？

有一位美國婦人第一次到中國餐廳用餐，她發現餐墊紙上印的中國字十分新奇、好看，於是在侍者送來帳單時，向侍者要了一張餐墊紙回家。婦人回家後，立刻把餐墊紙上的中國字做爲模型，一針一線地照著字形繡在一件新的晚裝上，作爲裝飾。

幾天之後，婦人被邀請參加一個舞會。她穿起這件親手刺繡的晚裝，興致勃勃地去赴宴。舞會上，婦人的美國朋友看見她的晚裝，無不對衣服上的刺繡十分欣賞，都大讚她的品味高、創意好。

正當婦人陶醉於眾人的讚美時，一位華人從她身邊經過，看見了衣服上的刺繡後，忽然笑了起來。婦人和她的美國朋友聽到他的笑聲後，很好奇地問他有什麼好笑的？

這位華人一副欲言又止的樣子，他心想到底這婦人繡這四個字有什麼用意？他聯想到這婦人大概是要告訴大家她很會買東西，但又覺得很好笑，怎會有人這麼做？於是支吾幾聲便沒入人群中。

原來，婦人晚裝上繡的竟是「物美價廉」四個字！

故事中，這個婦人因爲不知道餐墊紙上的中文字的意思，而把它當作是漂亮的圖案繡在晚裝上。當她穿著這件衣服出席宴會時，懂得中文的華人看到這「物美價廉」四個字繡在衣服上，大感驚訝；這華人經由類推聯想，心想這婦人繡這四個字是什麼用意？是指她身上的衣服物美價廉？抑或是她自己本身物美價廉呢？雖然華人心中覺得不妥，但又不便詢問。

洋人透過類推聯想認爲中文就是美麗的圖案，而對懂得中文的華人而言，也透過類推聯想而對「物美價廉」有不同的認知。

禮尚往來脫光光

有一次，著名的演講家麥金錫博士接受一個天體營的邀請，前往作學術性演講。演講開始前，麥金錫博士獨自在休息室，不自覺地徘徊踱步。

「爲了入境隨俗，我應該把衣服脫光。」麥博士考慮著，「但這是多麼難爲情的事情啊！」爲了這個脫與不脫的問題，讓麥博士難以決定。他考慮、猶豫再三，心想：「反正不穿衣服也不是我一個而已，況且這麼做可以拉近和台下聽眾的距離。」（還記得「相似相親」嗎？）

於是下了最大的決心，把所有的衣服脫去。

當他光著身子走上講台時，台下立即傳來議論聲。麥博士一看，發現原來所有天體營的人爲了表示對他的尊重，大家都穿上了禮服！頓時，麥博士一陣面紅耳赤，急忙跑進休息室，穿好衣服後，再度走上講台，笑了笑自我解嘲地說：

「我以爲天體營的人都袒裎相見，於是我也決定入境隨俗，以示尊重。沒想到大家爲了我，反而都穿上隆重的禮服，爲了表示我對大家的尊重，我當然也要穿戴整齊！」台下觀眾拍手大笑：「歡迎麥博士！」

由於類推聯想的緣故，麥博士考慮到既然來到了天體營，如果不能認同他們，恐怕顯得失禮，再加上他想，若能入境隨俗也不穿衣服，這樣便可以拉近和大家的距離，如此一來，演說也較能獲得大家的認同及迴響，於是毅然決定不穿衣服，一絲不掛地出現。但聽眾正好想法相反，他們同樣也是應用類推聯想，結果形成一大群穿戴整齊的聽眾在台下，看著一位一絲不掛的麥博士走到講台的有趣景象。

我的馬太快了！

有一個小孩子，他有一匹看起來很健壯的馬，不過這匹馬卻跑不快，孩子騎在馬上，覺得十分不耐煩。這時，孩子遠遠瞧見一個人正騎馬朝著他奔來。孩子眼睛一轉，想出了一個壞主意。

孩子匆匆下馬，當那人快要來到他身邊時，忽然大哭起來。

那人聽見小孩的哭聲，心裡好奇，於是下馬看個究竟。

孩子說：「我這匹馬跑得太快了！我怕會摔下來跌死，不敢騎上去。」

那人心想：「這個傻孩子，哪有人嫌自己的馬跑得快的！我的馬雖然跑得不錯，但換一匹更快的，不是更好嗎？」

於是對孩子說：「小朋友，不如我的馬和你交換吧！牠不會跑得很快，你不用擔心會摔下來的。」

「先生，你眞的太仁慈了！我就拿我的馬和你換吧！謝謝你的恩德！」

話未說完，孩子已經跳上那人的馬背上，然後風一般地疾馳而去。

那人也騎上新換回來的馬，想要快馬加鞭，卻發現馬兒只會一步一步地走，方才發覺自己被那小孩騙了。

「想不到這小孩子這麼狡猾！這次眞是偷雞不成蝕把米！」

那人心裡氣極，想找小孩算帳，但小孩早已無影無蹤。過了一會，當他怒氣漸消後，突然警覺到，原來人的心意轉動得這麼快！當注意力被「貪念」占有的時候，如果沒有轉化，很容易做出錯誤的判斷，連小孩子都可以騙他。如果他不貪心的話，也許他就會仔細檢查小孩子的馬，而不致發生這樣的事。

我們並不贊同小孩的行爲，但這故事可以闡述類推聯想的構想。故事中大人因爲看到小孩子在路邊哭泣，於是憐憫同情之心油然而生，下馬看個究竟。當他聽到小孩說他的馬跑太快而害怕時，這人的心由原先悲憐轉爲貪心，心想把自己的馬和小孩的馬交換，不正是一舉兩得嗎？一方面可以解決小孩子的壓力，一方面可以換到一匹快馬。

就因爲這個貪念占有了他的注意力，同時又類推聯想小孩都是純眞善良的，因此不疑有詐，沒有先試一下小孩的馬，結果他錯誤的判斷使得小孩子的詭計得逞。

現實生活中，經常可以發現很多人利用人們的貪念而設計騙局，如果我們讓貪念占有我們注意力時，便很容易因貪念所引起的壓力而做出錯誤的判斷，掉入別人的騙局陷阱中，這是值得我們小心的。

類推聯想是大腦用來解釋事物、判斷事物的根本方法，前章所講的人類行爲的八大通性（或強而有力的電網）皆與這類推聯想有密切的關係。

本書所講的故事多與類推聯想有關，請讀者再好好地體會一下。

第七章　心意的運轉

心意的運作無形無聲、十分神妙，若我們不警覺，就很難察知它在運作。由以下四個心意的構想，我們可以更清楚地警覺它的運作而善用它，讓它為我們工作。

一、目標建立與情況評估的構想（Goal Setting and State Evaluation Hypothesis）

「人人有理想目標的建立及隨時評估情況的能力。」

為生存或生活的目標確立一個理想值，我們稱這個過程為目標建立。在目標執行中，大腦不斷地比較目標感認值（實際情況）與目標理想值（理想境界）中間的偏差，這個過程稱為情況評估。

心轉意轉，喜怒隨轉

針對一些天生的目標如「體溫」、「荷爾蒙的平衡」等，其理想值常是頗爲固定的；但對後天學來的目標如「財富」、「地位」等，卻是可以改變的。在每一時間點上我們皆有目標的建立，也有情況評估的功能，雖然這些工夫在不知不覺中進行著（如生理上的平衡）。

我們每一個人都有一組生存或生活的目標，這些目標給人美好的希望，它是人類行爲最基本的推動力。沒有目標，人們就沒有嚮往、動力、活力、靈機妙想，也沒有創造性的行爲。

生活目標的分類

從許多心理學家的研究中，我們整理了人類生存、生活目標的分類表（見圖表7-1）。我們平常不去注意它們，因爲它們平常是好好的，也就是說情況評估的實際值與理想值相差不遠。但是如果我們能自覺或是警覺地去注意它們，我們就可以想出很多好點子，可以更了解自己和別人。

現在讓我們來討論圖表7-1中所述的七大類生存生活目標。

(1)**生存和安全**：如果有人綁架你，要求贖金，你會有什麼反應？是要把錢交給歹徒救老命，還是爲了錢而不顧自己的生命呢？一般人的反應是，就算歹徒向我們要求幾千萬的贖金，我們也會四處奔走籌借以救老命。爲什麼？因爲我們有生存和安全的目標。

要繼續活下去是所有生物的本能。當許多人看到蚊子時，自然對它用手打下去，爲什麼？

圖表7-1 人類生存、生活目標的分類表

序	項目	主要內容
(1)	生存和安全 survival and security	生理健康(適當的體溫、血壓、生化狀況的平衡);適當的(數量和質量)衣、食、住、行、空氣和水;職業和環境的安全;金錢和其他生活用品的獲得。
(2)	傳宗接代 perpetuation of the species	性生活;生育後代;保護後代;親密的家庭生活;健康和幸福
(3)	自我重要感 Self-importance feeling	自尊;他尊;成就;榮譽;威望;錢財的積累;權力和支配力的滿足;創造力的發揮;對別人的同情和保護;受到別人的同情和保護。
(4)	社會讚許 social approval	為社會、團體、他人做貢獻;受到社會、團體、他人的讚揚與尊重;獲得真誠的友誼;互相關心幫助;參與自己希望參與的團體;與團體的觀念、信仰、態度及行為的一致性。
(5)	感官上的快樂或滿足 sensuous gratification	性覺;視覺;聽覺;嗅覺;味覺;觸覺。
(6)	認識的一致性和好奇的滿足 cognitive consistence and curiosity	理想和行為的一致性;認識和言行的一致性;對科學、藝術、真理的探求;對新奇事物的喜聞樂道。
(7)	自我昇華 Self-actualization	有自決、自主、自立的能力、不隨波逐流;能從別人或社會的習慣、陳規、壓力中解脫出來;勇往直前地去實現自己的目標並為人類造福。

因人怕蚊子傷害他的生存和安全。那爲什麼人們常常無法打到蚊子呢？因蚊子爲了生存與安全，必須飛得比人手的速度更快。

(2)**傳宗接代**：爲什麼世上絕大多數人都結婚生子？因所有生物都有這傳宗接代的生活目標。對動物來說，性活動和生育後代是一種本能，是一種自然活動。爲什麼當人看見蚊子就打牠、用殺蟲劑噴牠，但蚊子仍幾乎到處存在？熱帶、寒帶地區皆有蚊子。因爲蚊子傳宗接代的目標成功地達到了。在面對各種生存環境的挑戰時，牠們不但爲自己的生存找出路，更爲了後代繁榮，努力地工作而一直繁衍下去。

(3)**自我重要感**：爲什麼人家稱讚時你會高興、批評時你會生氣、甚至反過來罵他？是不是受到別人的稱讚會滿足自我重要感？而批評則對自尊造成傷害？這是因爲我們在生活上有很高的自我重要感目標。人人要活得有尊嚴、有自尊。

(4)**社會讚許**：如果大家都說你長得漂亮，你高不高興？或者說你的事業很成功、你的員工都很滿意，你會不會很愉快？因爲這些滿足了社會讚許的目標。相反的，如果你的計畫書被公司否決，你會有什麼感覺？大概會不開心，因爲社會讚許的目標與評估的情況有落差。

(5)**感官上的快樂或滿足**：爲什麼人們喜歡聽動人的音樂、看美麗的景象、嗅芬芳的香水、吃美味的佳餚、摸溫柔可愛的東西？因爲我們感官上要得到快樂和滿足。

(6)**認識的一致性和好奇的滿足**：爲什麼我們常聽到夫妻間有「七年之癢」的問題？爲什麼

我們對新奇的事物很有興趣?爲什麼我們對一個在想法、做法沒有一致性的人常會敬而遠之?因爲我們有追求認識的一致性和好奇心滿足的目標。

(7) **自我昇華**:爲什麼有些人會甘願放棄豐厚的薪資,由零開始創立自己的事業?爲什麼證嚴法師要日以繼夜、不辭勞苦地訪問貧病、建造醫院?爲什麼泰瑞莎修女生前貴爲諾貝爾和平獎得主,仍然謙卑地到處爲貧、病、垂死的人奔命?因爲他們要實踐自我昇華的目標,金錢和舒適的生活比不上自主自決的能力和追求個人理想的渴望。

上面所述的七大項目標,如果我們放棄、忽略或不怕失去上述某些目標時,往往能產生意想不到的力量。例如,不怕死的人(忽略生存與安全的目標)面對敵人時,由於已經將自己的生死置之度外,反而會發揮出驚人的力量;相反的,如果他的敵人顧及自己的生存,那麼在面對一個不怕死的對手時,氣勢上、心理上已經不及對方,自然會敗下陣來。又如不怕死的小孩,做父母的在面對這樣一個小孩時,便不能硬碰硬,而要改用其他的管教方式。

目標如刀之兩面,有雙重的作用。一方面它給我們壓力、動力,讓我們創造奇蹟;另一方面,我們也因此受它們束縛而不自知。一位舉重的猛將爲爭取冠軍,日以繼夜地鍛練身體,有了強烈的目標,他有可能創造奇蹟;然而,他或許不知不覺一天二十四小時中所有清醒的時間都在鍛練身體,有可能過度虛耗身體而不自知。

阿呆放牛

阿強喜歡讀書，看書常常入迷，有時言行表現就好像書中人物，因此人們叫他阿呆。

阿呆十一歲那年暑假，父親希望他能幫忙做一些農事，因爲家裡人手不夠，請人幫忙的話，工錢很貴。阿呆於是答應去放牧家裡的幾頭牛。

有一天，回到家裡，父親發覺少了一頭牛，他問阿呆這是怎麼回事；阿呆說他沒留意，到牛圈一看，果然少了一頭。阿呆和父親匆匆跑到放牛的地方去尋找，找了好一會兒，終於在一個二十多米深的斷崖下面發現了一頭摔死的牛。父親責罵阿呆不好好照看牛群，以致一頭牛摔死。阿呆辯道：「牛是自己摔死的，又不是我推下崖的，你罵我眞是豈有此理！」

父親是位念佛的居士，平時對獨生兒子阿強百依百順，但看到摔死的牛，心裡已是很氣，聽他這麼一說，更是氣惱，他撿起一根木棍，要教訓教訓這不聽話的兒子。

阿呆拔腿就跑，父親追了一會沒追上，又回來看摔死的牛。一邊看，一邊喃喃自語、唉聲嘆氣。阿呆看到父親的情形，對父親說：「牛已摔死，看有何用，不如拖回家去，今晚好好美餐一頓。」

父親一聽阿呆的話，罵道：「你這呆子，我非打死你不可。」

於是父親提起木棍又去追打阿呆，阿呆知道今日難免一頓好打，索性跑到崖邊，對趕上來的父親說：「若讓你打死我，而陷你於不義，我心不安，不如我從這崖邊跳下去算了。」父親沒想到阿呆會出此下策，他趕緊丟掉木棍，對阿呆說：「小祖宗，你下來，我不打你了。」阿呆看著父親著急擔憂的樣子，就下了岩石，跑回家了。

故事中阿強的父親沒想過會摔死一頭牛，心裡產生了很大的壓力（財產損失的壓力），阿強變成了父親解除壓力的替罪羊。他決定教訓一下阿強。而略顯書呆氣的阿強，則利用了父親的傳宗接代這一重要目標，而跑到了崖邊，威脅要跳下去（不顧生存與安全的目標）；這時候，父親心裡產生了更大的壓力（傳宗接代的壓力）。爲了解除這一壓力，他只好免除對阿強的處罰。當然阿強這種以死相逼父親的行爲並不可取，然而，在此我們主要說明的是，當一個人忽視生存與安全的目標時，可能產生的後果也許會出人意表。

除了「生存與安全」的目標外，一個不需要滿足「傳宗接代」和「感官上的快樂或滿足」目標的人，也會產生可觀的力量。例如，尼姑、和尚、神父等修行傳道的人，由於他們不重視「傳宗接代」和「感官上的快樂或滿足」的目標，因此他們能把更多的時間和心力放在其他目標上，如個人的修行、宣傳教義、濟世救人等。

二、壓力結構與注意力調度的構想（Charge Structures and Attention Allocation Hypothesis）

當理想和現況有不利的偏差時，我們的內心便會產生壓力，由各事物與目標產生的壓力總體叫「壓力結構」。壓力結構是隨時隨境而變的。哪一件事對壓力結構的影響最大，那個事件便取得我們注意力的調度。

如果你平常心臟健康的話，便不會去想你的心臟；如果你天天都注意到心臟的話，心臟很可能出現了毛病。

如果一家公司產品銷售良好的話，它不會花很多時間在銷售上；如果天天在考慮如何才能將銷售做好的話，那麼它的銷售一定是出了問題。

同樣的，幾千年來我們似乎不曾提及環保運動，因爲環境污染的問題未到嚴重的地步；現在每天報紙都會提到環保的事，代表我們的地球已經病了。

我們之所以不會去注意到心臟、公司業績或是地球，那是因爲這些東西或事件並沒有製造壓力，因而得不到我們的注意力。

影響壓力最大的東西或事件，將得到我們的注意。把注意力放在某事物，並將它適當地處理，則此事物給我們造成的壓力便會降低，我們的注意力就轉移到另一個造成次高壓力的事件上。前例〈阿呆放牛〉中，阿呆父親的注意力由「失牛」、「找牛」、「要打阿呆」到「請阿呆不要跳下懸崖」，皆是壓力結構的變化引起的。

當你靜下來時，想法和做法與忙亂時有什麼不同？爲什麼會不同？因爲靜下來時，壓力較小，很多東西會跑出來引起你的注意；忙碌時，你的壓力很大，因此只會想那些對你最有影響力的東西，其他事物便會被你忽略。

找你的「聲音」

有一對小夫妻爲了一點小事爭吵，各自認爲對方無理，互不相讓，都憋著一肚子氣，互不理睬。三天過去了仍然僵持不下，誰也不想先開口找話說，都覺得先開口等於承認自己的軟弱，而且對方以後可能會得寸進尺；不過夫妻本來就沒有什麼利害衝突，他們還是希望和好，兩人心裡都在尋求和解的方法。

有一天，妻子突然計上心來，她拉開衣櫥，翻了一陣又關上，又去書桌抽屜東翻西找……，最後滿屋子的櫃子、抽屜都找遍了，也沒見她找到什麼東西，於是又重頭仔細尋找。丈夫納悶問道：「你在找什麼？」

「找你的聲音！」妻子佯裝惱怒答道。

丈夫忍不住笑了起來，就這樣夫妻兩人便和好如初。

夫妻互相生氣、彼此冷戰，主要是因爲吵架時雙方的注意力都放在「自我重要感」的目標上（自尊），因此雙方儘管心裡想和好，但爲了彼此的自尊，誰也不想先開口，這都是爲了面子好看。如果雙方的思維就停留在那裡，也就是實際領域不轉化，他們就永遠找不到滿意的和解方法。

妻子首先靈活轉化了她的實際領域，想到了一個雙方不傷面子又能打破僵局的辦法，讓夫妻得以和好。因爲對她而言，此時「自我重要感」的目標已經不再是最重要的，如何保持親密的家庭生活（「傳宗接代」的目標）才是她最重視的，所產生的壓力也最大，因此這個目標便占有她的注意力，爲了解除這個壓力，她利用開、關抽屜所產生的聲音，對她丈夫製造出一個外來訊息，希望引起丈夫的注意，而打破僵局。她的丈夫在接受到這個聲音的外來訊息之後，注意力也從「自我重要感」的目標上轉移到「認識的一致性與好奇」的目標上，而產生壓力並占有他的注意力。爲了滿足好奇、解除好奇心所產生的壓力，於是便開口問他太太，雙方進而得以重修舊好。

墓坑裡的鬼

西方人喜歡慶祝萬聖節。每年近十月底時，人們都會購買大南瓜、糖果和各種調皮或恐怖的服飾或布置。萬聖節的晚上，小孩子會扮成各種精靈鬼怪，逐家逐户敲門要糖果吃；大人則喜歡開派對來慶祝。

一個萬聖節晚上，有一個人在派對結束後，獨自醉醺醺地走路回家，不知不覺地走入了一個墳場裡面。

那裡有一個新挖的墓坑，墓坑很深，但還沒有安放棺木。那人蹣跚地一直前行，但「哎呀！」卻不小心跌進墓坑裡。

「這是什麼地方？怎麼忽然地上有個大洞呢！」

那人嘗試跳出去，不過因爲墓坑實在很深，他試了多次都不能跳到上面。

「該死的！」

經過一番嘗試後，那人累得上氣不接下氣，索性躺在裡面等待天亮再說。

這樣不知過了多久。

「哎呀！」，又來了一個醉酒鬼。他爲了趕時間，刻意取道墳場回家，也不小心跌進那個空的墓坑。

「哪個該死的掘了這樣一個大墓坑！」

「你也來了啊！」一個陰森森的聲音說。

「鬼呀！」

那個後跌下來的人驚慌大叫，馬上用盡全身氣力一跳，竟然眞的給他跳到地面上，頭也不回地跑掉了。

「咦……那人怎麼一跳便成，大概是跳高選手吧。」坑內那人夢囈般說道，又沉沉睡去。

爲什麼第二個跌入墓坑的人可以一跳便跳上去，而第一個試了卻總不成功？因爲第二個跌入墓坑的人覺得自己跌進一個空的墓坑裡，又聽到第一個人忽然說話時，以爲自己眞的遇鬼，這時心裡產生了很大的壓力。壓力變成了動力，所以一跳便跳出深坑。相反的，第一個人不知道自己跌進墓坑裡，而且也沒有聽到不知名的聲音，因此所受的壓力並不很大，因壓力不夠大，轉變出來的動力也不夠大，所以始終無法跳到地面上。

心理壓力是所有動力來源的前身。沒有壓力，我們產生不出動力。

壓力產生之來源是因理想目標與現狀有了相當不利的落差。給自己許下宏願，使目標與現狀產生壓力和動力，我們的宏願就得以實現。因此宏願有多大，實現的動力就有多大。

三、壓力解除的構想：最小阻力原則（Discharge Hypothesis: Least Resistance Principle）

「哪個行動能使壓力降到最低，該行動便被用來解除壓力。剩餘壓力是壓力全部解除的阻力。因此壓力之解除是依最小阻力原則來進行。」

俗語說：「水往低處流。」人的行爲也有好逸惡勞、趨易避難的特性。由於一般人很難把壓力全部解除，如果能把壓力降低到可容忍的情況之下，就已經很不錯了。

壓力降低後，與壓力完全解除的差距稱爲剩餘壓力；剩餘壓力或阻力越小，表示解除的壓力越大，離壓力全部解除的境界越小。人的行爲是依循最小阻力原則的自然法則進行的。

例如，原來壓力是十，第一方法可讓它降至四，第二方法可讓它降至二，那麼第二方法將被用來解除壓力。第二方法解除壓力之總額爲十減二等於八，遠大於第一方法的十減四等於六。

我們不妨想想人爲什麼要工作？這裡有兩個選擇，一個是去工作，一個是不去工作。每天工作帶來很大的壓力，有來自老闆、同事間關係的，也有來自工作本身難度的壓力。如果沒有照常去工作的話，就會被公司開除；一旦被開除，月薪便會失去，從此要憂柴憂米，有家庭要供養的更糟，失業會導致家無寧日。這樣一來工作的壓力和失業的壓力比較起來便顯得微不足道了。此外，去工作的話，可以滿足很多目標，降低很多壓力。所以在這兩個情況比較之下，自然會選擇繼續工作。

我聽過有對年輕的夫婦從台灣赴美不久，他們想做糯米飯吃，但不知如何做。於是立即打電話回台灣，問他們母親烹調的方法，一談便談了一個多小時。好笑的是，烹調有關糯米飯的食譜就在電話旁邊，他們在談電話時還會翻翻食譜內精美的圖片呢！

爲什麼這對夫婦有食譜自己不看，寧可千里致電向母親請教？其實這是最小阻力原則的應用。因爲聽口述比看書面指示容易，且沒有壓力，何況又解除想念媽媽所產生的壓力呢！所以夫婦想做糯米飯便打電話給遠在台灣的母親。

爲什麼小孩一般聽老師的話多於父母的話呢？因爲父母愛子女深切，往往由愛生寵，對子女只輕責幾句，然後便饒恕他們；老師卻不同，小孩知道如果不聽老師的話，便會在同學面前被處罰。這種被老師責罰所產生的壓力比被父母親責罰的壓力大許多，爲了解除這較大的壓力，因此小孩一般聽老師的話多於聽父母的話，以免造成自己很大的壓力，這亦是最小阻力原則的展現。

積極求解與退卻合理化

解除壓力的方法一般有兩種：第一種我們稱爲積極求解，就是說我們將理想值維持固定在一個地方，經過努力工作之後，現狀會達到理想值。如果積極求解的話，我們的壓力就會變成動力。如果有了信心，人們就常會使用這種方法。

第二種解除壓力的方法叫做退卻合理化。既然理想值達不到，就把它降低下來，並加以合理化。雖然經過退卻合理化壓力馬上就解除了，但因壓力解除就不能造成動力，故也不能達成工作。當人們缺乏信心時，常會採用退卻合理化來解除壓力。

退卻合理化並不是完全不好，有時候也需要用此種方法來解除壓力，讓我們得以休息而能走更遠的路。如果一直使用積極求解來解除壓力，若問題無解，豈不就把自己弄得身心疲憊反而礙事。

成吉思汗殺愛鷹

成吉思汗是個非常了不起的歷史人物。除了亞歷山大以外，他是歷史上第二個建立橫跨歐亞帝國的人。

有一次成吉思汗跟一群朋友去打獵。他們一大清早便出發，可是到了中午仍沒有收穫，只好意興闌珊地欲返回帳篷。

成吉思汗心有不甘，認爲不可以空手而回，因此帶了皮袋和弓箭，以及心愛的飛鷹，自己一人走回山上。

烈日當空之下，他沿著羊腸小徑往山上走，一直走了幾個小時，口渴難抑，卻找不到水源。

良久，他來到了一個山谷，見有細水從上面一滴一滴地流下來。成吉思汗非常高興，從皮袋裡取出一隻金屬杯子，耐著性子用杯盛一滴一滴流下來的水。

水盛到七八分滿時，他高興地把杯子拿到嘴邊，要把水喝下。就在這刻，一股急風猛然把水從他手裡打了下來。

成吉思汗本來水已到嘴唇邊，此時卻給打下。急怒起來，抬頭卻見自己的愛鷹在上空迴旋。成吉思汗非常生氣，但對鷹無可奈何。只好拾起杯，重新等水喝。

當水滴到七八分滿時，又有急風把水杯弄翻。原來又是他的飛鷹所幹的好事。成吉思汗怒到極點，生了報復心：「好，你這老鷹不知好歹，專給我找麻煩。我要好好整治你這傢伙。」

於是一聲不響，從地上拾起水杯從頭等水，當水滴到七八分滿時，他悄悄取出利刀，夾在掌心；然後把杯子慢慢往嘴邊移近。老鷹再向他飛來，成吉思汗迅速拿出利刀，把鷹殺死了。但由於他的注意力集中在殺死老鷹，卻疏忽了手中的杯子，因此杯子掉進了山谷裡。成吉思汗心想，既然有水從山上滴流下來，上面也許有一蓄水的地方、湖或是泉水，於是熬著口渴，拼盡氣力往山上爬。幾經辛苦，終於給他攀到山頂上，果然那裡有一個蓄水的池塘。

成吉思汗興奮極了，立時彎下身子，想要喝個飽，卻見池邊有一條大毒蛇的屍體，這時他才恍然大悟：「原來飛鷹救了我一命，我才不致喝下了受蛇毒污染的池水而被毒死。這次我實在做錯了。」他帶著自責的心情和口渴回到帳篷中，並對自己說：「從今以後，我絕不在生氣時做決定。」這一行爲的改變，使成吉思汗避免做許多錯誤的決定，對他的雄心霸業有很大的貢獻。

成吉思汗因爲口渴而產生很大的壓力，然而自己的愛鷹卻一次又一次地把好不容易得到的水打翻，此時口渴所給他的壓力也越來越大。他認爲要順利把水喝下，解除口渴的壓力，就必須先把鷹殺掉，這是應用最小阻力原則的想法。

因此在第三次盛水時，他把利刃藏在手中，在鷹下來時毅然把牠殺死（積極求解以解除壓力）；然而，由於此時他的注意力全部集中在如何殺掉老鷹，而疏忽了手上的杯子，以致杯子掉進山谷中。

杯子失去了，沒有東西可以盛水，口渴的壓力仍然沒有解除。此時他從山上流下的水滴，類推聯想到，也許山上有蓄水的池塘或山泉，由於口渴的壓力實在很大，於是他便爬山找水源，這也是積極求解的行爲。

當他看見池邊毒蛇的屍體時，發覺喝水會使生命受到死亡的威脅，雖然口渴的壓力猶在，但此刻生存的目標更重要，所產生的壓力更大。

爲了保住性命，成吉思汗只好不再堅持喝水和打得獵物（退卻合理化），忍著口渴返回帳篷。

上面的故事也告訴我們，盛怒的時候不要有任何立刻處置的行動，必須等壓力降低下來，方可客觀理智地做判斷。

四、外來訊息的構想（Information Input Hypothesis）

「為達到人生目標，外來訊息是需要的。但如果不給它注意力，外來的訊息不能進入我們內心，也不會受到我們的注意。」

什麼樣的人不需要外來訊息呢？住在深山的和尚、尼姑、修道者需要外來訊息嗎？事實上他們隨時透過眼、耳、鼻、舌、身、意，蒐集外來訊息、注意世間的事情。

其實所有的高等動物皆有眼、耳、鼻、舌、身、意，這是幾百萬年進化流傳下來的，它們的主要功用是提供我們蒐集外來訊息，並與外界互動。雖然和尚、尼姑、修道者放下了「傳宗接代」的生活目標，但爲滿足其他的目標，如「生存及安全」、「自我昇華」等，仍需要有外來訊息。住在深山的修道人也需要外來的訊息，更何況一般人呢？我們很自然地透過這些感官來蒐集外來的訊息，了解外來的現象。當外來訊息由眼、耳、鼻、舌、身、意而得到我們的注意力時，由於生化作用，會有不同的電網占有我們的注意力（實際領域），而影響我們的情緒和行爲（可達領域）。

因此，控制眼、耳、鼻、舌、身、意的使用，就有可能控制我們的大腦和情緒，因爲這些感官與大腦相連；如果能控制它們的話，大腦的電網變化也會受控制，而產生不同的情緒和行爲。

王陽明與後母

王陽明的父親是一位狀元，母親在他年少時去世。王狀元後來另娶，但這位後母對王陽明非常不好，常常一不順眼就對王陽明又打又罵。

王陽明想要改變後母對他的態度，於是與一個他後母信任的道士商量了一個妙計。整整一個星期，後母早上起來都會見到一個盛著五個水果的拼盤放在家門口，另外有人燒香過的痕跡，但她卻不知這是誰做的。她心裡好奇，於是去問道士。

道士仔細聽她的描述，沉思了一陣子，神色凝重地對她說：「這是上天派人下來放置的，目的是要給你一個警告。王狀元的前妻向上天告狀，說你經常欺負王狀元的兒子。上天十分不高興，因此向你警告，要你從此好好待他，否則便會對你嚴懲。」

後母答應道士以後會善待王陽明。

第二天早上，後母醒來，很緊張地走出房門口；水果和香燭都不見了，她如釋重負地呼了一口氣。

從此，後母對王陽明的態度確實比以前大有改善。不過，一段日子過後，她逐漸故態復萌（因爲舊的電網重新占有她的注意力），回復對王陽明的呼喝打罵。

一天，她從外面回家，回到房間想睡一個午覺。當她把被子拉開時，一隻烏鴉從被褥內猛飛出來，從窗口方向飛走了。

後母覺得不祥，匆匆走去問道士。道士聽她的陳述後，沉思道：「你上次答應上天會善待王狀元的兒子，上天因此不再對你追究。你最近對他是不是不好？」

「你說得不錯，最近心情不太好，因此有時會拿他來出氣。」

「這就是了！怪不得上天要這樣懲罰你！」

「什麼懲罰啊？我不明白！」

「我告訴你，人有十二條靈魂。上天已把你的一條靈魂取走，那隻烏鴉就是你一條靈魂。如果你繼續對他不好，上天便會把你其餘十一條靈魂統統取走，到時你便會死掉。」

後母聽罷，心裡驚慌得不得了，發誓不會再對王陽明不好。

從此以後，後母眞的對王陽明百般愛護、體貼關心。

王陽明的後母，當她看見水果拼盤和香燭（外來訊息）時，心裡奇怪，心中產生壓力，於是請道士解釋這現象。當道士告訴她這是上天的警告時（新的外來訊息進入），由於生存和安全的目標受到威脅，心中產生極大的壓力，爲解除這壓力，便聽信道士所言（新的外來訊息），而善待王陽明。

然而，一段時日後，舊有的電網又重新占有她的注意力，於是她又故態復萌，對王陽明打罵。直到她後來又看到有烏鴉從被褥內飛出（更新的外來訊息），心中好奇所產生的壓力又起，於是後母再次請道士解釋這外來的訊息。

當道士告訴她這是上天對她的處罰、靈魂失去一條時，這個外來訊息對她生了很大的震撼（壓力結構）。爲了不再受上天的懲罰，爲了保住餘下的十一條靈魂，她從此不再對王陽明打罵（最小阻力原則）。

平時你比較多用眼、耳、鼻、舌、身或是心意，來蒐集外來的訊息呢？你有沒有像王陽明的後母那樣由別人身上來蒐集訊息？有些人蒐集訊息是由內而外的，他們會用「心眼」來蒐集和處理訊息，想得什麼便看到什麼；有些人則是由外而內的蒐集訊息，見什麼想什麼。

每個人蒐集訊息的管道不盡相同，你是多用「眼」或多用「耳」或多用「鼻」的管道，來蒐集訊息、編織電網呢？每個人常用的管道不同，你知道對你影響最大的人是用什麼管道蒐集訊息和編織電網嗎？要有有效的溝通，對此管道能不弄清楚嗎？

茫茫的眼光

幾年前，有一對夫妻結婚不久，先生便申請到美國攻讀博士。於是夫妻兩人便從台灣到美國。

兩人到了美國不久，博士學生慢慢發覺太太日漸對他反應冷淡。

他想盡辦法，送花、到餐廳吃飯、月下漫步、旅遊等，但都無法使太太回復以往對他的態度。於是他向我請教。

我問他：「你太太有新男朋友嗎？」

「沒有啊！」

「你太太在哪種情況下才知道你愛她？」

「我不知道呢！」

「你回去仔細想想。如果你想不出來，就去問她吧！」

幾天之後，這個博士學生又來找我。

「我找到了！在來美國之前，我常常伴在她身旁，用深情款款的眼神看她，她會感到那茫茫的眼光似乎射透她的心房，這樣她就能感受到我對她的愛意。來美國之後，因爲功課很忙，再沒有這樣的時間了。」

「你太太對你重要嗎？」

「非常重要。」

「那麼你便應每天花起碼十分鐘時間，深情款款地放射你那茫茫的眼光吧！並對她說你愛她。」

博士學生眞的照著做，每天一定花時間以茫茫的眼光深情地看著太太。太太從前的熱情又回來了，夫妻兩人從此又過著幸福甜蜜的生活。

每個人蒐集訊息的管道不盡相同。博士學生的太太蒐集丈夫「愛的訊息」是看他丈夫深情款款地凝望自己，至於其他如送花、外出吃飯、月下漫步等，是無法使她感受到丈夫的愛。

針對不同的事、不同的人、不同的地方、不同的時間，你如何蒐集訊息？如果我們要有效地溝通，就必須了解對方是如何蒐集訊息，這樣訊息才能爲對方所注意。

大腦與心意的交叉互動

我們的思想、記憶、行爲是動態的，由前一章大腦的四個構想和本章心意四個構想交叉互動的運作而成。爲使這交叉互動的流程更清楚化，我們用圖表7-2來闡述，並以〈王陽明與後母〉的過程爲例來解釋。

圖表 7-2　人類行為基本流程圖

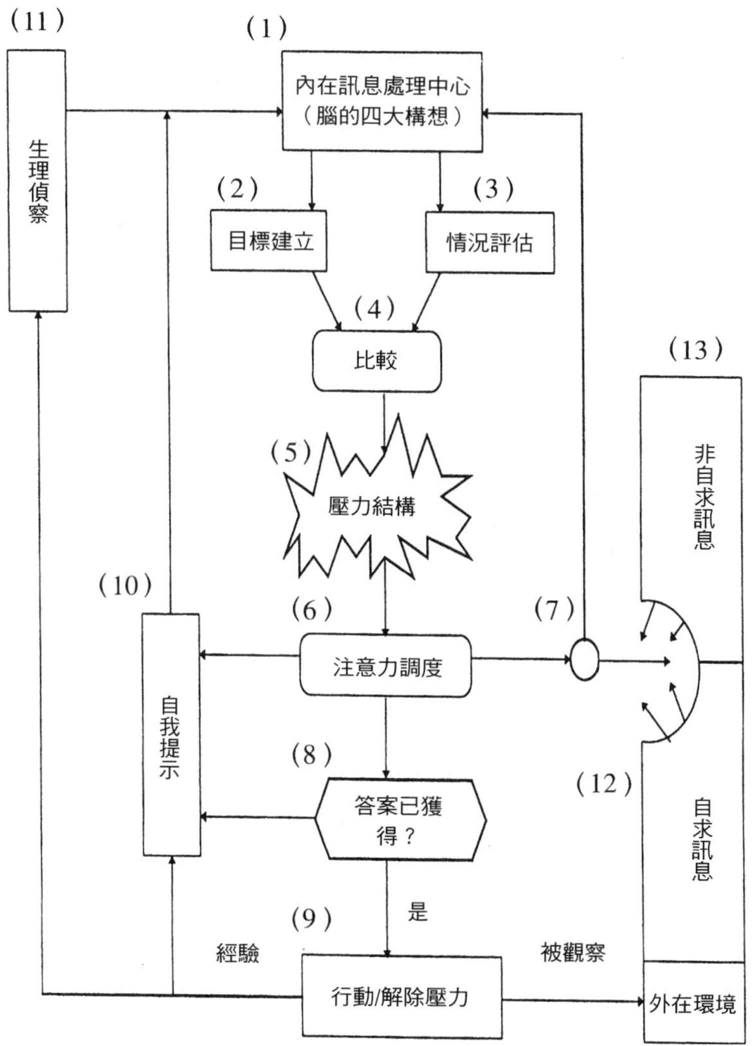

在(7)及(12)、(13)間的箭頭指外來訊息有受到注意時（箭頭交接時）才會受到我們內心的處理。這些框是週而復始、不斷運轉的，而且彼此互相牽動影響。如框(11)生理偵查，若有不利偏差時會運轉其他各框所述的運作。

王陽明有「不被後母打罵」的目標（自我重要感）；但是後母對他非常不好，常常一不順眼就對他又打又罵。由於這個目標與現實情況的差距，王陽明內心產生很大的壓力。

爲了解除這個壓力，王陽明在心裡不斷繞著圖表7-2的流程圖想辦法。不知經過多少次的自我提示和外來訊息的衡量，王陽明終於想到了一個令他後母改變對他態度的法子。他找來後母信任的道士幫忙，透過在家門放水果、燒香，以及後來在後母被褥內放烏鴉的把戲來使後母受驚，不敢再對自己呼喝打罵，達到他那不被打罵的目標，心中的壓力也消失了。

我們再來看看王陽明的後母。因王狀元疼愛前妻的兒子王陽明；相對地，他就難全心全力地愛王陽明的後母。這造成了後母的嫉妒，因此她心裡壓力很大。王陽明就成了她降低內心壓力的替罪羊。

當她看到有人在家門口擺放水果、焚燒香燭時，好奇心使她產生壓力。壓力必須解除，於是就產生了注意力。在注意力調度之下，她向外尋求答案，向道士請教。經過道士的解釋，後母知道這是上天對她的警告——如果再對王陽明不好，上天便會懲罰她；此時她的壓力結構發生改變，生存和安全的目標受到威脅。爲了解除這個壓力，她不得不善待王陽明。

由於舊有電網重新占有她的注意力，後母又故態復萌，對王陽明打罵。直到她後來看到有烏鴉從被褥內飛出（新的外來訊息），心中好奇所產生的壓力又起，於是再次請教道士以解除好奇心的壓力。當道士告訴她這是上天對她的懲罰時，生存和安全的目標再度受到威脅，心中的壓力很大。爲了保住生命，是故她從此不敢再對王陽明不好。

請就上一章「美婦與天花使者」、及本章「阿呆放牛」、「找你的『聲音』」、「成吉思汗殺愛鷹」、「茫茫的眼光」五個故事，有關人物的行爲動態，依圖表7-1、7-2及八個腦與心意的構想來進一步推敲了解。這是一個作業，完成後，你在知己知彼的工夫會更有進步的。

第八章　理想的習慣領域與光明心態（第一工具箱）

當你有痛苦壓力時，有沒有立即取出有效電網，替自己解除痛苦和壓力的經驗呢？其實你每天都在這樣做。當「水壓」很高時，會到洗手間解除壓力；當肚子空空時，會找東西吃來解除肚子餓的壓力；當疲憊不堪時，會休息睡覺，以解除疲倦的壓力。所以你每天都在取出有效的電網來解除痛苦壓力。

你曾經立即取出有效電網，解除別人的痛苦和壓力嗎？仔細想想就會知道。是否父母生病時，你曾經帶他們去看醫生，悉心照料，解除他們因疾病帶來的痛苦壓力；是否當你的男（女）朋友不安、憂困時，你曾經對他（她）關心安慰，解除他（她）的痛苦壓力；見路上有人不小心把東西散落地上，你曾經也彎下身子，幫忙撿拾嗎？所以你也常常在取出有效的電網，替別人解除痛苦和壓力。

萬物具神美，
欣賞感恩即享有

打球必勝的秘訣

有一位學過習慣領域的媽媽，她有一讀高中而且網球打得很好的女兒。有一年，學校舉行網球聯賽，女兒信心滿滿地報了名，認為自己起碼是亞軍，而且有奪冠的希望。

比賽當天，當女兒查看賽程表時，發現第一場比賽的對手竟是曾經打敗她的人，她立即癱軟了，豆大的眼淚掛滿臉上。

「這次可能連預賽出線的機會也沒有了，還說什麼坐二望一啊！」

媽媽看見女兒如此絕望，自己的壓力也很大。腦裡一轉，對她說：「妳想不想把那人打敗報仇呢？」

「當然想呀，不過她上次把我打得很慘。我們的實力相差太遠了。」

「我有一個方法，如果你照著做，就能贏這場比賽。」

「真的嗎？快點告訴我！」

「妳現在閉上眼睛，回想以前妳打網球時最精彩的一幕，把那過程從頭到尾重演一次，好好感受當時的興奮雀躍。」

女兒照著媽媽的話做，臉上的絕望不見了，換來是一片容光煥發。因為過去比賽成功的電網占有了她此時的實際領域，讓她充滿了信心和活力。

不久，比賽開始了。女兒信心滿滿踏上球場，施展渾身解數，把對方打得落花流水，順利地贏得第一場比賽，進入決賽。

比賽之後，女兒興高采烈地回到媽媽身旁。媽媽說：「妳打得很好呢！」

「全靠媽媽的指點。坦白說，我最初聽到時覺得有點懷疑。沒想到那麼有效！」

這位媽媽能善用習慣領域去轉化女兒，使女兒的實際領域由沮喪絕望轉變成信心滿滿，不但解除了女兒面對強敵和擔心落敗的痛苦和壓力，同時也解除了自己心疼女兒的痛苦和壓力。每次她提起這個經驗時，都會沾沾自喜。

我們都曾針對某些人、事、物，在某一時間點立即取出有效的電網，解除自己和別人的痛苦跟壓力。如果我們能夠在任何時間點針對任何人、事、物，立刻取出有效的電網，解除自己和別人的痛苦和壓力，當我們的習慣領域達到這種境界時，稱之爲理想習慣領域。

這樣的理想境界，本身聽來有點玄，其實只要我們有效地訓練自己的HD，便可漸漸接近這境界。如果不管在什麼時間、地點，你都可立即有效地取出適當的電網，解除自己、別人，甚至宇宙萬物的痛苦和壓力，那麼人人都會喜歡你、愛你，而你也眞正地達到心靈的自由和喜悅。

D 愛妃與將軍

楚莊王某次大宴群臣。席間，莊王吩咐愛妃出來向大臣和將軍們逐一敬酒。

當妃子走到一個年輕將軍身邊時，將軍趁機對她毛手毛腳。妃子憤怒，但一聲不響地把將軍頭上的帽纓扯斷，然後走回楚莊王身邊。那位冒犯妃子的將軍，知道自己闖了大禍，心裡非常著急：「這一次完了！這愛妃一定會拿我的帽纓向大王告狀，酒醉亂事，我竟然不知好歹，連大王的愛妃也敢冒犯。這次眞的大禍臨頭！」

果然，妃子回到楚莊王身邊憤憤地說道：「大王，求你給我主持個公道。剛才我到席上敬酒，筵席中有人對我毛手毛腳。這實在是不把大王放在眼裡！這種大逆不道的人，大王千萬不能任用。如果大王想知那人是誰，可以命人把燈點亮，沒有帽纓的便是那個對我輕薄的將軍。請大王明察啊！」

楚莊王聽罷，停頓一下後，大聲對群臣宣布道：「我今晚大排筵席，就是要與大家盡情歡宴、不醉不歸。大家不必拘禮，請把帽子拿下，痛快地喝飲吧！」

群臣同聲高呼「大王萬歲」。在呼聲中，最高興的莫過於那位闖禍的年輕將軍。他知道楚莊王此舉無非是要給自己一個機會。他偷偷擦去一額的冷汗，心裡非常感激楚莊王。

一段日子以後，楚國和晉國打仗。楚軍節節敗退。正當楚兵棄城逃命時，突然出現一個年輕將軍，率領一敢死隊衝鋒陷陣，把晉國軍隊打得落花流水，倉皇撤兵。

待戰事完畢時，楚莊王召見那位立下大功的年輕將軍。

「將軍，當時我軍失利，大家逃的逃、跑的跑時，爲什麼你卻有如此勇氣，和晉軍拚個你死我活呢？」

「有次大王宴請群臣時，我因爲一時酒醉，昏了頭腦，膽敢對大王的愛妃不禮貌。大王雖然可以當場把我抓住，卻給我機會使大家不知道發生這樣的事。我非常感激大王的饒命之恩，從那天起就立誓要爲大王賣命，既使肝腦塗地也在所不惜，大丈夫受人之恩，不能因對方不知道而不回報。」

楚莊王設宴款待群臣，年輕的將軍卻因酒醉而對楚王的愛妃不禮貌，悔恨自己酒後糊塗，內心痛苦不已。沒想到楚莊王聽完愛妃的訴怨後，能認同年輕將軍的痛苦和壓力，立即請群臣把帽子除下來，而解除了年輕將軍的痛苦和壓力。

楚莊王如此的機智和心胸，激起了年輕將軍的相互回報。當楚晉交戰時，年輕將軍因不怕死、不怕敵人，敵人反而怕他，而被他的敢死隊擊潰，使楚國反敗爲勝。這正是楚莊王因有深廣的習慣領域，並能立即取出有效電網爲別人解除痛苦跟壓力所得到的善果。

定義

一個理想的HD，它的潛在領域既廣且深，能認同所有的人、事、物，又能幫助我們了解宇宙萬物及其至微；同時它的實際領域具有無限彈性，能夠立刻取出有效的電網，解除自己及別人乃至宇宙萬物的痛苦和壓力。這樣的HD含有下列特性：

- 博愛：愛所有的人及宇宙萬物。
- 吸收性：接受、吸收所有到來的觀念、思想。
- 沒偏見：沒有對錯是非的偏見。
- 自由：脫離自我欲望，實行忘我及沒有假設下的自由思考。
- 豐富：能了解、欣賞並認同宇宙萬物。

泰瑞莎修女

泰瑞莎修女（Mother Teresa）一九一〇年生於阿爾巴尼亞，家境十分良好。當她十八歲時，第一次聽到神的召喚（一個強而有力的電網占有她的注意力），參加了「天主教傳道修女」（Catholic missionary nun）。一年之後，她移居到印度的加爾各答，在聖瑪麗中學教書，後來在一九四四年成爲該校校長。

由於校長的責任重大、工作繁多，泰瑞莎修女積勞成疾，三十六歲那年便不幸患上肺結核，不能繼續教書，於是被送到喜馬拉雅山山腰的大吉嶺靜養。

就在前往喜馬拉雅山的途中（一九四六年九月十日），泰瑞莎修女第二次聽到神的呼喚，指示她「放棄一切，與街上那些貧困的人共同生活，並爲他們服務」。

經過了足足兩年的爭取，泰瑞莎修女才獲得天主教教廷的批准，離開聖瑪麗中學而到加爾各答街上爲貧苦的人服務，開展了今天我們所認識的慈善使命團（Missionaries of Charity）

剛開始時，泰瑞莎修女放棄了她的所有，隻身來到最貧窮的地區，沒有房子、沒有朋友、沒有助手、沒有錢、沒有安全，但她具有對神強烈的信仰。

在貧民區中，泰瑞莎修女教那裡的人祈禱、唱歌，以及一些求生的技能。因爲有了愛和尊嚴，慢慢地，貧民區的大人有了希望，小孩也不時唱著歡樂的詩歌。

有一天，泰瑞莎修女在一所醫院旁邊的街道上，發現一個垂死的病人在痛苦呻吟。原來這人因沒錢，醫院拒絕收容。泰瑞莎修女連忙去取藥給他解苦。可是，當她回來時，那人已經氣絕。

這件事給泰瑞莎修女很大的衝擊，她說：「他們對狗、貓比對窮人還好！」因此，她去見警察提督，請他給那些無家可歸的、患病的、飢餓的、垂死的人，找個容身的地方。

當時報社及輿論非常不滿，街上到處可看到被遺棄的患病或垂死的人。提督就幫泰瑞莎修女找了一家收容所。泰瑞莎修女終於成功地開設了慈善使命團的第一所慈善之家，收容那些被遺棄的患病或垂死的人。

泰瑞莎修女收容所的成功令很多印度教的人很生氣，他們認爲天主教占據了他們的地盤。提督於是對他們說：「如果印度教裡面，有人能像泰瑞莎修女那樣甘心爲窮人服務，和他們一起生活，我就答應把她趕走。」因爲教內沒有這樣的人，那些印度教徒只好作罷。

在這慈善之家創辦之後，其他慈善之家也陸續開設，不單專門爲那些被遺棄的患病或垂死的人提供服務，也專門收容其他被社會遺棄的人，如孤兒、痲瘋病人、愛滋病人、吸毒者和妓女等。時至今日，慈善使命團的慈善之家共有五百多所，分布在一百多個國家中。

一九七九年，泰瑞莎修女六十九歲時，獲得諾貝爾和平獎，她對人類無私的貢獻得到世界的肯定。一九九七年，泰瑞莎修女心臟病復發，最後撒手人寰，享年八十七歲（你看，泰瑞莎修女三十六歲患上肺結核，卻活到八十七歲才與世長辭，這是她的願力和信仰的結果）。

社會上認同有財有勢的人很多，但認同貧困痛苦的人，與他們生活在一起並解除他們痛苦和壓力、給他們愛和尊嚴的人則很少；泰瑞莎修女是這些少數人的代表。讓我們來看看泰瑞莎修女的習慣領域：

一、隨時積極求解，解除貧病痛苦者的痛苦和壓力。對於那些被遺棄的患病者、垂死的人或孤兒，以及那些沒有人敢接近的痲瘋病人、愛滋病患、吸毒者和妓女等，泰瑞莎修女知道他們除了物質上有需要外，更需要愛和尊嚴。為了解除他們的痛苦和壓力，泰瑞莎修女建立了五百多所慈善之家，給他們一個容身之所，讓他們得到愛和尊嚴的照顧。

二、她常保持平靜的心，在幫助別人時卻充滿威力。她每天祈禱，參加彌撒，讓心情平靜，並與神溝通，深信精神上的喜悅和歡樂是人人所要的。慈善使命團的修女相信，分擔別人的痛苦可以使她們得到精神上的平靜和喜悅。因此，她們都歡歡喜喜地替窮人服務。泰瑞莎修女說：「窮人除了值得我們的服務和照顧外，他們更需要精神上的喜悅和愛。窮人所需的跟其他人的一樣多。」由於泰瑞莎修女能認同他們，因此能令貧窮的小孩開始唱歌和玩耍，這是貧民區以前沒有聽過的聲音。

三、她愛所有的人，使萬物受益。泰瑞莎修女說：「如果人們對窮人的尊嚴有很高的尊敬，他們就能容易跟窮人接近，也能看見窮人也是神的兒子，而知道窮人和其他人有同樣的權利來享受生命、愛和服務。」

泰瑞莎修女對貧窮的定義很廣。她幫助挨餓的人和孤獨的人，不僅給食物，也給他們神的福音；她幫助口渴的人和無知的人，不僅給清水，也給他們知識、和平、眞理、公義和愛；她幫助沒有衣服的人和沒人愛護的人，不僅給衣服穿，也給他們人性的尊嚴；她幫助無家可歸的人和被遺棄的人，不僅給容身之所，也讓他們明白神和愛；她幫助垂死的人，不僅替他們除去身體的痛苦，也除去精神的痛苦。

四、她不去評判別人。泰瑞莎修女從不拒絕任何需要幫助的人，不分背景、生活方式和宗教信仰。她所主持的孤兒院不論在什麼情況下都收容任何需要住所和愛的兒童；未婚生子的媽媽把孩子帶到她面前，她從來不會評判這些媽媽；她爲妓女和愛滋病人建立慈善之家，當別人都背棄他們，泰瑞莎修女卻給他們愛和尊嚴，而不評判他們的生活方式。

五、她在簡樸中生活解脫自我的欲望。泰瑞莎修女生活非常簡樸，所擁有的跟受她幫助的窮人一樣少。她吃得很簡單，只有兩套衣服、一雙涼鞋、一個水壺，以及一些基本的煮食用具和簡單的被褥。很多人透過「同類互比」來肯定他們跟別人享受一樣多，但泰瑞莎修女把自己和最貧窮的人比較，而且不要比他們擁有的多。她說：「這樣做有很多好處。當他們埋怨食物不足時，我們可以對他們說，我們吃的一樣多。我們擁有的越多，給予的就會越少。」她覺得透過愛和慈悲的行動來分擔痛苦和貧窮，是她們使命工作的基本精神；沒有受苦，她們的工作就如一般的社會工作。她說：「受苦是神的一個偉大的禮物；那些心甘情願接受它、深愛它並奉獻自己的人，才會知道它的價值。」

六、她非常謙卑。她不斷地對自己所扮演的角色低調處理。她說神是全能的，自己什麼也沒做過；只是神通過她來工作罷了。她不會爲錢擔憂，因爲她認爲神一定會給他們所需要的錢；如果神沒有給的話，就表示神不要他們所做的工作。當她到其他地方時，她買最低等的車票。即使遇上失敗，泰瑞莎修女也謝神，並說失敗令她們更謙卑。她對窮人的服務不一定是要爲他們做什麼，而是在他們痛苦的時候，站在他們左右，並分享神的福音。

泰瑞莎修女有這樣偉大的心靈是因爲她有偉大的習慣領域。請問讀者，泰瑞莎修女的HD有沒有接近理想的HD？歷史上和今時今日也有像她這樣偉大的人。我們前面提過的證嚴法師，在許多方面的習慣領域與泰瑞莎修女的習慣領域可以互相媲美。

許多宗教用許多不同的故事、不同的比喻，來闡釋以及如何達到它們的理想境界。直接、間接的，它們鼓勵我們邁向這裡所說的理想習慣領域。

也許你會認爲要達到理想的習慣領域，不管如何努力，人類也不可能達到的。不錯，理想HD確實很難達到，但是如果你有這樣的理想目標，便會有生命的目標，繼續不斷地努力而邁向理想的習慣領域，而你的生命、生活也會因習慣領域的不斷豐盛而豐盛，從而更有喜悅和效力。

如何邁向理想的習慣領域

我們要如何才能邁向理想的習慣領域？經過十幾年的研究和思索，包括研讀聖經、佛經、道德經、諸子百家聖賢書及世界格言，我將有效好用的方法整理成三大工具箱；每一工具箱有七至九個電網，每個電網都能讓我們的HD更廣大豐盛，並使實際領域更具彈性，能更有效、更快速取出有力的電網，解除自己及別人的痛苦和壓力。

第一個工具箱：七個自我不斷成長的信念，簡稱為光明心態，本章將進行闡述。

第二個工具箱：八個擴展習慣領域的基本方法，將在第九章闡述。

第三個工具箱：九個獲取深度智慧的基本方法，將在第十章闡述。

如何將這三大工具箱落實於日常生活、實踐、邁向理想HD，則在第十一章闡述。

電網就像電腦程式，本身沒有對或錯，但當它占有你的注意力時，它就會產生威力出來。同時，它不怕你用它，你越用它，它便越強越有力量，而越能幫助你邁向理想的HD。

HD的修行如武功修練，第一個工具箱類似基本的內功，第二、三個工具箱則類似基本的外功。武功要上等需內外雙修，HD也需內外雙修才能上等。

在本章我們先介紹第一個工具箱：七個自我不斷成長的光明信念。這些信念有一個特質：當你把它們種入你的HD並能不斷使用它們、給它們適當機會占有你的注意力時，它們就會不斷地茁壯而幫助你的HD拓展豐盛，走向理想的習慣領域。

再強調一次，這強而有力的電網或信念是沒有對錯，只要你肯用，它們就會幫助你的。以下我將盡量解說，使它們容易被你所接受。

光明心態（第一工具箱）

一、佛帝化身：人人都是無價之寶，你是我也是佛或上帝的化身

在第二章已經闡述我們都是無價之寶，在此說明「你和我都是佛或上帝的化身及獨一無二的創造」。

釋迦牟尼、耶穌、穆罕默德、孔子和老子，他們分別是佛、神的兒子、神的使者和聖人。然而他們卻跟我們長得一樣，有兩條眉毛、一雙眼睛、一個鼻子、一對耳朵、一張嘴，他們的四肢、五臟六肺與我們的是一樣的。如果他們是神的兒子或使者或化身或是聖人，而我們與他們的形象一樣，我們說自己也是神或佛的化身或是獨一無二的創造，應該不是很離譜的。其實，許多宗教都直接或間接地傳達這訊息。

《聖經．創世紀》說：「神依祂的形象來創造人。」（每個人皆很相似，但不完全一樣），因此每個人具有神性，都是神獨一無二的創造。

《可蘭經》也有此一說：「在你衣服和身體之間只有神的存在。」意思是說，從精神層面來看，人跟神是一體的。

佛經中更是明示人人都是佛，都是大菩薩。例如，濟公這乞丐其實是大菩薩的化身。道家更說「道」存在你身上、存在所有生物身上。

不管什麼宗教，都說我們是無價之寶，是神、是佛的化身，都是獨一無二的創造。當你這電網很強時，對自己便會有很高的自愛心和自尊心。即使不幸虧了一百萬，仍有無價之寶的身體，幾百萬又算什麼呢？如果愛人離你而去，你也不會心痛欲絕，因爲你是神是佛的化身，這經驗只不過是你邁向神的境界的歷程之一而已，用不著自哀自憐甚至自尋短見。

這電網也讓我們對別人有很高的尊敬心、愛心，因此更能珍惜別人和欣賞別人。別人的意見與我們不一樣，也許是神透過他在和我們說話，我們能不仔細聽嗎？

在第二章我們提到，當我們提醒人們是無價之寶時，可以讓自殺的人懸崖勒馬、回頭是岸。然而，我們往往忽略了自己也是無價之寶，結果做出慢性自殘的事情。

會喝酒的馬

如果你有一匹價值百萬元的馬，會不會讓牠暴飲暴食？會不會讓牠熬夜？讓牠喝酒、抽菸、吸毒？你當然不會的。因爲無價之寶的身體，和百萬良駒比起來更有價值。那麼你是不是也應該好好珍惜它、善待它？是不是應該不再做暴飲暴食、熬夜、喝酒、抽煙、吸毒等慢性摧殘自己的事情？

我們的心靈（HD）控制這無價之寶的運作。如果有人把一桶垃圾倒在你的辦公室或電腦前面，你會不會生氣？會不會立即把它清潔消毒？我們的心靈經常受到污染，是不是應該洗滌乾淨？

很不幸的，我們心靈所受的污染經常是自己找來的，在不知不覺下讓這運作無價之寶的心靈受到污染。試想想，有多少年輕人因爲沉迷愛情小說或暴力圖書或電視、電影，而在腦海中有很強而有力的愛情或暴力的電網，當他們受到愛情困擾時，這些言情小說的電網便跑出來占有他們的注意力，甚至會以自殺來逃避困擾；與人發生衝突時，也由於這些暴力的電網跑出來占有他們的注意力，而用暴力殺人來解決問題。請問你喜歡不喜歡看鬼故事？這些故事看多了，和鬼有關的電網便會越強越多，往往在不察覺時跑出來占有你的注意力，因此你會疑心生暗鬼，半夜醒來心裡不安。

這裡要強調的是，我們擁有無價之寶的身體和操作它的軟體。如果它們受到污染，請不要忘記把它清潔乾淨，以免受到不良的影響。

另一方面，殘障和癌症的人在剛開始時往往很難接受；但當這電網占有注意力時，他們就能轉變心態，勇敢地面對生活。有位四肢殘障者，當心靈得以解脫後，雖然家中有財富過活，他仍願意到市場上去乞討，讓人們知道他們有健全的肢體是多幸福。有緣者或有慧根者便能因而得到警惕，感激這殘障者的啓示，無緣的人就無法體會到這教化。這位殘障者的用心其實跟神或佛是沒有差別的。

這個電網用在別人身上時，可以幫助我們更加尊重別人。當這個電網很強時，我們看別人就會像看神看佛一樣，會感受到相處的難能可貴。這時我們自然會愛護和尊敬別人，心自然會打開。

傑出教書教授

在我近三十年的研究教育生涯中，研究方面，我三十六歲時便擔任傑出講座教授；教學方面也曾被學生選爲最傑出教書教授。「數理決策分析」在商學院算是較爲冷門的課程，而且我講的英文有「台灣押韻」，爲什麼學生會選我爲傑出的教書教授？

經過反覆思考後，我發覺是「人人都是佛或上帝的化身」這個電網對我的影響。美國學生有煩惱或問題時，都會直接找教授幫忙或訴怨；尤其是考完試後，有些學生更會跑到辦公室來要求加分，並抱怨這次考試題目出得不公平：「我會的老師都不出，我不會的老師偏偏要出。」

我聽完這些學生的抱怨後，便利用口試的方式來測試這些學生，口試之後便知道這些學生根本沒有用功讀書。這時我心中產生一種不耐煩的感覺，可是常常就在此刻，「人人都是佛或上帝的化身」這個電網便跑出來占有我的注意力，因此警覺起來，馬上變得很謙卑，會對這些學生說：「我在辦公室裡，有兩個主要的工作：第一個是幫你學有用的知識，第二是幫你拿更好的成績。現在讓我們來談一談，如何讓你能有效地學習和得到好成績。」

在經過一陣討論後，雖然沒有給學生加分，但學生都能滿足愉快地離開，並稱讚我能充分了解學生的問題與需要。因此我想我之所以會被學生選爲傑出的教書教授，就是因爲「人人都是佛或上帝的化身」這一電網時常占有我的注意力。

因此，我能打開心胸和學生做充分有效的溝通，而學生也可以感受到我是眞誠地在幫助他們學習。在這種良性循環下，學生自然會喜愛尊敬老師，並有更好的學習效果。

這個電網對公司文化的昇華、企業再造也非常重要。如果一個公司能從主管加強這個電網，當客戶或下屬有埋怨時，便把它當做是神或佛給自己的考驗；此時心便會打開，視客戶或下屬的埋怨如同上帝透過他們在對我們講話，便容易誠心接受。對方的眼睛是雪亮的，假如我們用這種態度應對，他們的心也會打開，把感受全部告訴我們。透過「相互回報」，我敬重你、你敬重我；我幫忙你、你幫忙我；那麼互助、互敬的團隊精神很自然便建立起來。

反過來，如果上司修理、批評我們時，我們一般會覺得不舒服，但如果讓這個電網占有我們的注意力，認爲上司的話是神透過他來給我們啓示，使我們成長，我們的心便會打開，便會仔細聽，而知道應該在哪方面改進成長。上司的眼睛也是雪亮的，知道我們誠心誠意地改善自己，也會欣賞鼓勵我們。如此透過相互回報，我們與上司之間可以互相尊敬欣賞；我們成長，上司也成長，公司也日益成長，這是一種向上、向善的良性循環。

二、萬事助長：所有發生的事情都有原因，其中一個主因是幫助我們成長

當這電網很強時，我們看每件事情、每個人都會從積極方面去想、去求成長，此時，我們的心是打開的。當我們不順利、失意或悲傷時，如果讓這個強而有力的電網占有我們的注意力，我們就不會只嘗受失意的痛苦，而會反問自己：「這事情到底在哪方面可幫助我們成長？」由於實際領域的轉化，我們會由失意的痛苦而轉化到積極地尋求成長；這轉化至少讓我們失意的痛苦減少，而成功的機會大增。

凡事逆來順受？

麥可・華勒斯（Mike Wallace）是位著名電視記者、節目主持人，他在CBS主持的「六十分鐘」是人人樂道的節目。當他早期在電視台當新聞記者時，由於口齒伶俐、相貌誠懇、反應很快，所以除了白天採訪新聞外，晚上又報導七點半的黃金檔。以他的努力和觀眾的良好反應，他的事業應該是可以一帆風順的。

很不幸的，因爲華勒斯爲人直率，不小心得罪直屬上司新聞部主管。有次在新聞部會議

上，主管出其不意宣布：「華勒斯報導新聞的風格奇異，一般觀眾不易接受。爲了本台的收視率著想，我宣布以後華勒斯不要在黃金檔報導新聞，改在深夜十一點播報。」

這突然的宣布讓所有人都愣住了，華勒斯更是大吃一驚。他知道自己被貶了，心裡覺得很難過，但突然他想到「這也許是上天的安排，主要目的是在幫助我成長」，當這個電網占有他的注意力時，心漸漸平靜下來，表示欣然接受新差事，並說：「謝謝主管的安排，這樣我可以利用六點鐘下班後的時間來進修。這是我早就有的希望，只是不敢向你提起罷了。」

從此，華勒斯天天下班後便去進修，並在十點左右趕回公司，準備夜間新聞的報導工作。他把每一篇新聞稿都詳細閱讀，充分掌握它的來龍去脈。他的工作熱誠絕沒有因爲深夜的新聞收視率較低而減退。

漸漸收看夜間新聞的觀眾越來越多，佳評也越來越多。隨著這些不斷的佳評，有些觀眾也責問：「爲什麼華勒斯只播深夜新聞，而不播晚間黃金檔新聞？」投訴信一封接著一封，終於驚動了總經理。

總經理把厚厚的信件攤在新聞部主管的面前，對他說：「你這新聞部主管怎麼搞的？華勒斯如此人才，你卻只派他播十一點新聞，而不是播七點半的黃金時段？」

新聞部主管困難地解釋：「華勒斯希望晚上六點下班後有進修的機會，所以不能排上晚間黃金檔，只好排他在深夜的時間。」

「叫他盡快重回七點半的崗位。我下令他在晚間時段中播報新聞。」

就這樣，華勒斯被新聞部主管「請」回黃金時段。不久之後，獲選爲全國最受歡迎的電視記者之一。

一段日子以後，電視界掀起了記者兼做益智節目的熱潮，華勒斯獲得十幾家廣告公司的支持，決定也開一個節目，找新聞部主管商量。

積著滿肚子怨恨的新聞部主管，板著臉對華勒斯說：「我不准你做！因爲我計畫要你做一個新聞評論性的節目。」

雖然華勒斯知道當時評論性的節目爭議多，常常吃力不討好，收入又低，但他仍欣然接受說：「好極了！」

果然，華勒斯吃盡了苦頭，但他仍全力以赴，毫無怨言地爲他的新節目奔命努力。漸漸地，節目上了軌道，有了名聲，參加者都是一些出名的重要人物。

總經理看好華勒斯的新節目，也想多與名人要角接觸。有天他召來新聞部主管，對他說：「以後每一集的腳本由華勒斯直接拿來給我看！爲了把握時間，由我來審核好了，有問題也好直接跟製作人商量！」

從此，華勒斯每週都直接與總經理討論，許多新聞部的改革也有他的意見。他由冷門節目的製作人，漸漸變成了熱門人物，後來也獲得許多全美著名節目的製作獎。

華勒斯雖然一次又一次遭受打擊，但是不管那是多麼不合情理，他都能認爲這些事情發生的主要原因是要幫他成長，因而能保持對自己的信心，認爲這些都是讓他成長的最好安排。因此，他能欣然接受，沒有自哀自怨、一蹶不振，或是氣恨之下拂袖而去。由於加倍努力、加倍成長，華勒斯結果眞的化委屈爲成長的動力，自己的成就也更上一層。

富蘭克林放風箏

富蘭克林是美國歷史上一位傑出的企業家、科學家和政治家。有一次他在放風箏的時候，覺得有什麼東西從手流過身體並有麻痛感，他很好奇到底是什麼東西呢？是不是一時的錯覺？他是一個愛動腦筋的人，遇到不尋常的事總要問個爲什麼。他想：「透過這件事，神要告訴我什麼？要我在哪方面成長？」以後放風箏的時候，他更加留意是否還會出現這一現象。果然，經過幾次試驗，在天氣將有陰雨時放風箏，他又感到了這種東西流過身體和伴隨而來的麻痛感。他排除了這是錯覺的可能性，而著手探討出現這一現象的原因。他還聯想到放風箏時的奇遇與閃電的關係。

富蘭克林的探索最終導致了「電」的發現。現在我們知道，天空中的雲團常常會帶正或負電荷，閃電是正負雲團相遇產生的現象。風箏遇到帶電雲團而有電流經風箏線傳到身體，於是產生了麻痛感（順便一提，富蘭克林的風箏線可能有導電性，沒有被電流擊傷身體是幸運的，也許是他碰到的雲團所帶的電荷不夠強大，你最好不要輕易嘗試）。富蘭克林後來還發明了避雷針，這是他對人類又一偉大的貢獻。

想像一下，如果其他人放風箏碰到這種現象，也許會覺得很倒楣，更不會去探索這一現象發生的原因，當然也不可能有富蘭克林那樣的成就。

「所有發生的事情都有原因，其中一個主要原因就是幫助我們成長。」如果我們腦海中時時保有這一電網，那麼，當身處逆境時就會積極樂觀地去面對現實、克服困難，以豐富人生。當我們遇到不尋常的事物（習慣領域之外）發生時，不要只簡單地拒絕它，而是要主動思考這件事在哪方面可幫助成長，也許你會像富蘭克林那樣有所發現。當一帆風順時，我們可以抓住機會，更進一步。總而言之，萬事助長！

三、標標清明，全力知行：清楚而富挑戰性的目標是生命的泉源，信心和全力知行是達到目標的不二法門

沒有目標的生命，就像浮萍在河流上僅能隨波漂盪，無法操縱自己的命運。它可能會被風吹翻，也可能被水流沖落，而消失於激流瀑布中。

想像你拿著船槳划一隻小艇橫越大海。如果你有一個清楚的目的地，又知道距離這目標有多遠，這時若有信心，由目標和現狀的差距所產生的壓力便會變成動力。你會繼續不斷地努力划，直至達到目的地，不容易失去信心、放棄目標而隨波逐流。然而，如果你不能確定何處是岸，要堅持這個目標和信心也許就不大可能。

目標給予我們力量，讓我們充滿生命力。因爲目標與實況有不利的差距時，會產生壓力，並設法使目標和實況接近（請參閱目標建立與情況評估的構想）。如果有信心達到目標，會積極求解，壓力就轉化成動力；反之，如果沒有信心時，我們會用退卻合理化來降低壓力，壓力消失了，動力也沒有了。

什麼樣的目標最有力量呢？清楚的、具體的、可以衡量的、可達到的、富挑戰性的目標，最可能創造壓力和動力。

人們用積極求解或退卻合理化來降低壓力。當我們有信心時，常用積極求解，如此壓力就轉化爲動力，向目標邁進。反過來，如果沒有信心，就常會用退卻合理化，此時壓力就消失，動力也沒有了。因此，如果沒有目標，很難產生壓力；沒有達到目標的信心，很容易使用退卻合理化。如此一來，壓力是降低了，但生命的動力也隨之消失。

跳高的啓示

爲什麼一個教練在訓練跳高選手跳高時，橫桿高度總是由低到高，每次向上調整一點？因爲爲了使選手有信心能夠越跳越高，教練先以低的橫桿讓運動員跳過後，增強他的信心；選手因跳過了先前的高度而有信心，自然能再挑戰更高一點的高度。

選手之所以能達成更高難度的挑戰，是因爲他們腦中有以前成功跳過橫桿的經驗，當此經驗的電網占有他們的注意力（或實際領域）時，他們身體狀態及精神會處在以往成功跳過橫桿時的最佳狀況，跳過高一點的橫桿就可能達成。

如果一開始就要運動員跳很高的高度，雖然也有明確的目標，但因目標定得太高，選手可能對自己的能力失去信心，越是沒有信心越無法發揮實力，如此惡性循環，選手便會放棄。

另一方面，如果教練一直把橫桿高度降得很低，即目標降得很低，則無法對選手造成壓力，自然選手也就失去再往上挑戰的動力。

除了明確的目標外，信心和全力知行是達到成功的不二法門。「只想不做」是無法達成目標的。體育用品巨擘Nike有一句廣告口號：「做」就是了（Just Do It）獲得人們廣爲傳揚，因爲我們心中知道：「如果要使事情變得更好，我們必須付諸行動。」

沒有實行的夢想只是夢想，只有付諸行動的夢想才能產生效用。只有全力去想去知道、全力去執行，效果才會大。「只知不行，沒有效果；只行不知，效果不佳。」「知、行、果」這三者是彼此相互關聯、影響的。知與行是過程，全力知行才會有良好的成果。

當我們碰到挑戰性問題時（所需解決問題的能力集超過我們的習慣領域），不一定要全部知道後才去執行，可以邊做邊學。不妨把這些挑戰性問題當作在吃補藥，抱著吃補藥的精神，勇敢地吃下它、做下去。多吃幾次、多做幾次之後，能力集便會大大地擴張。

HD 我是來贏的！

某一年奧林匹克運動會，一個參加「高台跳水」的選手，賽前一直被看好，但在其中一跳時，經過一連串的高難度動作，在入水的那一刻竟沒有把身體保持垂直而水花四濺；結果，她這一跳分數奇差，總分因而被其他對手超越。

比賽中場休息時，有記者爭問這位跳水健兒：「妳對剛才的失誤有什麼感受？這失誤會不會讓妳心理上產生什麼陰影？大家都看好妳，如果妳輸了，怎麼辦？」

選手笑著說：「你知道我等這場比賽，等了多少年嗎？我從小努力練習跳水，十歲就立志要參加奧運。何必回頭去想失敗？」她很明確、很堅決地說：「我是來贏的！」

這位奧運選手從小時候便有奪獎的目標，經過長年的訓練和努力，有信心和全力知行，讓她有得獎的機會。在比賽時，「贏」是她腦海裡最強而有力的電網。雖然在其中一跳時發生失誤，信心卻沒動搖。她沒有懊悔，只有勝利的目標和願望。因此她可以放下這一跳的錯失，專心一致在下一跳，朝向她的目標前進，而最終能有不讓人失望的表現。

四、全責主人：我是自己生命世界的主人，我對一切發生的事情負責任

因爲我們有選擇，因此，我們是自己生活、行動以及跟外面世界接觸領域的主人。既然是主人，對所發生的事便要負責任。

我常到許多不同國家演講。當我一九八九年第一次應蘇聯國科院邀請到蘇聯幾個地方演講習慣領域時，因語言不通，蘇聯又是那麼陌生，那時美蘇又剛建交不久，有時會有種不安的感覺。突然間一個電網占有我的注意力：「蘇聯其實也是我生命領域的一部分，我是我生命的主人，看自己的領域有什麼好怕呢？」我頓感心平氣和，享受了一段很快樂的蘇聯之行。

當這個電網占有我們注意力時，因爲我們是主人，我們有主控權，可以享受我們的生活領域；同時，我們對一切發生的事情負責任，如此，自然就會更關心、更積極、更主動地參與影響生活的活動，因此習慣領域就會更有力地擴展、豐盛，而成就和生活品質便會越來越高。

想一想：開會前讓所有的人朗誦：「這會議是我生命世界的一部分，我要負全部的責任」，開會的人會不會就會更積極投入？

雨傘渡化

在禪宗公案中，常會有許多令人警醒的小故事，我很喜歡這個故事，因它與我們要介紹的信念有密切的關係。

有一個路人在屋簷下避雨，看見一個和尚撐著傘走過，這個路人便對和尚說：「大師，請你普渡眾生一下好嗎？請帶我一程。」

和尚說：「我正在雨裡，你在屋簷下。屋簷下沒雨水，你不需要我渡的。」

在簷下躲雨的路人聽了這話後，立即走出屋簷，在雨中對和尚說：「現在你在雨中，我也在雨中了。你可以不可以渡我？」

和尚說：「我在雨中，你也在雨中，我不會被雨淋濕，因為我有傘遮雨；你會被雨淋濕，因爲你沒有傘。所以是雨傘在渡我，我是不能渡你的。如果你要被渡，就請自己找雨傘吧！」說完和尚便撐著雨傘就走了。這個路人一時之間沒能了解和尚這番話的道理，只好悻悻然再躲回屋簷下。突然間，他的腦海中閃過一個念頭，他頓悟了和尚這番話的含意，原來和尚的意思是「你是你自己生命的主人，你要對自己的事負責」，想通了這層道理，這路人覺得被這雨淋得還是有價值。

當覺得自己是生命的主人這個電網很強時，我們會主動去了解事物，承擔問題並設法解決問題；我們的心胸是開闊的、主動的；習慣領域也因此更大更豐富。反過來，無此電網而不敢去負責的人難成大業，他們的心及習慣領域也將很難擴大豐富。

責任與原諒

負責任當然會產生壓力，但如果我們能享受負責任的壓力時，壓力便不會造成痛苦，而是使我們成長的動力。

負責任也不是大小事完全需要自己做，我們學習授權、合作，與別人共同工作，並分享成功的快樂。

負責任不能保證做什麼事都會十全十美地成功，但它會把我們的心打開，使我們能更積極、更精進，使習慣領域更廣。

人剛出生時，在嬰兒階段全然不知道什麼是責任，當然談不上要負責任。等長到三、四歲時，慢慢開始知道誰該做什麼事，也就是開始認識到責任；但是這時候的我們都是以「推卸責任」的態度來面對，把責任推給爸媽或哥哥、姊姊。

一直到了七、八歲時，在父母、師長的教導下，我們才開始學會「負責任」。可是有些人一直到成人後仍沒有學會如何去負責。因此，「負責任」的程度和廣度經常是一般大眾用來衡量一個人心智、行爲是否成熟的指標之一。

經驗越多，人格就越成熟，我們知道自己及別人都很難十全十美；慢慢地，我們學習能夠原諒別人、原諒自己。當自己在全力知行後，仍無法達成目標時，如果學會絕對地原諒自己、絕對地原諒別人，那我們心中的痛苦、後悔、埋怨、痛恨便可解除，我們的心才能完全放下、得到解脫，才有心靈上的提升。一個不能原諒自己和別人的人是很難得到心靈上的自由的。

除了本身能負責任外，如何去幫助那些「不負責任」的人成長呢？碰到這樣的人時，我們可以對他說：「這件事是需要你負責的，你必須自己去解決，但我會盡量幫助你。如果你有問題，可以來找我。」或說：「這件事你需負責任、全力去做，有問題我爲你分擔。」讓他有機會負責去完成這件事，而我們只需在一旁協助，等到他成功達成任務後，他便會對自己產生信心，同時本身的能力集也得到擴展，下次他再碰到類似的事情時，當然也就樂於負責任了。

如果一直怯於負責，不敢去面對問題、解決問題並承擔責任，便無法從解決問題中學習新知識、技巧與能力，繼續擴大自己的能力集或習慣領域，久而久之，能力無法增加，自然更不敢去承擔責任，惡性循環的結果，永遠不能成爲有能力肯負責的人。

一般的學生可分成兩大類。第一類學生主動參與而且樂意承擔責任；第二類學生常常胡混過去、盡可能逃避責任。第一類學生從許多人的經驗中學習，能夠和別人建立互利互惠的關係；第二類卻常常被別人疏離，而缺乏從他人身上學習的機會。我們可以想像，哪一類學生將來事業有較大成功的機會。

同樣的道理亦可應用在企業環境中。若下屬不敢負責，我們不敢交重任給他，他就難有機會訓練自己；難有表現，也就難升職；反過來，若上司不敢負責任，下屬也會看不起他，不敢為他賣命，這個上司自然也做不了大事。

人從不知責任到逃避責任，直到勇於承擔責任，人格不斷地成長、成熟。像孔子、老子和莊子等聖人，把整個宇宙或人間當成自己的生命世界，把自己觀察所得很負責任地一字一字刻下來，成為名垂千古的著作。

五、使命樂園：我的工作是我的使命，也是樂園，我有熱情信心去完成

有些人很早便發現生命的意義及生存的使命，而可以找到一份適當的工作幫助他們完成使命。有些人卻沒有這樣幸運，他們需要很多年、經過許多困難和挑戰，才明白自己生命的意義及使命。

一個人，尤其是在五、六十歲以後，若無法找出生命的意義或人生的使命，將很難面對情

緒與心靈的不安。

其實，我們所有的工作都是生命生活的一部分，都是生命生活的展現。它們都是有意義的！如果能把它們當作人生的使命，並樂意接受此使命，以熱情和信心去完成時，每件事都能盡心盡力去做得十全十美，習慣領域自然會因此而深廣豐富起來，成就感和信心也會因此得到增強。

人的眼睛是雪亮的，當人們看到我們皆能將每件事做得十全十美時，他們會把更有意義、更有挑戰性的工作，更信任地交給我們做；如此我們的習慣領域和人生將日益不斷地精進豐盛。

熱愛工作——煎漢堡

有一個在麥當勞工作的人，他每天都很快樂地工作，尤其在煎漢堡的時候更是用心，許多顧客看到他心情愉快地煎著漢堡，都對他的工作態度十分好奇，紛紛問他：「煎漢堡的工作環境不好，又是件單調乏味的事，爲什麼你可以如此愉快地工作？」

這個煎漢堡的人說：「每次煎漢堡時，我就想，如果點這漢堡的人可以吃到一個精心製作的漢堡，他就會很高興，所以我要好好地煎漢堡，幫助顧客得到快樂。看到顧客吃了之後十分滿足，並且神情愉快地離開時，我就覺得很高興，心中彷彿又完成一件重大的工作。因此，我把煎好吃的漢堡當作是目前的工作使命，我要盡全力去做好它。」

顧客聽了他的說法後，對他能以這樣的工作態度來煎漢堡，都感到非常欽佩。他們回去之後，紛紛告訴周遭的同事、朋友或親人，一傳十、十傳百，很多人都來到這家店吃他煎的漢堡。

顧客紛紛把他們看到這個人的認眞、熱情的表現，反應給公司；主管在收到許多顧客的反應後，也實際去了解情況。公司有感於他這種熱情積極的工作態度，值得獎勵並給予栽培，沒幾年他便升爲區經理了。

這個煎漢堡的人把做好每一個漢堡、讓顧客吃了會很開心，當作是自己的工作使命。對他而言，這是一件有意義的工作，所以他滿懷信心、熱情地去做。人的眼睛是雪亮的，當公司知道他這種熱情、積極的工作態度後，就給他獎勵、栽培和升職，最後終能成爲區經理。

如果我們也能像他一樣，把每個工作當做人生的使命，把它做得完美，成就感和信心就會越來越強，工作也會越來越順暢。當別人看到我們熱誠地、全力地把工作做好時，自然會有感受。一有機會便會介紹給我們，我們就有機會去完成更有意義、更富挑戰性的工作。在良性循環之下，人生越來越充實、越來越有意義，而習慣領域也會越來越豐盛。

有人研究癌症病人，發現如果癌症病患者負有使命感，若不完成某件事絕不死時，通常能夠維持較長的生命。而退休的人，如果認爲自己已完成所有的事，覺得無事可做時，往往沒幾年就去世了。正如心理學家富蘭克（V.E.Frankl）所說：「人是爲追求意義和完成使命而活的。」不過，使命的定義在於你自己。你現在的工作是有意義的，是人生使命的一部分；好好地完成它、享受它吧！

郭沫若以文救人

郭沫若是中國近代大文豪。有一次郭沫若赴普陀山遊覽，當他來到梵音洞時，看見地上有一本日記。這時，一陣風把日記翻到中間一頁，兩行清秀的字體吸引了他的視線。

郭沫若拾起日記，只見扉頁上寫著的原來是一副對聯：「年年望年年失望，處處尋處處難尋。」橫批是：「春在哪裡？」

當他翻到第二頁時，卻是一首絕命詩，落款處寫的正是當天的日期。

郭沫若心裡非常焦急，匆匆派人四處找尋日記的主人。經過一番搜索，終於在懸崖上找到了她，一個神色憂鬱的姑娘，行爲失常，準備要自尋短見。

經過了解，這姑娘名叫李眞眞，參加考試三次落榜，愛情上又受挫折，於是決心「魂斷普陀」。

郭沫若想了一會，以讚賞和鼓勵的口吻說：「我看過你寫的對聯，這對聯反映出你有相當高的教育水準；不過論調有點消沉，我給你改改好不好？」

姑娘對這突如其來的陌生老者有點訝異，不過此刻她心灰意冷，只略略點頭。

郭沫若於是說：「年年失望年年望，事事難成事事成。」橫批爲：「春在心中。」

姑娘眼裡閃著星光，顯然得到啓發。郭沫若趁機道：「我再送你一副對聯，是《聊齋誌異》作者蒲松齡科考落第後的自勉聯。上聯是：『有志者，事竟成，破斧沉舟，百二秦關終屬楚；』下聯是：『苦心人，天不負，臥薪嘗膽，三千越甲可吞吳。』」

郭沫若說完後，又講了對聯中有關楚霸王項羽及越王勾踐的兩個典故，以及蒲松齡作此聯在生命低潮中自勉的用意。

姑娘聽後，實際領域的電網得到轉化，覺悟到自己尋死的愚昧，因此對前途回復了樂觀和信心。心中的鬱結（電網）被郭沫若的妙語化解開了。她請郭沫若在她的日記上寫出這副對聯。

郭沫若高興地提起筆，把對聯寫出來，並且署上自己的名字。姑娘看見這位老者竟是自己久仰的文壇巨星，驚喜萬分，對郭沫若又感恩又敬仰，更有信心從絕境中走出來。

因郭沫若將「以文濟世」當作是個人的人生使命，並把它當做樂園；當他發現李眞眞將自殺的日記時，激起他很大的壓力。因救人是他的使命和樂園，壓力加上信心激發他積極救人的動力和熱情。他用深廣的習慣領域，立刻取出有效的電網，轉化了李眞眞要自殺的念頭。他不但救人於絕境，也使他的人生及習慣領域更豐富。

每個人都曾有失敗失意的時候，有人或許會像故事中那姑娘一樣，「年年望年年失望，處處尋處處難尋」。但是當事與願違時，不要只嘗受痛苦的經驗。如果我們的實際領域一直停留在痛苦、失敗的電網上，極端的話，可能像姑娘那樣要「魂斷普陀」。

如果能試著將實際領域轉換，試著從另一個角度看待問題，也許可像郭沫若那樣「年年失望年年望，事事難成事事成——春在心中。」我們可以問自己：「這件事我能學到什麼？對我有什麼意義？能夠發現什麼？所有的事都在幫助我成長。」有這樣的心態，就常能打破沮喪的困境。

信心是熱情的基礎，有壓力再加上信心就會積極求解，而創造成就；有了成就，熱情自然就會激發出來，這是一種良性的循環。

我們不可能永遠都在順境高潮中，因爲高潮、低潮的起伏是萬事萬物循環進化的韻律（請參見第十章）。

當我們遇到低潮時要如何才能打破低潮呢？低潮的情緒是因低潮的電網占有我們的注意力引起的。如果遇到低潮挫折時，就把這低潮的電網轉化掉；例如回想以前成功的經驗，讓這成功的電網占有你的注意力，成功與信心是連在一起的，這時信心就會產生出來，而把低潮的電網驅逐出去。

你能夠活到現在，起碼有幾十次成功的經驗。至少，你這個精子能夠使卵子受孕，已經打敗過上億個對手。曾經有人估算過，如果把精子放大成人體那麼大時，精子要競爭使卵子受孕，它所游過的距離，相當於一個人游過英吉利海峽。想想看，英吉利海峽你都游過了，還有什麼事沒有信心呢！

六、秒秒生光：生命時光最寶貴，我要百分之百地享用，並奉獻現在到死之前的生命

時光一秒一秒地溜走，但我們卻沒有警覺。不管身體如何無價、如何寶貴，當有限的日子來臨時，我們都會塵歸塵、土歸土。

我們常常會把寶貴的光陰浪費在回想以前不愉快的事和後悔之上，讓不愉快或後悔的電網占據我們的實際領域，導致煩惱、痛苦，不知如何解脫。

我們也常過分憂慮未來，擔心有些可能會發生的事，而去想許多對策或浸淫在痛苦的恐怖憂懼中。

有人常因不敢做這個、不敢做那個，畏首畏尾，一直拖延，寶貴的生命時光就這樣浪費掉了。因爲憂慮恐懼只有當你面對它、處理它時才會消失，它不可能因你的痛苦害怕而消失。與其花時間於對未知的憂慮，倒不如勇敢地面對它、處理它，享受你勇敢面對和處理的過程，這樣才能克服憂慮、恐懼，享受生命的時光。

打敗癌症的自行車手

一九九八年二月時，電視曾報導一位自行車選手明星——阿姆斯特（Lance Armstrong）。這選手幾年前睪丸癌細胞蔓延到腹部。雖經手術和鈷化療，一般人仍然認爲他的壽命不能維持很久。沒想到幾年後，他生龍活虎地出現在螢幕上，宣布參加世界各項自行車比賽。

當記者問他「復活」的秘訣時，他很爽朗地說：「癌病給我一個很大的啓示；**如果我可多活一天，這天就是好日子，就是偉大的一天。我要充滿喜悅和感恩地好好活這一天。**」

「因爲我心態改變了，每天都很喜悅、很有活力，癌細胞反而跑掉了。」他哈哈大笑。

一個面臨死亡的人，若能多活一天，會多麼地慶幸和珍惜它！假如我們有同樣的心情珍惜，將如何快樂地用它、享受它呢？要不要對你親愛的父母親、先生、太太、小孩及親密的朋友說「我愛你」？因爲今天過去，你再也沒有機會在這一天對他們說這話。要不要與你情緒打結的朋友解釋，請他們原諒你，你也原諒他們、原諒自己，而獲得心靈眞正的自由平靜？因爲今天過去，你再也沒有機會在這一天對他們說這話。

要不要趕快完成你一生想做而未做或未完成的工作？因爲今天過去，你再也沒有機會在這一天做這事。

當你對自己說，此時此刻便享受百分之百的生命，並且對社會奉獻從現在到死之前的生命時，你的大腦會把電網重新結構。你將會有更多的可能性去實現這目標。生命和習慣領域將會因此繼續不斷地擴展豐富。好好享受生命，現在就對社會作出貢獻，這樣你的生命將充滿意義和樂趣。

警察與愛滋病

有兩個警察，一個名叫彼得，一個名叫阿倫，在一年一次的例行體檢時，兩人被告知是愛滋病毒帶原者。聽到這個消息，他們沮喪萬分，生活似乎從此再也沒有希望。一個月之後，儘管愛滋病尚未發作，阿倫由於憂鬱過度，竟開槍結束自己年輕的生命。

彼得也幾乎精神崩潰，不過經過一段時間的消沉後，他即時調整自己的心態。他想：「與其自殺或等死，不如珍惜分分秒秒，讓剩下的人生旅程過得更有價值。」

他主動要求到治安不好的街區去巡邏，遇到危險的情況，他會挺身而出。有一次，一個持槍搶劫犯挾一小孩當人質準備逃跑，被圍困在一棟房子裡。爲了小孩的安全，彼得對罪犯說，自己願當人質換出小孩，罪犯同意後，他卸下自己的武器，赤手空拳進屋換出了小孩。然後他對罪犯說：「我是一名愛滋病帶原者，不久就會病發死去。你願跟我去自首或是我倆同歸於盡？若你去自首，你將得到寬大處理，你考慮一下吧！」

幾分鐘後，搶劫犯束手就擒。

因爲彼得的出色表現，他多次得到上司的嘉獎。更出人意料的是，在一年之後的例行體檢中發現，他並不是帶原者，經過醫院的認眞調查，原來彼得和阿倫去年的檢查結果與其他患者的弄混了，他們都不是愛滋病帶原者！彼得感謝上帝讓他挺過了最消沉的時光，並在工作中做出了成績，同時也爲阿倫的自殺感到深深惋惜。

生命是寶貴的，生活不一定會一帆風順，但無論在什麼情況下，以積極樂觀的態度去面對生活、享受生活，並奉獻從現在起直到死前的生命，這樣的人生一定會充實美好而有成就。

七、感恩布施：處處存欣賞感激，也不忘回饋奉獻和布施

這個世界充滿著美好的萬物，如小花、小鳥、魚、狗、貓、人……，只要打開欣賞的心窗，我們就看到花草美麗的圖案，以及各種生物可愛之處。

有次我在學校停車場等人，因他遲到，讓我有時間欣賞到校園的松樹眞美，上下課成群的俊男美女以不同的姿態走過面前，讓我欣賞，突然感到在學校當教授眞好！

不管是稱讚、還是批評，我都認爲是對我有幫助的，我會說一聲「謝謝」。當在學校，如果看到學生的眼睛很漂亮，我會誠心地對他說：「你的眼睛很漂亮啊！」如果看到長得很壯的學

生，我又會說：「哇！你的身體好壯！」學生受到欣賞、稱讚都會相互回報，也會說「謝謝」，彼此就會有一種朋友的感覺。

D 你說我眼睛很漂亮

幾年前我受邀到巴黎大學演講習慣領域。那天晚上有一位以前我在約翰霍布金斯大學的同學請我吃飯。席間他跟我說：「我永遠記得你對我說過的一句話！」

他這沒頭緒的話嚇了我一跳，連忙問：「什麼話呢？怎麼二、三十年後你還記得？」同學大笑說：「你說我的眼睛很漂亮啊！」

我這位男同學的眼睛實在很漂亮，他有海水藍色的眼珠，襯著高挺的鼻子。那時我第一次來到美國，跟他同系同研究室。見他這樣漂亮的眼睛，便對他表示我的欣賞。沒想到這樣一句話令他一輩子忘不了！

請讀者記著，除了女士之外，男士也喜歡別人的稱讚。當你見到太太、先生、小孩、朋友、顧客，請不要吝嗇你欣賞讚美的話，對方一定會很高興和感激的。

當我們欣賞、感激時，因爲欣賞、感激的電網占有我們的注意力，我們會快樂滿意；這些電網首先滋潤我們自已。被我們欣賞、感激的人也會感到快樂滿意，因此這些電網也可滋潤別人。透過相互回報，別人也會欣賞、感激我們，使我們感到快樂和滿足。因此這是一種良性循環的催生劑。

農場是誰的？

我有一個一百英畝左右的小農場。它在一個大湖旁邊，離我家開車約十二分鐘。每逢週末，內人和我就到那裡過夜，或寫作或工作，或與大自然接近。

一個仲夏的晚上，我在臨睡前到屋外涼台，放眼一看，滿天星斗，又有滿盈的月亮，把湖面照得一片明亮；微風輕輕撥動樹枝的琴弦，百蟲一唱一和，輕唱著大自然的樂章。沐浴於這寧靜和諧的大自然之中，我在心裡感到非常安詳，也感到十分滿足，因爲這美好的一切都是我的。

忽然，一個電網跑進心來：「這農場到底是誰的？」我的答案：「它不是我的！」不錯，法律上我是擁有這個農場。然而，在十年、二十年或三十年後，我一定要把農場交給別人。這時，我充分領悟到，我只不過是這片土地的「信託人」罷了。

突然間，另一個問題跑出來：「那麼，這農場、美麗的丘陵和大湖，甚至天上的星星、月亮又是屬於誰的？」

我的答案是：「這一片美麗的大地風光、山湖水色和皎潔的星月，是屬於那些有時間有能力去欣賞、感激它的人的！」讓我們把這句子稍進一步的解釋：「如果你沒有時間和能力去欣

賞感激你的先生或太太，那他們就不是你的；如果你沒有時間和能力去欣賞感激你的小孩或父母，那你的小孩或父母也不是你的；同樣的，如果你沒有時間和能力去欣賞感激你的朋友或顧客，那他們也不是你的朋友或顧客。更重要的，如果你不能欣賞和感激無價之寶的身體，那你的身體是不是你的，又有什麼分別呢？」

不管一個人的財產有多少，只要他能眞正地欣賞身邊的人、欣賞身處的環境，便能活得富有。想著想著，我再抬頭欣賞這月色、這星光，感受這怡人的清風，傾聽大自然的合唱，心裡浮起了另一種快樂的滿足。

上天對我們這樣好，給我們無價之寶和無限的潛能，我們能不回饋嗎？

巴比倫有一個大富翁，當人家問他生財之道時，他說：「很簡單，我每天賺一百塊，一定省下十塊錢，另外至少十塊錢捐給比我窮困的人，剩下來的我盡情享用。由於我的布施和捐獻，使我更知道人性，更知道人們現在最需要的是什麼。我因此能廣結善緣，也知道如何去投資，賺更多的錢。」

我們布施當然不只有「錢」一種方法。貢獻時間、力量做義工，也是一種很好的布施和回饋社會的方法。不管方法如何，重要的只在於我們把得到的回饋給社會。近年來美國加入義工行列的人數直線上升，就是因為人們從幫助別人中得到難以度量的快樂和滿足感。

卡內基與林尚志

美國鋼鐵大王卡內基是位美籍蘇格蘭裔移民，他七、八歲時便幫人打雜、貼補家用，十二、三歲時就開始打工賺錢，而且他還利用閒暇時候讀書充實自己。

當時美國正積極建設國內的鐵路路網，而他也參與許多鐵路建設，並進入鋼鐵業。卡內基靠著自己不斷努力最後成爲鋼鐵大王。在他五十歲時已經是全美有名的大富翁了。

這時他回想到自己以前因爲沒有錢而無法念書的痛苦，於是捐款設立圖書館，讓人們可以免費讀書。當他看到學生很努力念書時，自己也非常高興。

六十多歲時，他寫了篇文章，敘述他回饋社會的人生觀，文中提到：「做一個富翁，有兩個階段：第一個階段是累積財富，而第二個階段則是分配財富、回饋社會。」

爲明示他回饋社會的決心，他又寫：「如果一個富翁在他死後仍留有很多財富給自己的子女，是最令人恥辱的事！」

在他六十五歲時，他把他的鋼鐵事業以當時市價五億美元（約等於現值七、八百億美元）賣掉；於八十三歲時辭世。當他去世時，他捐給社會的財富，有跡可尋的總計約四億九千萬美元（當時幣值），幾乎把他所有的財富都捐給社會。

卡內基原來有肺病，許多人猜測他能活到四、五十歲就不錯，但他活到八十三歲才去世。卡內基說，因爲他能回饋社會、造福社會，所以他的心靈更平靜、更廣大，並充滿喜悅與活力，這是他能活到八十多歲的原因之一。

由於卡內基無私地回饋社會，使得其他一些富有的企業家也效法，紛紛設立基金會。像卡內基這樣心胸廣大、無私地回饋社會的企業家，在台灣也有類似的例子。台灣大同公司創辦人林尚志正是一位無私回饋社會的大企業家。

依據林悉祺先生在其習慣領域論文的敘述，林尚志在民國七年時創立了大同事業，發展至今，由他、他的兒子林挺生及一大群大同人的努力，整個大同事業擴展至包括了大同公司、大同工學院、國內外投資公司，投資遍及世界各地，並建立國內外龐大的零組件供應體系。

林尚志創立大同事業之後，本著「正、誠、勤、儉」的實踐精神，不斷地爲社會服務。他曾參與過包括淡水河堤防、行政院大廈等水利、鐵路、公路、港口、橋樑、隧道、機場、學校等工程。民國三十一年、他正值五十歲壯年時，他將個人財產做了如下的安排：

一〇%留作家用；一〇%留給同仁，開創同仁股東的先例，並實現「工者有其股」的理想；八〇%成立協志工業振興會，設立協志工業獎學金，籌設大同學府（大同工學院的前身），並出版協志工業叢書。

林尚志以經營者及教師的理念，畢生爲社會大眾服務，這種近乎無私回饋奉獻給社會的精神與作法，很值得我們欽佩，也很值得學習效法。

爲幫助讀者記住上述七個強有力的信念，我把它編成如左頁的口訣。

光明心態

游伯龍

佛帝化身萬事助長
全責主人全力知行
使命樂園感恩布施
標標清明秒秒生光

第九章　擴展習慣領域的基本方法
（第二工具箱）

八擴讓你飄舞自如

著名行爲心理學家馬思洛（Abraham Maslow）說：「如果你只有一把鎚，你常會把所有的問題看成釘子。」這個觀察含有無比的智慧！你可曾注意到，工程師傾向於把每個問題從工程的觀點來分析；推銷員將每次與人接觸的機會化爲每個推銷的契機；而神父總是把個人的疑惑與信仰連在一起。

其實這都是因爲我們在處理問題時都有自己的工具箱（即習慣領域），如果你只有一把鎚子的話，即使別的工具可能更適合，你第一個反應仍然會是鎚下去（因爲最小阻力原理養成的習慣）。反過來，如果你手上有很多不同的工具，便可以找出最適當的來使用。一個擁有廣大而靈活的習慣領域的人，他便有足夠的工具可靈活有效地使用，而能得最大的效果。

擴展習慣領域可使你的工具箱內的工具越來越多、越來越豐富，讓你能靈活的取出有效的工具，使你更有效率、能力和智慧。當你擴展習慣領域之後，你會有更寬廣的視野，從不同的角度去看、去了解世界萬物和問題。本章將介紹**八個有效擴展習慣領域的方法**。

一、虛心地積極學習

積極學習是擴張習慣領域的最基本方法，人人都曾使用過。每當你想增進知識時，便會積極學習。

例如，當你想做一道菜時，可能會去翻食譜，或是虛心向人請教做菜的方法，然後一步一步地跟著做。翻閱食譜和請教他人，這些都是積極學習。如果你不懂股票買賣，而打算投資買股票時，你會去請教投資專家或是參閱投資手冊，這也是在積極學習。

這裡要強調的是不斷地積極學習。唯有不斷地積極學習，大腦的無限潛能才會被激發出來。多看好書、多聽好的演講、積極地做事、實踐抱負，這些都是良好的積極學習。只要你用心，大腦皆有能力編存新知（電網）。

另外，我們要強調的是虛心學習，把原來的成見暫時拋開，讓新的想法、看法容易占有我們的注意力；否則，學習的效率就很低。

禪師倒水

有一位學者，處於中年危機期，特地請教一位禪師如何解除痛苦。

學者一見禪師便不斷談自己的煩惱和感受，完全沒有給禪師開口的機會。

禪師見這情境，開口對學者說：「你說了那麼多，大概也有點口渴了。我們何不進茶館裡，坐下來再談。」

學者隨禪師走進茶館，坐了下來，又喋喋不休地開始講話。禪師不慌不忙地準備了一壺清茶，慢慢地把茶倒進學者面前的杯子裡。

學者本來談得興起，突然發現面前的杯子茶水已滿，但是禪師仍然繼續把茶倒進去，慌忙說道：「禪師，杯中的水已滿溢了，爲什麼你還要繼續倒茶進去呢？」

禪師有智慧地說：「是啊！杯中的水已滿，杯外的水如何進得去呢？」

當我們充滿成見時，便很難接受新的事物。因此必須暫時把成見拋開，虛心地學習。

如何才能虛心學習呢？我們需有尊敬的心。對人、對書、對事物有尊敬的心時，我們的心自然就會打開。還記得上章提過「人人都是無價之寶，都是神或佛的化身」，我們能不對他們尊敬嗎？「所有事情發生都有原因，其中一個主因是幫助我們成長」，我們能不帶著敬意虛心學習嗎？

虛心向書本或他人請教、學習時，其實是在「模仿」書中的方法、書中人物成功的經驗，或是他人寶貴的心得。我們若能充分掌握有效「模仿」的四重點，將能更有效地學習，更快擴展習慣領域。

「模仿」有四個基本步驟：

1. 明確找出目標

如果事事順意、所要的皆能如願以償的話，你想達到什麼樣的人生和境界？暫時拋開你的一切不安、能力限制和顧慮，問自己：如果沒有任何限制，你究竟想得到些什麼？達到什麼人生境界？

2. 找出古今中外哪些人曾達到你要的境界

有沒有人曾經做到你想做的事，或達到你想過的生活？列一張表，看看這些人有什麼共同的特質？或他們的習慣領域有什麼通性？

3. 積極向模範人物學習

如果你仰慕某個歷史人物的成功，就盡量徹底研究他或她一生的事蹟，當碰到難題或挑戰時，他們是如何應付？他們的習慣領域是如何擴展的？

如果你的模範是朋友或同事，就觀察他們、認識他們、看他們在不同情況下，有什麼不同的表現。當你這樣做時，腦海中就建立起這些人習慣領域的電網，把這些模範人物的言行融合在自己的潛在領域中，他們的習慣領域就成爲你習慣領域的一部分。

4. 利用模範人物幫你做決定

面對一個挑戰時，問問自己：「如果我的模範人物遇到這種情況，他會怎樣處理？」這一問，會讓你將有關該模範人物的電網由潛在領域中取出來，占有你的注意力，變成實際領域的一部分，幫助你像那模範人物一樣去思考和解答問題。

理想的模範：連敵人都愛了，何況是自己的太太！

曾經有一位朋友，他的妻子不幸病逝，留給他一個三歲的兒子。朋友的生活受到很大的打擊，他工作之餘，還要身兼母職，照顧兒子，令他壓力很大。一年之後，朋友宣布再婚，新任妻子立即負起照顧家庭的擔子，他也重新全心投入自己的工作上。

然而，新家庭很快便出現了問題。他妻子的脾氣變得越來越不好，並且有精神抑鬱的情形。到後來，甚至絕食，整天困在房間裡，完全不理他的兒子。

我的朋友爲此非常苦惱，他問：「是否應與這樣的太太離婚較好？」我知道他是一個十分虔誠的基督徒，能把整本聖經的故事倒背如流。於是我問他：「如果你是耶穌的話，你會怎樣處理這個局面？」

當時，我的朋友馬上生氣起來，說：「耶穌是神，而我只是一個凡人罷了。我怎麼能和耶穌比！」

我說：「這個當然。但是你想一想如果耶穌有一位太太，而祂的太太表現跟你太太一樣時，祂會怎樣做？」

我的朋友一下子呆了，他想了又想，終於開口說：「耶穌連祂的敵人也愛，更何況自己的太太呢！我得對太太多關心、多了解，讓她知道我其實是很愛她的。」

後來，他眞的對太太道歉，並且許下諾言，以後不會再忽略她。太太十分感動，對他訴說埋藏很久的心事。

她說：「和你結婚後，我就成爲孩子的母親，你知不知我內心負擔有多大？然而你不僅沒有分擔，反而一天比一天沉迷於工作，對我不聞不問。我在未嫁你前已經擔心，你和我結婚只不過是要替孩子找個全職保母，你對我的疏忽更進一步證實我的憂慮。」

這時我的朋友才恍然大悟，明白了自己的錯，開始對太太眞心體貼關懷，成爲一個好丈夫、好父親。從此，一家人快快樂樂地生活。

這個故事的重點在於我問的那個問題：「耶穌在這種情況下會怎樣做？」因爲我朋友是虔誠的基督徒，他對耶穌有非常強而有力的電網，這問題即時喚起了他腦海中有關耶穌德行的電網。這些電網其實一直藏在他潛在領域裡，一經提出來，它們就成爲我朋友做事的模範。

如果希望你的孩子長大後有勇氣、氣度和慈悲心，你可能會從小不停地對他們灌輸這些德行、觀念，然而你發覺效果十分有限，那麼，不妨換個方式，給孩子一本他所仰慕的偉人傳記，他可以是一個運動家、工程師、企業家、宗教家，或是政治領袖。當你的孩子開始讀這本傳記時，它們就會成爲他潛在領域的一部分。這德行的種子自然會在他的習慣領域裡發芽。

你可能會懷疑：「孩子這麼小，看過的書很快就會忘了。這些傳記怎能對他有如此大的影響？」不錯，孩子可能只會記著這些人物生平的一部分，但是他所讀的實際上會在他的腦中留下印象，在潛意識上持久而微妙地影響著他的一言一行。

我們再強調一次，積極學習時，需要特別注意到「虛心」的工夫。我們必須要具備誠懇、謙虛的態度，因爲這樣別人才會感受到你的誠意。我們必須放下身段，用尊敬和欣賞的心對待那些教導我們的人。

二、升高察思

我們常聽到「頭痛醫頭，腳痛醫腳」，這是針對特定症狀而給予的特定治療。同樣的，在處理問題時，我們也有一個傾向，針對所見到的問題表象，立刻去思索解決的方法。

而這種方法固然能迅速解決一時的症狀或表象，但如果沒有徹底了解引發這些症狀的病因，或導致問題的眞正原因，那治療或解決方法便無法達到眞正的效果。

面對問題或現象時，不要只停在原來位置觀察我們所看到的問題表象或現象，要從更高一層的位置，來觀察這些問題與現象和尋求答案。如此，我們才能更清楚掌握、了解發生這問題或現象的眞正原因，也才能找到眞正解決問題的方法或答案，即「升高察思」。

「站得高，看得遠」、「欲窮千里目，更上一層樓」是大家常常提到的，但實際上，我們常忽略了應用。試想，如果子女能站在父母的立場來看問題、員工能站在主管的立場來想問題，所看、所想的點子會不會增加？

另外，在一個社會裡常有一些小系統組成一個較大的系統。例如，由銀行、合作社、證券行等組成金融系統；再由金融系統、產業系統、服務系統、交通系統等組成了經濟的體系。如果我們的位置是銀行系統，而能站在金融系統的位置來看問題時，點子自然就多起來；同樣的，如果站在經濟體系來看原來的金融問題，很自然點子會增加、習慣領域也會打開。

明師父母心

每逢考試前一天，經常會有學生來詢問我準備考試時遇到的問題。

有一次，一個學生打電話給我，在答錄機上留下他的名字和聯絡電話。

會議完畢後，我回電給那學生。電話響了幾遍，轉到答錄機上。我說：「我是游教授，收到你的電話留言。如果你回來可打電話到學校或是我家。我會設法幫你。」

那天下班前，我又打了個電話給他。可是仍沒有人在。晚飯之後，我再嘗試一次，終於有人接聽了。

「我是游教授，請問彼得在嗎？」

「游教授嗎？」那人感到很意外，「彼得剛好出去了，他要到學校準備明天的考試。我是他的室友。」

「你知不知道他什麼時候回來？」

「我不清楚。」

「如果你見到彼得，請你告訴他我打過電話給他好嗎？」

「沒有問題，謝謝你。」

這天晚上，我忙我的寫作，也一直沒有收到彼得的電話。晚上十一時，要睡覺時，我想：「我嘗試找過他幾次，整晚他沒有來電話，大概問題已經解決了吧！我應該可以安心去睡了。」

然而，當我躺在床上時，忽然間又想：「如果彼得是我兒子的話，我一定會很擔心他明天考試遇到問題不能解決的痛苦，而且會想盡法子幫助他的。」

因爲我把自己由老師的身分升高到爲人父母的地位，心裡對這位學生的感受深刻了很多。於是我立即起來，拿起聽筒再打電話找他。

接聽的仍是那位彼得的室友。他顯然沒想到我會在這麼晚的時候還打電話找彼得。

「彼得現在在朋友家裡準備明天的考試。你要不要他的電話號碼？」

「好啊！」

我照著號碼撥電話，終於找到了彼得。

「游教授？這麼晚還打電話給我？」彼得聽起來十分驚奇。於是我把事情的經過以及我從他父母角度的想法告訴他。

「游教授，實在勞煩你了！那個問題我們已經解決了。不過，我眞的十分感激你的關心！我們現在一堆人正在努力複習，希望明天考得好成績。」

我又鼓勵了他們幾句，然後才掛上電話。回到床上時，我感到非常平靜，同時也十分滿足，很快便進入夢鄉了。

那次之後，班上學生對我多了一份親近感。他們上我課時充滿熱情，而我也受到他們的滋潤，充滿了教學的動力。並且對教學之道有了新的感悟。

很多公司爲了培養人才，都會刻意對那些有潛力的員工採用輪調的方式，給他們機會在每一個部門中工作、磨練，以求擴大他們的習慣領域和能力。這些可造之才，若能升高一層察思，站在上級的角度來看，當知上級的用心良苦，而珍惜到各部門學習的機會，努力地在各部門學習，則未來在工作上必能更上一層樓。

一個人若能常站在主管的立場來想、來看問題，他的見識自然就會不斷地增加，其實這樣做是在訓練自己、爲自己當上主管做準備。

少年卡內基

許多人在工作上常認爲把自己的工作做好就好了；若主管把他調到生疏的工作崗位，他常會抱不平，這是許多人無法有非凡成就的主要原因之一。

美國鋼鐵大王卡內基在十多歲時是一名送電報人員，他的工作是把電報送到收訊人手中，可是卡內基除了做好他份內的工作之外，還特別去注意並學習傳送電報的「摩根碼」，同時他也隨時隨地觀察電報局的主管，看主管每天是如何處理各種日常事務及突發狀況，並且記在心中。

有一次電報局發生故障，恰巧電報局的主管又不在，大夥都不知道該如何處理。這時卡內基便回想平時主管處理這種事件的方法，於是依照這程序去做，結果成功地解決了上述難題。當他主管回來知道此事後，非常欣賞卡內基的才能。

後來卡內基進到鐵路公司，從事鐵路建設的工作，他也是抱著相同的工作態度，正由於這種良好的工作態度，使他日後成爲成功的企業家。

三、事物的聯想

任何事情都可以互相聯想、找出彼此的共同關係或不同之處。而透過對這些事物異同之處的歸納、比較，常常能使我們對這些事物有更進一步的了解，甚至有不同的啟發。這些深層的體認、了解及新的啓發，很可能就是解決問題或事情的答案，更有可能是一項新的發明。當然，我們的習慣領域也會因此豐富了。

這時代的科技日新月異，生產週期越來越短、顧客要求越來越高，速食文化越來越流行。如果公司的習慣領域不能隨時代的潮流轉化的話，將會跟不上潮流而被淘汰。

時代潮流有其節奏和韻律。如果我們能掌握這節奏和韻律，便可以隨著它來唱歌跳舞；如果公司管理能以跟著潮流唱歌跳舞爲目標，很自然便可以警覺時代潮流的重要，而在潮流中享受它的音樂、節奏和舞步。

而我們在什麼地方用了類推聯想呢？

類推聯想其實妙用無窮，下面舉兩個比較輕鬆的例子與讀者分享。

與馬結婚

美國有一位法官批准了一對同性戀女子的結婚要求，理由是她們相親相愛。一位農夫看到這個消息，極爲憤慨；因爲他對同性戀很反感，認爲法官的判決理由非常荒唐。於是他帶著心愛的牡馬（母馬），到法院請求那位法官准許他與馬結婚。

農夫對法官說：「我與馬相親相愛、相依爲命，請仁慈的法官大人允許我們結婚。」

法官明白農夫是衝著他來的，心想：「如果我准許他與馬結婚的話，一定會受到世人的嘲罵，因爲馬畢竟不是人。然而如果我不讓他與馬結婚，我又不能反駁他『相親相愛』這個結婚理由。」

法官一時左右爲難，只起身說：「今日休庭，明日再判。」

法官回到家中，看到幼小的兒子，忽然靈機一動，想出了一個應付農夫的辦法……第二天開庭後，法官問農夫：「你與馬相親相愛，是嗎？」

「是，大人。」農夫答道。

「請問馬今年幾歲？」法官又問。

「三歲半。」農夫說。

「咦，這樣看來，你要與馬結婚是不能的，因爲馬的年紀太小。依據本州法例，未成年結婚須得父母或監護人同意，你能拿出牠父母的同意書嗎？」

法官也許是一個泛性愛主義者，他在判決同性女子結婚時，類推聯想到異性既然相親相愛就能結婚，那麼只要相親相愛，同性也可共結連理。農夫也應用了類推聯想，既然相親相愛就能結婚，那麼他與心愛的牡馬也可以要求結婚了。

法官對農夫的要求一時左右為難，後來回到家中看到自己幼小的兒子，聯想到婚姻的年齡限制，結果順利地化解此一難題。

紀曉嵐、乾隆和屈原

乾隆皇帝很欣賞一位翰林學士紀曉嵐，因紀曉嵐能辯善道、機智過人。一天，乾隆和紀曉嵐到御花園裡散步。乾隆忽然問紀曉嵐：「紀卿，忠和孝怎麼解釋？」

紀曉嵐說：「君要臣死，臣不得不死，此為忠；父要子亡，子不得不亡，此為孝。」

乾隆以為紀曉嵐中圈子了，說道：「我現在以君的身分要你現在去死！」

「這……」紀曉嵐慌亂起來，但隨即想出了好主意，便說：「臣領旨。」

乾隆於是好奇的追問：「那麼你打算怎樣死？」

紀曉嵐又害怕、又緊張地小心回答：「跳河。」

乾隆一揮手，說：「好，你立即去跳吧！」

紀曉嵐走後，乾隆便在花園裡踱著步，心想紀曉嵐將如何解脫這難關。他心中又好奇、又緊張，因他也怕紀曉嵐真的尋死去了。為了紓解緊張的情緒，他吟起古詩來。誰知一首還未吟完，紀曉嵐便跑回來了。

乾隆問：「紀卿，怎麼你還沒有去死？」

紀曉嵐說：「我剛剛碰到了屈原，他不讓我死。」

乾隆臉上立即掛上一個大問號：「你這話是什麼意思？」

「剛才我走到河邊，打算跳下去。這時本來平靜的河水突然湧起了一個大漩渦，好像有東西要從水裡冒起來一樣。當水花靜止後，我才發現從水裡冒起來的是從前楚國的忠臣屈原。」

「眞的嗎？他對你說了什麼？」

「屈原指著我說：『你爲什麼要跳河？』」

「於是我把剛才皇上要臣盡忠的事情告訴他。」

「他說：『這就不對了！想當年楚王是昏君，我不得不跳河。可是我看當今皇帝尚算聖明，不應該再有忠臣要跳河啊！你應該趕緊去問問皇上，他是不是也是昏君？如果他自認是昏君，那時我們再作伴不遲呀！』因此臣只得跑回來。」

乾隆聽了，禁不住哈哈大笑起來。對紀曉嵐說：「好一個靈活的頭腦和如簧之舌！好了，算朕服了。」

紀曉嵐不愧才智過人，當他聽到乾隆皇帝以「君要臣死，臣不得不死」來要他示忠，立即便聯想到歷史故事：「楚王昏庸，屈原投河自盡」。紀曉嵐把自己和屈原相比，又把乾隆跟楚王相比，巧妙地運用事物的聯想，而解決了乾隆設下的難題。

四、改變有關的參數

每一件事、東西都有它的參數，例如身高、體重、膚色、眼睛大小、鼻子大小、嘴巴大小、視力、聲調、聲品……等等，都是我們身體的參數，如果我們把參數變大或縮小，就會有不同的看法和概念。

人體的放大縮小

想像把你的身體放大十倍，再放大十倍，連續八次之後，你的身高就會比地球的直徑還大。當你變化那麼大的時候，看地球就不一樣了。反過來，想像把你的身體縮小，變成原來的十分之一，連續八次之後，你就可以比一個細胞還小。人活在地球上，細胞活在人體，很巧的，大小的對比都是十的八次方。

若癌細胞是無限蔓延的細胞而使人死亡；人類人口的膨脹也非常迅速，尤其是近代，人類進步、環境生態破壞。有人說人類已征服了地球的表面，如果這是對的話，請問人是不是地球的癌細胞？當這樣類推聯想時，我們環保的觀念有沒有新的想法？有智慧的人當然不是地球的癌細胞，因爲他們會設法保護地球的。

年輕寡婦的孤獨

一個人的配偶如果突然去世，一定會感到悲痛和孤寂。曾經有這樣一個故事：有位年輕的寡婦，丈夫突然去世。她心裡十分悲傷，在墓碑上寫：「你離我而去，令我這麼悲哀，如何忍受！」

隨時間（一個參數）消逝，這寡婦有一位很要好的男朋友。兩人感情逐漸成熟，男朋友向她提出結婚的請求。

不過，寡婦心裡一直惦記著自己在先夫墓碑上擬的碑文（實際領域的僵化），她並沒有答應和男朋友結婚。

她的男朋友再三向寡婦追問，終於得知她的心結。這位男朋友是一位很聰明的人，他說：「這還不容易？我們只要把墓碑改一改便行。」

他找人在墓碑上多加「孤獨」兩個字，碑文立即換了一個意義：「你離我而去，令我這麼悲哀，如何忍受孤獨！」

既然她不能忍受孤獨，當然只好再嫁了！

在故事中，寡婦爲丈夫所立碑文：「你離我而去，今我這麼悲哀，如何忍受！」其中的「忍受」隱含了兩個參數：「悲哀」及「孤獨」。後來她要再嫁，爲免落人話柄，她的男朋友想到了把這「忍受」所隱含的參數明確化成「孤獨」，結果碑文的意思變成要忍受的是「孤獨」。這樣一來，寡婦要再嫁便成順理成章了。

而這寡婦由「悲哀」而變成「孤獨」的過程中也隱含了一個眾生平等的參數——時間。由時間的轉化，人可由悲傷而變成喜悅，由低潮而高潮；大自然也因時間參數的變化，千變萬化。

每個決策也都有它的參數，包括：有什麼可能方案？決策準則是什麼？決策的可能後果？你的喜好是什麼？……如果我們能換一個角度思考，改變一下參數，說不定會改變整個決策。比如說，一個公司剛開始只有十個員工，它的管理方法和變成一百人、甚至一千人時，是絕對不一樣的，否則就無法繼續生存。

同樣的，你也可以改變某些影響個人的參數。如果你沒有足夠的時間來完成一天的工作，那麼早起一個小時如何？改變了這個起床時間的參數，一週便足足多了七小時，差不多等於多了一個工作日呢！一年下來，你就增加了三百六十五小時，也就是四十多天的工作日了！

水和火有用途，它們必須有適當的「量」。濛濛細雨中，你和愛人傘下漫步，格外有情調，但當水太多太大時，暴雨成災會造成無窮禍患。雪夜火爐旁的柴火使人暖烘烘，但摧毀家園的烈焰卻是災難啊。

D 楚莊王葬馬

楚莊王非常寵愛他的一匹馬，給牠穿華麗的衣服、住舒適的房子、吃營養豐富的食物，如棗脯、花生等。由於馬過於肥胖，一病就死了。

楚莊王對此十分悲傷，打算用對待大夫（一種高官）的禮節來埋葬這匹馬。左右大臣議論紛紛，認爲這樣不妥。但楚莊王卻下令說：「爲葬馬的事來勸諫的，就處以死罪。」

優孟聽到這件事，沒有畏懼退縮，進宮求見楚莊王。一見到楚莊王，優孟便嚎啕大哭起來，楚莊王驚訝地問他原因。優孟說：「馬是大王的寵物，以堂堂楚國之強大，卻只以大夫之禮遇來葬這匹馬，眞是太草率了！應該以君王之禮來埋葬牠才對啊！」

楚莊王問：「那麼該怎樣做呢？」

優孟說：「請大王用雕玉來做馬的棺木，派人請齊、趙、韓、魏等國的使者前來悼唁，讓諸位大臣和全國老百姓披麻戴孝。這樣，天下就會知道，大王您是愛馬勝於愛人了。」

楚莊王當即省悟，嘆道：「是我自己的過錯啊！但事已至此，該怎麼辦呢？」

優孟說：「請大王按對待一般牲畜死亡來做就行了。」

於是楚莊王把馬送人宰殺烹煮，使牠葬於人腹內。

如果優孟直接勸楚莊王按照常規對待死馬，他必招惹殺身之禍，因此他不直接進諫，反而順著楚莊王的意思，甚至要求楚莊王用比大夫之禮更隆重的方式（君王之禮）埋葬馬。他這樣做，其實正是把「禮遇規格」這一參數極端地改變了，從而引起楚莊王的警覺，使楚莊王的實際領域得到轉化，達到進諫的目的。

請諸位想一想，如果我們要向上司、長輩、下屬或子女提建議時，採用優孟的做法，即順其意、但極端改變某一參數使被建議的人警覺，這種方法在什麼情況下比較有效呢？

五、改變環境

你看過大偵探福爾摩斯的故事嗎？當福爾摩斯想解決一些困難的案件時，他是把自己關在圖書館裡、還是坐在椅上想半天呢？不是，他會到劇院去看戲，藉此改變工作的環境，把自己從工作的環境中抽身出來。

鋼鐵大王卡內基每年都會抽一段時間到歐洲去巡視、旅遊，藉著環境的改變使頭腦清晰、了解各地的情況，使他更能看見人類眞正的需要。同樣的，一個科學家研究遭遇瓶頸時，不妨試著去看各種不同的書本，經由實際領域的改變，吸收不同的知識，也許對本身的研究會有所突破。而要成爲公司的領導者，就必須到公司各部門（或不同的公司）去了解，經由不同環境的刺激和磨練，才能擴大本身的習慣領域，領導公司踏上成功之路。

改變環境對擴展習慣領域非常有效。當你在一個新的環境時，這個新環境或多或少會提供一些新的訊息，由外來訊息的進入，HD的實際領域隨著轉化，可達領域也可轉化擴大，潛在領域甚至也得到擴展。當你的習慣領域將新訊息吸收內化之後，HD便得到擴展，你就能駕輕就熟地面對下一個新的環境、新的挑戰。

改變環境的方法有很多，例如搬家、旅遊、看書、改換工作等等。

1. 搬家

「孟母三遷」是歷史上著名的故事。當孟子與母親住在墳場旁邊時，孟子學起做法事來；孟母認爲不好，就攜孟子搬家。他們搬到屠場附近，孟子看見人家殺豬，又學殺豬，甚至學豬叫；孟母認爲這樣不得了，於是再搬家。他們搬到學校旁邊，孟子於是學人家讀書、識字，最後終成爲亞聖。

在不同的地點，面對不同的環境和訊息，自然會轉化我們的實際領域。環境透過外來訊息，不但影響注意力，也影響一生。如果孟母不是如此有智慧和堅持，孟子或許就不是亞聖了。

當然，我們不可能爲了改變環境一天到晚搬家，其實只要我們把家中的陳設改變一下，就會有不同的感覺。這些新的景象同樣可以給我們新的靈感和思考的機會。

2. 旅遊

所謂「讀萬卷書，行萬里路」。到不同的地方旅遊，接觸到不同的風土民情，這些外在刺激自然會引發我們不同的想法，對擴展習慣領域有很大的幫助。不過旅遊也不一定要到國外才有功效，週末看有關異國風光、文化的電影，或到鄰近地區短途旅行也是十分有用的。

3. 讀不同的書

如果你是佛教徒，不妨打開《聖經》讀讀；如果你是基督徒，看看佛經也會打開你的領域。如果你是國民黨員，不妨聽聽民進黨的言論；如果你是民進黨員，不妨聽聽國民黨的言論。如果你愛搖滾樂，試試找齣歌劇來欣賞。

4. 做不同的工作

如果你經常都是做工程的工作，偶爾從事藝術活動，如作畫、音樂等，或是傳教活動，你會有很新鮮的感受。因爲在不同的環境和設施之下，實際領域會得到轉化，可達領域也可轉化擴大，甚至潛在領域也可得到擴展。新的念頭跑出來，我們因而會有恍然大悟的感覺。

小小孩逛百貨

有一位年輕的太太，喜歡週末帶她三、四歲的小孩逛百貨公司。她的小孩常常不守規矩，往往大吵大鬧，不聽使喚。

太太對小孩的舉動不以爲然。有時她會用利誘的方法，給他買些糖果或小玩意來安撫他；有時她會用威嚇的方法，對小孩厲聲責罵。然而，不管威嚇或是利誘，小孩總是安靜一會兒後又鬧起脾氣來。她對自己小孩的舉動完全摸不著頭緒。

太太某次與一位有智慧的牧師談起這件事。牧師聽罷微笑道：「你的小孩身高不過兩、三尺，他看到的東西跟你看到的不一樣呢！下次你再去百貨公司時，不妨坐在矮椅上面，從這個高度看四周。也許你會看到小孩情緒不安的原因。」

不久，太太又到百貨公司去，依照牧師的話做之後，只見圍繞身邊的全是一雙雙或走著或站的腿，心裡不由得緊張害怕起來。這個由小孩的位置來看事物的經驗給太太很大的警覺。她明白了小孩不安的原因，於是會爲小孩著想，在逛百貨公司時把他抱起來，讓他也能看到美侖美奐的櫥窗和裝飾。小孩十分高興，自然聽她的話。

當我們運用搬家、旅遊、讀不同的書，或做不同的工作等方式來改變所處的環境時，就會接收到許多和以往大不相同的訊息和知識，如果能把不同的訊息、知識加以內化整合，這些訊息就會變成我們習慣領域的一部分。當需要時，就會比別人想到更多更好的點子、念頭，自然比別人更勝一籌。

升職的前兆

我有一個好朋友，在美國拿了博士學位，在AT&T工作了十幾年。後來台灣一家電子公司請他回台灣當產品設計及行銷部經理。我的朋友表現極受公司的賞識，而他也十分喜歡這份工作。一切都非常順利。可是有一天，總經理忽然把他召到辦公室，說要調他去人事部和採購部當經理。

為了總經理這個安排，我的朋友十分苦惱。他約我出來見面，對我說：「我一向做產品設計和行銷，做得好好的，也有成就感；對人事和採購卻是一點不懂，也沒有興趣。不知公司是不是想要冷凍我，才安排我去做我沒有能力、沒有興趣的工作啊！」

我仔細聽完他的陳述後，先恭喜他，然後說：「如果老闆要冷凍你，他何需這麼做呢？你現在有行銷的經驗，如果能認真去做人事和採購，你的能力就更多元，能力自然就比別人高，對不對？」

「公司這樣的安排其實是要你擴大能力，使你將來可以承接更大的任務，如副總經理或總經理！」

朋友接納了我的意見，欣然接受了公司的安排。當他轉到人事部和採購部時，他充滿熱心、認真地學習新環境的事物和擴展知識。漸漸他不但產品設計和行銷做得好，連對人事關係和採購的運作也瞭如指掌。沒幾年他已是那間電子公司的副總經理了！

六、腦力激盪

透過腦力激盪，我們可以把許多潛藏在每個人潛在領域中的想法、念頭取出來。經由這種方式，我們便能看到、聽到許多潛藏在別人腦海中的好想法或點子，如果能敞開心胸，並欣賞、珍惜別人這些好的想法、點子，而將它們內化成自己的HD，如此一來，HD便能不斷地擴展。除了個人之外，公司、群體也能經由腦力激盪方式，集思廣益，而擴展公司、群體的HD。

人們常常會說：「三個臭皮匠勝過一個諸葛亮。」這就是集思廣益的道理。

腦力激盪有兩個重要的步驟：第一步是**分離激發過程**。一群相關的人，為一個共同的問題或目標，集合在一起，無約束地自由發表、記錄不同的看法，寫下來後，隨機重新組合。

這個過程中互相尊重珍惜不同意見是很重要的；如此，參與者的心才會打開，才有可能提出好的點子。千萬不能讓某一個人堅持己見，甚至批評或打壓別人；如果有一個人開始批評別人，被批評的人心就關起來保護自己，同時也會相互回報，如此參與人的心都漸漸關起來，腦力激盪就難發揮力量。

比如說，一枝鋼筆如何才能夠創造附加價值？我們可以想像不同的東西：

- 加上小燈泡，黑夜裡可發光找東西。
- 由多節鋁管組成，拉出可當教鞭，收縮時又像鋼筆。

- 加上雷射光，可以做銀幕的指示和強調重點，增加上課或表演的效力。
- 加上遙控器，可控制要呈現在銀幕上的內容和次序。

腦力激盪的第二步是**收斂整合過程**。我們用心力集中的方法來類推、聯想、歸類，找出共同的目標或解決問題的方法，而得到最後的共識。

要有效進行整合，必須著重團體目標的達成，不能各持己見，甚至批評爭吵，否則儘管有許多好的看法，若沒有有效整合，腦力激盪仍毫無用處。

在腦力激盪的過程中，最重要的是彼此的尊重和信任。如果你是一位腦力激盪會議的主導者，更要格外注意，要讓參加的人覺得自己受信任、被尊重，不管他提的意見有沒有用。

很多好的策略和產品都是一群人同心協力共同想出來的，例如我們現在常用的數位相機，也是一群人腦力激盪的結果。

瞎子摸出象

有一群瞎子爲了要知道大象的模樣，於是一群人輪流摸摸象。每一個人摸了之後對象的形容都不一樣。

有一個人摸到肚子之後說：「像一面牆。」

又有人摸到耳朵說：「像一把扇子。」
另一人摸到腳說：「像一根柱子。」
有的摸到鼻子則說：「象好像一根管子。」

這個故事告訴我們，當出發點或立場不同時，就常會有不同的看法和意見。這常是衝突的主要來源之一。

如果這些瞎子能夠尊重、珍惜不同的看法，透過腦力激盪，聚在一起討論，也許最後他們可以得到如下的結論：象的身體可能像牆一樣高大，像柱子的部分可能是四條腿，另外耳朵可能像扇子一樣，而像管子的地方大概是鼻子了。最後眾人對象的外形就有較清楚的了解。

瞎子摸象之後，每個人對「象」都有不同的形容，這是一種分離過程的想法。每個人自由發表自己的想法，這些想法都是站在本位主義的角度來看事情。如果再經過收斂整合的過程，瞎子們依類推聯想，便有可能勾勒出象的長相。在腦力激盪的過程中，不管對方的意見是否有用，都應尊重、珍惜彼此的意見，這樣腦力激盪的方法才有可能產生效果。

我們有時會對事情毫無頭緒，好像瞎子看不見「象」一樣。但是如果集思廣益，蒐集不同人的意見，再加以重新組合，找到適合可行的方案，這樣便可以對原來完全不懂的事摸出七、八成可能的樣子，走出解決問題的第一步。

而個人也可藉由腦力激盪來找出解決事情的方法：有時候藉著角色的轉換，把自己的處境換成另一個角色。當我們換成另一個角色後，便可將這個角色潛在的電網取出來解決問題。

例如要設計一個新的玩具給小孩子玩，可以假想如果自己是小孩子，會喜歡玩什麼樣的玩具；又把自己放在做父母的角色上，會不會有意願購買（例如是否具有啓發性、是否安全等等）；再假設自己是製造商，這樣的玩具是否容易生產、成本可行。這樣做的話，所設計出來的玩具則較有可能被市場接受。

七、以退為進

我們常常會發現一個現象：有時越想要了解的東西越是無法理解；等到不去想時，答案卻意外出現。爲什麼呢？

因爲當我們退出原來的問題時，便可離開原來的實際領域，而到另一實際領域和可達領域裡，答案也許就在新的實際領域和可達領域裡。

因此，**當我們僵住了、無法解決面前的困難問題時，不妨暫時把問題拋開，去散步、去做別的事情或去看場戲。由於暫時退出卡住的實際領域，新的實際領域和可達領域也許就有可能出現答案。**

意外得子

有一間家用電器公司的總經理，是家中獨子，傳宗接代的任務落在他身上。總經理三十歲時結了婚，夫妻兩人便努力要懷孕做人。可惜，這樣努力了三、四年，始終不能如願以償。夫妻兩人緊張起來，四處找醫生的意見，研究體溫、姿勢、情緒、飲食等等。他們拿著配方，非常努力地嘗試。有幾次，太太打電話到公司找先生，說體溫降低了（這是受孕的好時刻）；先生原本正主持會議，立刻請別人代他主持，飛快回家努力做人。可是妻子依舊不能懷孕。夫妻間該有的快樂漸漸變成了工作一樣。

這位總經理雖然望子心切，但也非常愛他的太太。他對太太說不要再強求了，決定領養一個小孩。從此，壓力降低了，而夫妻間快樂的生活又回復正常，而且很自然。出乎大家意料之外的是，在他們領養小孩不到一年之後，太太竟然有喜了，生了個白白胖胖的兒子。

這件事給總經理一個很大的啓發，他的經營理論改變了。從前他只著重公司經營的利潤，現在他最關心員工的福利。因爲他領悟到當員工快樂時，工作也會快樂，生產力自然提高，公司業務自然會好。

他這個新的經營理論一經使用，公司的利潤果然比以前大大提升了，員工的流動率也減半，整家公司變成大家庭那樣，成了一時的模範。

西方有一俗語：「快樂的乳牛，可擠更多更香的牛乳。」正是這總經理的體悟。有句話說：「休息是爲了走更長的路。」如果不休息，我們便很難有力氣繼續前行。

以下是一些以退爲進的概念和應用。

1. 暫時離開問題

當你做一件事做了很久又找不到答案時，最好的方法就是以退爲進。把問題暫時拋開，不要去想它，隔一段時間再思考，反而有機會得到更好的結果。因爲在不同時間、不同環境中，你會有不同的想法，在不同時空下你的實際領域和可達領域可能十分不同。當你以退爲進時，實際上取出不同的念頭和思路時，也許其中一些正是解決問題所需的東西。

2. 好的策略需要時間化育

當你碰到模糊不清或挑戰性問題而無法獲得答案時，不要灰心或沮喪，因爲好的策略是需要時間化育的。暫時把問題放下來，讓你的大腦休息一下；下次再來時，新的實際領域和可達領域也許就會把你的所需化育出來，而受到你的注意，如此就能得到答案了。

3.人際關係的轉化

以退為進的方法也可以幫助你改善人際關係。例如，你可能認為公司裡的一個同事是敵人。如果退一步想，對自己說：「他其實是我的朋友。」想想他曾經為你做過什麼值得你感恩的事。這樣實際領域變了，你對他的態度便有改變。也許因為態度改變，他真的成為你的朋友呢（請回憶相互回報的電網）！

八、靜坐禱告

當我們靜坐、禱告時，因壓力降低，許多潛在領域中的念頭和思路，便會有更多機會獲得我們的注意力。因此，我們常會有靈光一閃的頓悟或恍然大悟的體會。這是擴展我們實際領域的好方法。

釋迦摩尼的頓悟

我曾聽過這一個生動的故事。從前，釋迦牟尼為了修道而過苦行僧的生活，身體經常又餓又累。有一次，他在菩提樹下苦修，餓了很久，想由極端的餓中去悟道。忽然聽到一個牧羊女邊唱歌邊走過來。女孩唱著：「如果弦繃得太緊時，就會斷掉；如果放得太鬆，就沒有聲音。」

釋迦牟尼恍然大悟，發覺自己認眞苦修已超越了極端，反而難悟道。於是他向少女求取了一些食物，才返回菩提樹下繼續悟道，沒多久他就開悟了。

苦行僧透過挨餓、挨累來體會人生，可使人生更深刻，使他的習慣領域更廣大；這是有意義的。但是如果你繃得太緊，太餓、太冷或太累時，生理上的偵察便會創造很高的壓力，自然注意力轉移到如何解餓、解冷、解累上，其他潛在領域的訊息就很難獲得你的注意力。那時，要悟道是很困難的。因此，爲著效力，不要在太飢餓或太累時靜坐、禱告。

失而復得的手錶

從前有一個生意人，從外地做生意回來，買了一只很名貴的手錶。他每天在出門時，都小心翼翼地把它戴在手上；晚上回家後，也會非常小心地把它放好。一天早上，當他正要外出時，突然發覺手錶不見了。他非常著急，全家總動員尋找手錶。找了半天，幾乎把整間屋子每寸地方都搜過了，卻仍然不見手錶的蹤影。

生意人見家人心煩氣躁、非常疲倦，於是說：「我們不要再找了，大家坐下來向神禱告吧。說不定神會給我們提示，幫我們把手錶找出來。」

於是一家人便靜坐禱告。他們在心中默禱，屋內一點聲音也沒有。

忽然間，大家不約而同都聽到手錶機械裝置轉動的聲音，是從生意人的房間傳出來。他們高興地沿著聲音的方向，終於在他的外衣口袋找到了手錶。

我們每天都很忙，有很多事情要做，壓力很大。當人的壓力很大時，大腦的注意力便會被限制住，只有那些強而有力的電網（或念頭和思路）才能被我們注意。好像故事中生意人一家，當發現手錶不翼而飛時，心裡的壓力變得很大。他們一心只念著要把錶找出來，所以只想到要翻箱倒櫃，沒有注意其他的細節。直到他們靜下來禱告時，因爲壓力暫時降低，注意力能夠分配到其他事物上，因此連手錶機械細微的聲音也能聽到，結果手錶失而復得。

我們可以透過靜坐、禱告、鬆弛運動，和刻意暫時拋開未完成事情來解除壓力。有些日本公司要求行政主管每天靜坐二十到三十分鐘，他們發覺靜坐之後頭腦清楚很多，往往能夠解決一些本來想不通的問題，而且想事情可以想得更遠更深，常能警覺到剛在萌芽的問題而能及時防範，對公司業務有莫大的幫助。

宮本武藏授徒記

日本從前有一個年輕人叫柳川，他很仰慕宮本武藏的劍術，從遠方來到宮本武藏家裡，要拜他爲師，跟他學習武藝。柳川本來就已學了劍術，在拜師時問宮本武藏：「以我的資質，要練多久才能學成您的功夫？」

宮本武藏回答：「十年。」

柳川又問：「我希望父母能看見我武藝有成，十年實在太長了。如果我加倍努力，日以繼夜來練習，又要多久才能學成？」

宮本武藏說：「二十年。」

柳川不解：「爲什麼我加倍練習，花的時間卻更長？」

「因爲作爲眞正第一流的劍客，必須有兩隻明亮的眼睛，一隻眼睛是用來看外面，另一隻眼睛則是用來看自己。如果你日以繼夜地練劍，哪有時間看自己啊！」

宮本武藏教徒弟練劍，要求的正是內外兼顧的專注。把學到的招式暫時拋開，讓心靜下來，這樣才能使心力凝聚和放鬆。

學習、讀書與練劍一樣，如果我們只拼命讀別人的書而沒有時間內化，讀書的效果不會好。反過來，那些只憑自己想像、而不吸收別人思想的人，也不可能成爲一流的學者。

我們常聽到「人要成功、要超越、要巔峰」，這是很好的現象，因它給我們激勵，使我們有動力向上進步。可是在一般談論成功上，人們常忽略了內心世界的開發和豐盛。

我認爲一個眞正成功的人，應該有兩隻敏銳的「眼睛」（注意力），一隻觀照自己內心世界的習慣領域，一隻觀照外在世界的習慣領域。一個只注意外在世界而不注意自我內在世界的人，常會隨波逐流、不能珍惜自己無價的寶藏、不能開發自己無限的潛能，而獲得眞正心靈的自由和喜悅；反過來，一個只注意自我內心世界而忽略了外在世界變化的人，將很難適應環境、掌握環境，而獲得眞正的自由自在。

因此，我們每天應該至少抽出二十到三十分鐘的時間。讓自己的心寧靜下來，盡量把壓力歸零，好好享受寂靜。這樣做的話，你將會發覺自己的頭腦會更清晰，對事情、對自己有更多更全面的看法，獲益無窮。

總結

本章談了八個擴展習慣領域的有效方法，然而擴展了習慣領域後，並不表示我們就能隨心所欲，想什麼便得什麼。不過，如果努力地擴展本身的HD，那麼我們的HD便會不斷地擴大，而當HD得到擴展後，便可從更廣的角度來看問題、解決問題；同時，HD越是擴展，我們就越能了解和享受擴展HD的過程。

我們用一個圖來總結八個擴展習慣領域的有效方法。

下頁表格的應用：當我們碰到難題時，可先畫一井字，把問題的關鍵參數：人、地、時、

虛心學習	升高察思	事物聯想
改變參數	問題： 人、地、時、 事、物	改變環境
腦力激盪	以退爲進	靜坐禱告

事、物放在中間，然後把八個擴展HD的方法，分別置於「問題」的四周。仔細想想，每一方法能幫你想出什麼新點子；如此，對問題看法的HD便可逐漸展開。

如果你仔細觀看此圖，你會覺得，通過中間對角線對應的兩個方法，如「虛心學習」對應「靜坐禱告」、「升高察思」對應「以退爲進」等，是有密切對應關係的。請讀者細細體會。

最後我們將擴展HD的基本方法用一首詩來總結，方便讀者記憶。

擴展HD

游伯龍

虛心學習可升高
事物聯想觀參數
改變環境激腦力
以退為進靜祈禱

第十章　獲取深度智慧的方法（第三工具箱）

「可以觀察得到的實際領域」（實際領域指：此時此刻占有我們注意力的念頭、思路和行爲）只是實際領域很小一部分，而實際領域又是潛在領域（潛藏在我們腦海裡所有的念頭和思路的綜合）很小的一部分，因此要以「可以觀察得到的實際領域」來完全了解一個人的習慣領域並不是很容易的。

在此我們將詳細介紹九個**深度智慧原理**。這原理或方法可讓我們更有系統地由「可以觀察得到的實際領域」來了解整個習慣領域，它們可幫助我們了解自己及別人的習慣領域、打開並豐盛自己的習慣領域，並且幫助我們有效地了解和處理問題。這深度智慧原理就構成我們擴展豐盛習慣領域的第三個工具箱。

九深讓你穿索HD乾坤

一、低深原理

低深原理有兩個含意：

1.放下欲望，降低壓力

當壓力很高時，只有那些強而有力的電網（念頭、思路）才有可能受到我們的注意。如果能將壓力降低下來，那麼較弱的電網，包括許多不同的事物和許多不同的思考，便有可能受到我們的注意。由於壓力降低，原來看不到、想不到的東西就有可能浮現出來，讓我們看得到、想得到。

要取得深度智慧，每天清晨、臨睡前或某一方便的時間，得撥出一段自我寧靜的時間；對初學者，越規律越能產生效果。二十分鐘、三十分鐘都好，你可以靜坐、禱告、唸經、慢跑，甚至是享受一個舒適的溫水浴，或是坐著欣賞大自然。這樣你便可以把未完成的工作或計畫暫時拋開，放下欲望，從外來訊息的不斷轟炸中解脫出來，讓自己置身於可以進行深度及廣度思考的環境中。

你是無價之寶，絕對值得保留二十或三十分鐘寧靜的時間，好好地了解自己、與自己對話，並好好享受無價之寶的身體和心靈（習慣領域）。其實，保留這段時間給自己、保養自己、發揮自己，也是你對自己這無價之寶的責任和承諾。

孔子說：「知止，而后能定，定而后能靜，靜而后能安，安而后能慮，慮而后能得。」釋迦牟尼說：「戒、定、慧」這兩者是有異曲同工之妙的。兩位聖人皆在教導我們，如何通過放下欲望、降低壓力，讓我們能夠將事物看得更完整、切實，而獲得新知和智慧。

那些從來不讓自己靜下來的人、從早上起來忙到深夜睡覺的人，他們觀察事物往往只看到事物的一部分。因此，他們常常錯過欣賞自己、欣賞別人、廣結善緣和創造事業的好機會。

很多鬆弛的運動，即使是簡單短促的，都能夠幫助我們改變注意力的流向，轉化實際領域及可達領域，幫助我們進入深思中。思潮起伏不定時，嘗試做這些運動，你會發覺思緒會很快地平靜下來，而創造力便像浪潮般湧現。

以下我介紹一個簡易的鬆弛運動。

太陽運動

- 放鬆身體，兩腳與肩同寬站立地上，或是坐在一張舒適的椅子上。
- 深呼吸四次，放鬆自己，把眼睛閉起來。向前伸展兩臂，把手掌向上彎，想像兩個手掌捧著兩個光明溫暖的小太陽。
- 把手臂向上提升，直至手掌和頭在同一水平。把手心照著臉，想像那兩個小太陽暖暖地照著你的臉。

●好好感受太陽照在臉上的溫暖，正如躺在一個熱帶海灘上。

●慢慢移動兩手，使兩個小太陽能溫暖整個面龐和頭頂，清除所有的髒物而使臉的五官及頭清淨光亮。

●慢慢移動兩手，使太陽能溫照頸項和胸膛，並清除所有髒物，使頸項和胸膛的腺體、內臟和各細胞皆清淨光亮。

●再感受太陽的溫暖滲入肌肉中，一直滲到身體的細胞裡。想像每一個細胞都受到陽光的照耀，而活潑、清淨、光亮起來。

●如此，繼續將手及手掌沿著身體向下移，直到腳底，讓全身的細胞都因太陽的照射而活潑、清淨、光亮起來。如果你是站著的話，把手掌的太陽也照到背部的腰間。感受沐浴陽光中所帶來的舒適、清淨和光亮。

每天進行幾分鐘的太陽運動，感受其中的舒暢安詳。當你覺得壓力很大時，也來做一做這個太陽運動。

有一位身爲某大企業總裁的HD同修，每天一定做這個太陽運動。

她的工作，每天都需要把全身精力和熱力通通拿出來，幫忙解除同事、下屬和客戶的問題和煩惱；以前晚上回家時，整個人好像枯竭了一般。現在她每天上班前都會做這個太陽運動，她感到她不但可以用兩個小太陽的溫暖和能量滋潤自己，同時也可以把熱力和溫暖放射到所有需要的人身上。

做此運動或心身的韻律運動是一種電網，當你常做、有恆地做，這電網就會越強越有力量，眞的會感受到全身的光亮和清淨，此時你就眞正在享受你的身體。除此之外，它也能讓你離開問題、降低壓力，進而獲取更深更廣的智慧。

2. 謙卑的態度

老子說過：「海納百川。」爲何大海是眾水之王？因爲大海的位置比河川低，因此能讓所有河川的水，自由地流進它的懷裡。

不管我們地位有多高、權力有多大、財勢有多厚，如果能謙虛，就能吸取更多、更好的看法，而使習慣領域越廣大豐富。否則，好的看法、想法就難流到心田，使我們繼續成長。

畫家與藝妓

在日本相傳這麼一個故事。從前，有一位出名的水墨畫家，很多人喜歡他的畫，但他的畫異常昂貴，非一般人所能負擔得起；凡是請他作畫的，都必須事前談好價錢，並且要付訂金。

有一位艷名遠播的藝妓想借畫家來抬高她的身分。有一天，她到畫家家裡，問他能不能爲她作畫。

畫家說：「只要妳能付得起錢，我都可以畫。」

藝妓接著問：「你可以到我的茶館作畫嗎？」

「只要妳能付得起錢，我到哪裡都可以。」

藝妓覺得這畫家只是爲錢，從心裡看不起他。「你要多少錢我都可以給你，不過你必須在我指定的地方畫。」

「沒問題，只要妳付得起錢的話。」

於是兩人談好價，藝妓也付了訂金。兩人相約一星期後在藝妓的茶館見面。

一星期後，畫家帶著畫具到藝妓的茶館，只見館內聚滿很多社會知名人士。

原來藝妓因上次在畫家家裡時，見畫家只知要錢，心裡十分看不起他。因此，她約好了社會名流到她的茶館，借此機會來令畫家面子難看。

藝妓看見畫家來到，立即向眾人宣布：「你們都說這畫家很出名、很了不起。今天我給大家看一件令你們驚訝的事；我要證明這畫家只要錢，毫無人格可言！」

畫家聽到藝妓在眾人面前對自己的譏諷，卻顯得若無其事，面帶笑容問藝妓：「請問妳要我在什麼地方作畫？」

藝妓不肖地回答：「你就在我這裙擺上畫一幅好了。」

茶館內的賓客本來只是悄聲議論、對畫家指指點點，此時卻見畫家眞的兩膝一彎跪在地上，在藝妓的裙擺上作畫。有的人不忍看畫家受辱，嘆息一聲而離開；有的則怒上心頭，對畫家的「無恥」表現破口大罵。

畫家專心地作畫，對賓客的反應視若無睹、聽若未聞。不久，畫家把畫完成了，拿了厚厚的報酬便匆匆離去，茶館的人對他報以輕蔑的眼光，藝妓心中大快。

離開茶館後，畫家緊握著厚酬，乘車來到一間很大的糧莊，買了幾百斤大白米，然後才返回自己的村子裡。

第二天早上，他把白米拿到村子的市集去。村裡的窮苦大眾，無不趕到市集，耐心地等候畫家發放白米。

看著村民興奮感激地把白米拿到手上，畫家心裡十分安慰。此時一位年近八旬的老婆婆一拐一拐地走到他面前，對他說：「大善人，您眞是上天派給我們的神仙啊！村裡每次鬧饑荒，您都給我們賑濟，又捐錢給我們築橋修路，我們全村人都不知該如何報答你的恩德呢。」

老婆婆說罷便想跪下來，畫家立即扶著她。此時，昨日跪地作畫受辱的情景閃過他的腦海。不過，此刻他已不再介意藝妓的屈辱，賑濟的決心讓他再度堅定起來。

後來，他的善舉被傳揚出去，一直傳到那個藝妓的耳裡。藝妓知道自己錯怪好人，覺得很慚愧，再次拜訪畫家的畫室，向他誠心地道歉，又給他一筆可觀的金錢來助他賑災。

這位畫家爲了救濟自己村裡受飢餓之苦的村民，不顧面子地受藝妓的侮辱諷刺。由於畫家的謙虛堅忍，懷著一腔愛心和忍耐來賺取金錢，村民才能從貧困飢餓的苦難中解脫出來。當他的善行傳開之後，終爲其他人（包括當初侮辱他的那個藝妓）所理解，給他很大的支持。不僅當初的屈辱化解了，畫家行善的力量更充足。藝妓及其他被感動的人的錢財，不斷地流入畫家的懷裡，再透過他去做善事。畫家這份謙卑和忍耐實在很值得我們學習！

當人們受到侮辱時，往往直覺地要報復。不過，爲了達到人生更高的目標，我們可以訓練自己去忍耐它，這就是所謂的忍辱負重；我們可以更進一步訓練自己謙卑地接受和從中學習。在**受侮辱中真誠**、**謙卑**，**在受毀謗時忍耐**、**學習**；這是謙卑的極高境界（如這畫家）。

謙卑是一電網，若我們能常用它，它就會越強越有力量，而很自然地占有我們的注意力，幫助我們提高境界。

很多人認爲採取低姿態是一種弱者的表現，事實卻不然，謙虛低下經常是那些擁有智慧和力量的人的金石良言。當我們謙虛向人請教時，實際上是強化我們的地位。

二、交換原理

一個永遠關著或開著的門，將失去門的作用。同樣的，一個假設如果永遠不變或永遠都被排除，這假設也沒有辦法發揮它的作用。

交換原理就是說：**有時候要把有關的假設、前提或可能的後果拿掉、或換上去、或合併起來；如此，我們會產生千變萬化的假設和看法**。因爲假設或前提的組合不一樣，我們得到的結論便會有差異；反過來，因爲可能的後果不一樣，我們需重新看假設或前提及過程，因此，不同的看法會如泉湧般不斷地湧現。

比如說，當一個大廚師想改善廚藝，創造新的佳餚美食時，他會用這個交換原理，把原來的一些味道換成另一些，或是把食物的搭配交換一下，人間無數美食便由此而來。讀者不妨試看看把啤酒混合冰淇淋攪拌後來吃，尤其是在打完籃球後，你會覺「心涼脾透開」。把醬油倒一點在滿杯的啤酒裡，其滋味在幾杯經驗後也是別具味道的。

如果把眼前的現象視爲理所當然，而不曾探究其背後所含假設的眞正意義，就會像一些人，面對一些不合理信條時，只知道遵從卻不曾思考原因。相反，如果我們能善用交換原理——把眼前現象的解釋、背後的假設或前提拿掉，或者換上去或合併起來，將會發現各種不同的假設和看法。

青春痘

從「青春痘」三個字我們也可以運用「交換原理」得到四個不同的現象和想法。

- 有青春，有痘：這是正常現象，青春期長痘是發育成長的象徵。
- 有青春，沒痘：這是人人都想要的最佳狀況，青春又美麗；如果你能發明一樣東西，讓人家吃下去或佩戴在身上，立刻有青春、沒有痘，保證你可成爲億萬富翁。
- 沒青春，有痘：這就有些尷尬了；可是，我們可以自我解嘲：「青春已去，痘還在。還好，有痘留下來做紀念，可以回想以前快樂的青春。」
- 沒青春，沒痘：這很正常，用不著大驚小怪；上了年紀，取而代之的就是有智慧的皺紋了。

抱怨的顧客

你也許認爲一個常常抱怨你公司「產品或服務」不佳的顧客是頭痛的來源。如果你運用「交換原理」將「一個抱怨的客户是壞客户」的想法變成「一個會抱怨的客户是好客户，他使我們的產品和服務更有改進的機會」時，你會採取什麼行動呢？

由於把那個投訴的客户看成好客户，一定會盡量把他當成好客户般看待，會想盡辦法滿足他的需要，會對他特別關注，仔細聆聽那些過去不斷令你煩擾的投訴。這樣一來，你將能從中得到很多改善公司產品和客户服務的寶貴建議。

換句話說，不要逃避向你抱怨或投訴的客户，而要熱烈地擁抱他。他將會告訴你很多需要知道的東西。若我們能改變對客户的觀感，便能夠打開很多新的可能性。

不要小看「交換原理」，它是妙用無窮的。透過紅、藍、黃三個基本顏色的不同組合，可以造出無窮無盡的顏色和圖案；音樂的七個基本音，經過不同的交換和組合，也可以成就無數美麗的旋律、甚至噪音；「0」和「1」由不同的交換和組合就可創「數據系統」，今天高科技的產品，大多與這數據系統有密切的關係。

交換原理妙用無比。使用得當時，它可以把沉悶、尷尬、不利等局面扭轉過來，也可以有效地解除自己跟別人的壓力和痛苦。

HD 史達林與演員

史達林是近代史上出名的人，雖然有許多人形容他爲殺人魔王，但他卻是善用「交換原理」的高手。

第二次世界大戰，蘇聯幾乎被德國攻破首都。當蘇聯衛國戰爭成功不久，有一家劇團特別排演了一幕反映史達林領導這場戰爭取得勝利的話劇，以爲宣傳。

有一天，劇團在莫斯科大劇院演出，史達林親自前往觀看。話劇開始後，演員陸續登場，他們讓那些和戰爭有關的人物，活生生地重現於觀眾眼前，彷彿戰爭重演了一遍。

在眾多演員中，尤其以扮演史達林的那位主角表現最出色，他模仿史達林講話的聲音、語氣和姿勢，以及日常生活中的許多小動作，都十分逼眞、非常巧妙，不時博得觀眾熱烈的掌聲和笑聲。

表演結束後，史達林高興地走上台，跟演員們握手道賀表演的成功。當他走到那個扮演自己的演員前面時，他雙手緊握著演員的手，大聲嘉獎說：「你演得眞棒，我眞像你呀！」

「你眞像我」與「我眞像你」只是交換了「你」與「我」的位置，但它形容的境界卻完全不同。「我眞像你」可以使演員感到自己的演技出神入化。史達林善用交換原理使他展現出平易近人、謙遜幽默的另一生活面。

三、對立與互補原理

正與負、雄與雌、實與虛、是與非、生與死、知與不知、善與惡、苦與樂等，都是對立而且互補的。它們是對立的兩極，卻又相互爲用。

房子上有天花板、下有地板、四周有牆、門等，這些是房子的實體，是看得到的、存在的東西；它們所圍的空間是看不到的、虛的、不存在的。因此，實與虛、存在與不存在是對立的；然而，因爲有虛的或不存在的空間，房子才能有用；因有實體的存在，才能圍出有用的空間；否則，空盪盪的也沒有房子的作用。所以存在的實體與不存在的空間又是互補的。實與虛、存在與不存在既對立、又互補，它們需經適當整合後，才會成爲有用的東西。

大凡智者，都明白自己所知的貧乏。當我們眞正把心打開時便會了解，針對一事，如果不知道有什麼地方是我們不知道的，不是眞正的知道；另外，如果我們不察覺自己很多不知的話，並非眞的明白事理。

如果不知道邪惡，便不能感受善良。如果不曾嘗過痛苦，便不會眞正的體會快樂；若不了解死，就不知生的可貴；若沒有黑暗，就不知什麼是光明。

「一盞燭光可照亮物體，也照射出黑暗的影子。」正好說明了這個對立與互補的意思。對立與互補原理是指：**每一個特質都有相對立的特質，當我們考慮兩個相對立的特質及它們互補互用的特質時，便可以打開我們的想法（習慣領域），而有新的看法或創見。**

垃圾堆裡的老闆

有一位老闆生意做得很成功，賺了很多錢；爲求效率，他對員工很嚴格，甚至很苛刻。當員工犯錯時，他常厲聲責罵，絲毫不給員工留情面，因此公司裡的員工對他都心存畏懼。

這種情形，老闆的母親也略有耳聞，但是一直沒有適當時機規勸她的兒子。有一次，正當這位老闆和家人用晚餐時，電話突然響起。這位老闆接起電話後，講不到兩句話便開始大聲責罵對方。原來是公司的一位經理向他報告沒有接到一張訂單，他聽到這個消息自然又是火冒三丈，罵這位經理辦事不力，說罷用力掛上電話。

他氣沖沖回到餐桌，繼續用餐。他的母親看到這情景便對他說：「你這樣對待你的員工是不對的！你不要認爲自己生意做得很大就自認爲了不起。你要知道，如果沒有那些員工，你只不過是『垃圾堆裡的老闆』，你自己好好想一想！」說罷便放下碗筷，起身離開飯桌。

這位老闆聽完母親的話後，一臉茫然，完全不知他母親所說的「垃圾堆裡的老闆」是什麼意思。

有一次連續假日，公司行號大都放假，這位老闆到辦公室去處理一些事情。他到了辦公室後，發覺空盪盪的、一個人也沒有，而且沒有人清掃，顯得有些零亂，和平日整潔明亮的情景大不相同。不久，他開始處理一些事情。一會兒找不到相關文件、一會兒找不到檔案，想發封信給客戶也沒有秘書幫他打字。結果忙了大半天，卻幾乎沒有一件事做得成。這時他突然頓悟了他母親所說的「沒有那些員工，你不過是垃圾堆裡的老闆這句話的含意」。他此時才恍然大悟：「原來我生意之所以能夠成功，都是這些員工平日辛苦所換來的，並不是我一個人的功勞啊！沒有了他們，我怎麼會有今天的成就呢？我實在應該把他們看成是我的寶貝才對啊！」

這位老闆自從體會了這個道理之後，一改以往對待員工的苛責、刻薄，代之而起的是對員工的鼓勵、信任，並加強員工的福利。員工們感受到老闆明顯改變後，除了驚訝之外，爲了回報老闆爲他們所做的一切，無不加倍努力，結果公司的業績更上一層樓。

從表面上看來，老闆與員工的角色、地位是對立的，但事實上兩者在功能上卻是互補的。想想看若是一個公司裡只有老闆而沒有員工，或是只有員工而沒有老闆，會是什麼情形呢？答案當然是缺一不可。

目前社會上很多勞資糾紛，起因多半都是資方和勞方只從自我的角色地位和觀點來看問題。假如雙方都能知道「角色、地位雖是對立，但功能上卻是互補」的道理，很多勞資糾紛就可以有效率、和平地解決。

證嚴母親失子

有一次，證嚴法師的母親打電話給她說：「我很痛苦，你弟弟被人用槍打死了！我要如何才能解脫痛苦？」

一般人因「相互回報」的電網很強，會想：「你打死我兒子，我也不會讓你好過！」

但是，證嚴法師聽完後，平靜地回答母親：「人死不能復生；但妳是不是可以替對方的母親想一想？對方的母親比妳還痛苦，因爲她的兒子必須面對審判，可能被判有期徒刑甚至死刑。這不確定的折磨比什麼都痛苦。妳可不可以去安慰對方的母親？是不是可以把天下的兒子都當作是妳的兒子，原諒打死妳兒子的人？」

證嚴法師的母親也是一位有智慧的人，她聽完證嚴法師的開導後，實際領域轉化了，豁然開朗。她從原本「被害人」的母親的立場，轉變爲「害人者」母親的立場來看問題，且進一步昇華她的人格，將這份同情的愛心推而廣之，而以天下的母親爲念。透過層層超越，她將仇恨昇華爲更廣博的愛，由此提升拓展了自己的習慣領域。

證嚴法師的母親領悟了生命的眞理後，便去安慰那位闖禍的年輕人以及他的母親，並且在法庭上替肇事的年輕人辯護，對法官說「那是無意的過失，請法庭判他無罪」。結果，那位闖禍的年輕人獲得無罪開釋。

那位無意闖禍的年輕人和他的母親，都非常敬愛證嚴法師和她的母親，證嚴法師的母親好像又得到了一個兒子。

在這個事件中，證嚴法師的母親因爲自己兒子被害，因此她的實際領域一直停留在自己的兒子被殺中，痛苦不堪。證嚴法師非常有智慧地運用「對立互補」原理，讓她母親能從「被害者」母親的立場轉為「害人者」母親的立場來看這問題（這兩角色是對立的）。因此，證嚴法師母親的實際領域轉動了，並進而能升高一層來對待這問題，將對兒子的愛擴大昇華為對全天下兒子的愛。

正是由於這份胸襟，感動了原先闖禍的青年，使得他對證嚴法師和她的母親更加敬愛。而對證嚴法師的母親而言，彷彿又得到一個兒子。

四、循環進化原理

萬物皆有出生→成長→成熟→死亡→回歸自然的定律，所有生物從出生到成長而成熟，直到死亡、回歸大自然。這是生物的循環進化。

人在生理上也有一定的循環進化，如日夜的週期，有精神、沒有精神；而情緒上也有高潮和低潮的循環起伏，如果一個人精神永遠亢奮、高潮，或永遠頹喪、低潮，那這個人就有精神上的問題了。

春、夏、秋、冬，則是地球氣候的循環進化。

「開創→起飛→成熟→衰退」則是產品或事業的循環進化。

「天下分久必合，合久必分」這句話也鮮活地說明政治上的循環進化現象。

既然**世上萬物都有循環進化的現象，如果我們能熟悉並善用這原理的話，實際領域可以隨著時間展開、洞察先機**；我們將因而有更豐富的習慣領域，在很多方面取得優勢。譬如說，與一公司展開談判時，最好先了解該公司有什麼樣的循環進化，以及它正在循環進化的那一點上。如此便可更清楚地了解該公司的情況，在談判上比較容易獲取贏的效果。

如果你向別人提出新建議遭到拒絕時，不要感到絕望，因爲對方很可能正處於他自己循環進化的低潮當中，而對新建議有抗拒。等一段時期再試，他也許正逢情緒「高潮」；那時會欣然接受。

所有的失敗都帶著成功的種子，所有的成功也帶著失敗的種子。當你成功時，要警覺不好的事或惡運有可能到來；當你低潮時，也不要因所有的事都不順意而灰心喪志，因爲成功的種子正等待良機萌芽。沒有埋在黑暗土裡，種子是很難發芽的；同樣的，沒有經過挫折磨練，我們的心志和HD就很難茁壯成長。這正是「成功乃失敗之父，失敗乃成功之母」的循環，不是嗎？

HD 上上籤

在一九七〇年代，我在美國奧斯汀德州大學教書時，學校因有從世界各國來的學生，所以每年都舉辦民俗節，讓各國來的人有機會展現自己國家的民俗。台灣同學會也受邀參加。爲了吸引更多的人對台灣的興趣，我們設了一個卜卦、抽籤的攤位。在桌子擺上一尊彌勒佛，佛像前則放置一個裝著八、九分滿的米筒（空罐外面貼紅紙），然後在米筒裡插著三柱香。

凡是走過我們攤位前的人都會被這香的味道所吸引（接受到香燃燒所發出味道的外來訊息）而勾起他們的好奇心；於是會走進我們的攤位查個究竟，看看葫蘆裡到底賣著什麼藥。每位有興趣的人，在彌勒佛前默禱再抽籤。由我們的同學解釋籤意，再由另一同學用毛筆題籤中的詩，蓋上台灣同學會的印。每次美元兩元，生意頗爲興隆。

可是說也奇怪，那天走進攤位來抽籤的人，有一對夫妻分別抽到籤王（上上籤），其他很多人都抽到不好的籤。我們對那對抽到上上籤的夫妻說：「恭喜你們，你們現在運勢非常好。根據華人的習俗，如果一個人正處在好運時要多『布施』，如此好運可以延長，快樂可增加！」

他們聽完我的話後，便很高興拿出二十元美元投入一旁的捐獻箱中。

對於抽到不好籤的人，我們的解釋也都盡量偏向光明面；「人的運勢有時高、有時低，它是循環不斷的。你現在的運勢剛好在低點，好好努力，不久的將來就會好轉！」這些抽到壞籤的人在經過我們的解說、安慰後，也都感到生命的希望了。

其實每個人的運勢都是高潮、低潮、高潮……不斷循環起伏的，因此我們的解釋，主要是將此一現象揭示給那些來抽籤的人，使他們明瞭這個道理。這也是循環進化原理的應用。

服裝的循環進化

「今年最流行的服裝款式是……」這句話你每年都會聽到，流行的服裝款式也似乎每年不同。然而，你仔細看看，不難發覺流行的來來去去不外是長裙、短裙，直腳褲、闊腳褲，貼身、寬鬆，圓領衣、樽領衣等等。今年流行的款式，可能十年之前也風靡一時；那些走在潮流頂尖的男女，他們所穿的可能和你爸爸媽媽、甚至祖父祖母當年所穿的差不多樣子呢！當然，現今的衣料可能要比以前的輕便、舒適、不易起皺……。

這正是服裝的循環進化啊！除了款式，服裝也如季節一樣，春、夏、秋、冬有不同的風景，服裝在不同季節也流行不同的顏色，例如春夏可能流行比較鮮明的顏色，秋冬可能流行深沉的系列；然後第二年春天時，人們衣服的顏色又會明亮起來。這是服裝顏色的循環進化。

要是能準確掌握服裝的循環進化，你不難成爲走在潮流前端的人。當你認爲衣服似乎「過時」時，不妨把它收起來，也許幾年之後這些衣物又會時髦起來呢！

五、內部聯繫原理

將我心比你心；要了解或影響一個人，我們需要知道對方或我們自己習慣領域的核心，同時建立許多強而有力的管道相互聯繫，而且越多越好。

幼稚園的老師打扮得天眞活潑，行爲舉止也天眞活潑，盡量和小朋友一樣，以爭取他們的認同。小朋友也會因爲老師看起來親切，產生內部聯繫，所以喜歡投入老師帶領的各項遊戲中。

政治人物時常用到內部聯繫原理。比如他們會下鄉拜訪農民，和小朋友一起玩耍。如果你有機會到造勢大會，不妨細心留意那些候選人的行爲舉止。他們往往會在人群中認出一些人，而用一些手勢或說話，來表示他們留意到這些「特別人物」的存在。這些人心裡會非常感激，他們會覺得自己和這樣重要的政治人物有內部聯繫，因而會盡心盡力支持這些人物，而投下誠心的一票。

如果你想要成功，就先找那些成功的關鍵人物；然後，繼續不斷、親自、隨時隨地構想，與他們打成一片。如此，內部聯繫的管道越多越強，他們就會自然而然地幫你成功。

鸚鵡「教」說話

陳經理任職於一間跨國企業分公司，剛剛獲調升往總公司，由原來看管十多人的部門，變成管理一個上百人的部門。他沒有管理龐大部門的經驗，不知如何兼顧和教育每一個員工。

不久前，他買了一隻小鸚鵡。每天下班回家後，第一件事就是教小鸚鵡講話，對牠不停地說「哈囉」。不過，不管他如何用心教，小鸚鵡總是學不會。

陳經理不得其法，只好到一家鸚鵡專賣店，向店主請教訓練鸚鵡的心得。

店主說：「你把你的鸚鵡帶來這裡好了，由店裡的鸚鵡教牠講話，我保證過些時候牠便能學會說『哈囉』。」

陳經理半信半疑地把自己的小鸚鵡送進鳥店。兩個星期之後，當他再回店裡時，發覺自己的小鸚鵡果然眞的「哈囉！哈囉！」朗朗上口。

店主把鸚鵡還給陳經理，說：「鸚鵡教鸚鵡講話，遠比人來教容易得多。馬戲團表演的大象和馬，其實也是由同類來教的：以象教象、以馬教馬。以前中國也有『以夷制夷』呢！要對異類進行教育非常困難，倒不如把那份心思用於找尋一個適當的同類，這樣教育起來將有效得多。」

陳經理覺得店主的話很有道理。第二天，當他回到總公司時，請來部門內幾個意見領袖，和他們商量如何令部門更加進步、如何教育員工，令他們更有效率，以及如何讓員工得到更好的福利。

會議結束後，幾個意見領袖各自回到崗位，依照陳經理和他們同意的計畫來教育、管理員工。果然，一個上百人的部門，在陳經理和意見領袖的領導下，就像鸚鵡教鸚鵡說話般，產生了內部聯繫，取得很好的效果。

雅典上當記

有一次因參加國際學術會議路過雅典，我決定獨自出去逛一逛。

坐著計程車來到有名的市中心，漫步街心花園，累了坐在一家露天飲料店椅子上喝咖啡，欣賞著來來往往、衣著各異的行人，一群鴿子優閒自在地享受人們投給的食物，不遠處還有街頭藝術家的即興表演。我正陶醉於美麗的雅典風光，一位風度優雅的先生朝我走來。

「你好，我可以坐你旁邊嗎？」他對我說。

「當然可以，你請坐。」我應道。

於是我們聊了起來。他說他是音樂指揮，從奧地利來，前幾天一直忙於演出，今天抽空出來看看。他問我是哪裡來的，我說我從美國來、是台灣長大的，來此參加學術會議。

他說台灣是個美麗的寶島，他曾去台北國賓飯店演奏過；飯店旁邊有許多賣寶玉和藝術品的店鋪，他很喜歡；他還談到台灣的風情。我們談得比較投機後，他約我同去觀賞雅典的名勝古跡，我欣然答應。

走了一段時間，他說口渴，問我同意不同意一起去喝杯飲料再走。我說可以。他就帶我到一家飲料店，一進門要點飲料時，四、五位粗壯的小姐迎了上來，圍著我們來到櫃台前並說道：「先生，請我們喝一杯香檳好嗎？」

我尚未同意，酒吧侍者拿出香檳，給她們每人倒了一大杯，我自己要了一杯可口可樂。

喝完之後，我問多少錢，酒吧侍者說要二百美元，我嚇了一跳，爭辯說，我只能付我的可口可樂，何況我也沒帶這麼多錢。

侍者說：「這幾位小姐喝的，你也要付！」他們不由分說一起上來搜我的衣袋，在我錢包裡找到五十五美元，他們拿走了五十美元，留五元給我坐車回去，還好他們沒發現另一錢袋。跟我同來的音樂指揮也付了一些錢，我們自認倒楣，碰上了一夥強盜。

走出酒吧後，音樂指揮說他要回去旅館取些錢再來，叫我等他一會兒。半個小時過去了，他還未回來；一個小時到了，他也未回來；一個半小時後，我看到他匆匆走入酒吧。這時我恍然大悟，原來他們是一夥的。

一般情況下，我出門都是比較謹慎的，但這次卻上了一個不大不小的當，想來也有些可笑。當風度優雅的「音樂指揮」談到台北的風情時，我不由得對他產生了好感，透過台北之情，產生了很強的內部聯繫，因而決定與他同遊，沒想到原來是個騙子。

騙子常常利用人們的一些通性，如貪財之心、好色之性、同情心和共同興趣愛好，甚至同鄉（或思鄉）之情等等。請問讀者，騙子是不是也應用了我們所說的內部聯繫原理？

建立內部聯繫的方法有很多，包括同窗、同鄉、同宗、同見解、同嗜好等。只要我們認眞去想，總會找出其中的聯繫關係。

你知道你太太、小孩或是親朋最喜歡的是什麼、最不喜歡的是什麼嗎？投其所好、避其所忌，你就可更進一步的與他們認同，建立又強又有力的內部聯繫。

在公司裡，我們是否了解上司及同事的喜好？如果不知道，怎麼能和上司及同事建立內部聯繫？又怎能投其所好、避其所忌？若能了解事業上夥伴、上司、下屬的喜惡，而和上司、同事及下屬建立良好的人際關係，在工作上便能收到無形的幫助。

同樣的，如能了解客戶的好惡和需要，我們便能做好顧客服務，應用內部聯繫，與他們建立良好的友誼管道；這樣，顧客也會幫助我們認識新的顧客。如此，顧客群就會如同滾雪球那樣不斷地增加。總之，善用內部聯繫原理對生活及事業有很大的幫助。

六、變與化的原理

當事物的有關參數變到一個極端點時，它就會開始變化成另一種事物。

水如果加熱到一百度以上，會化成蒸氣；溫度降至零度以下，就結成冰。狗被追趕會落荒而逃，但逃到牆角被逼得無路可逃時，牠便會反撲過來咬你一口。當貧富差距到達某一程度時，社會就會引起革命。

俗稱「謙是美德，過謙懷奸；默是德行，過默含詐」、「窮則變，變則通」、「樂極生悲」這些都在說明這一個現象。

Ⓗ電視與家教

在電視機還沒有普及以前，父母親及小孩都會圍在一起吃飯。父母親會趁這個時候了解、教育小孩、閒話家常等。當電視普及以後，人們的生活形態改變了，很多家庭都有幾部電視機。小孩圍著電視機吃飯，看自己喜歡的節目；大人也對著自己的電視節目吃飯。大人不管小孩，小孩也不理大人。漸漸大人教小孩的神聖工作就交給了電視。這對家庭成員的溝通及家庭的倫理必然產生很大的變化。

「學如逆水行舟，不進則退；進步不夠快就是落伍」、「成功是失敗之父，失敗是成功之母」等等，都是在陳述社會不斷地變與化。

世上萬物都是不斷在變化，而習慣領域也是一樣的，因此想要了解我們或是別人的習慣領域，就必須注意它是如何變化，並因此擴展、豐盛我們的習慣領域。

「變與化的原理」有幾層含意：

- 當事物的參數達到極端時，就會變化。
- 制度或理論若不能解決問題時，就會變化。

● 新產品、新制度、新理論、新事物的發生，也會產生社會及我們自己習慣領域的變與化。

一千萬美元的心臟

某次我與一位心理學教授閒聊，我說：「假如有人出十萬美元買你的心臟，你賣不賣？」

他毫不猶豫地說：「不賣。」

我又說：「一百萬美元呢？」

他仍然說：「不賣。」

「要是一千萬美元你賣不賣？」我又問。

他猶豫了一下說：「也許可以考慮。」

我說：「沒有心臟，一千萬美元你有何用？」

他說：「我太太和子女從此可以過比較優裕的生活。」

「你太太和子女得到錢但失去了你，他們會快樂嗎？」我又問。

他笑了笑說回去問問再答覆我。第二天遇到他時，他說多少錢也不賣了。我問他是不是太太和子女都反對。他說：「我跟他們一說，他們還以爲是眞的，並問我打算怎樣分配那一大筆錢。我想，要是我眞的賣了心臟，他們不會太傷心的，因此我決定多少錢也不賣了！」

心理學教授的心態是不是前後有些矛盾？表面上看，確是如此。但認眞分析一下，他的心態變化是有原因的。開始時假設用十萬美元、然後是一百萬美元買他的心臟，他都不賣。但當出價到一千萬美元時，他說可以考慮。此時他想的是太太和子女從此可以過比較優裕的生活。但當他回家了解到太太和子女似乎把錢看得比他還要重要時，他又改變了主意，並決定多少錢也不賣了。

錢是人生的一個重要參數，經由它，可以了解一個人的品性。貪財的人，往往多求，不惜損人利己，甚至觸犯法律；正直的人，取之有道。有的人在一定環境上，行爲比較正直，但當環境變化後，經不起金錢等物的誘惑而走向墮落。

不單只有人要了解變與化的原理，公司要有效運作、有能力和別人競爭，同樣需要掌握變與化原理的妙處。比如說，一間小商店在成長爲大公司的過程中，銷售額自然有很大的變化，員工人數也會激增，這時公司一切的管理體制都必須改變，不然無法有效管理。

Ⓓ 電腦科技與人類生活的變化

你可曾注意到電腦科技的日新月異對我們生活方式所產生的變化？

以往我們要查資料勢必要到圖書館才能得到，現在透過四通八達的網際網路，只需安坐家裡的電腦前，即可獲得各式各樣的資料——從各種學術專論到日常生活的常識應有盡有。

由於資訊取得方式的改變，不必出門也可取得資訊，可以更有效率地完成工作；同時，資訊取得方式的改變也引起人們在「行」方面的改變。目前流行的「遠距教學」、「視訊會議」等，都是應用電腦網路科技，而改變了人們的工作形態、增加了工作效率，並進而改變了人們「行」的形態之明顯例子。

另外，信用卡等塑膠貨幣的通行，也大大改變了現代人在消費、理財方面的觀念。以往身上帶著許多現金購物的方式，已經有逐漸被信用卡取代的趨勢。人們甚至不需要上街，便可利用電視、網路及信用卡來達成購物目的。

正由於電腦科技不斷進步，人們的生活方式、生活形態逐漸改變，工作變得更有效率，可以節省下更多的時間去從事休閒娛樂，提高生活品質。

這些生活方式的變化都是電腦科技進步所帶來的，這正說明了「變與化」原理的另一層含意。我們必須去觀察思索：「一件事情的發生或一個東西的發明，會產生什麼樣的生活或事物上的變化。」

要成功、站在時代潮流的前端，就要常常注意所處環境的各種現象，並去了解這現象背後的意義，及它可能帶來對所處環境的「變」與「化」。

如果不能洞察這些「變」與「化」，便只能隨時代的潮流浮沉；相反的，如果能保持一顆敏銳的心，隨時注意所處環境的各種現象，並知道「變」與「化」的道理，便能走在時代的前端，甚至成為時代潮流的創造者。

七、矛盾原理

矛盾原理是一種分析判斷事物的有效方法。**若要考察一個結論的正確性，不妨從反方向來看，是否可以找到導致矛盾的例子。如果找到矛盾的例子，那麼所下結論就得修正，使它更精確。**

比如說，「麗華愛文雄」，那麼「麗華必關心文雄」；反過來，如果「麗華不關心文雄」，那麼「麗華就不愛文雄」。

如果有人說他的「業務蒸蒸日上」，但「業績每況愈下」。那麼前提「蒸蒸日上」就得改正，或者要找出這兩句話不能一致的原因。

行為的轉移

如果A「大於」B，同時B「大於」C，那麼A就「大於」C；因此，「大於」是有轉移性的。同樣的，若甲「富於」乙，乙「富於」丙，那麼甲就「富於」丙；因此，「富於」也有轉移性。另外，若甲「命令」乙，而乙「命令」丙去做同樣的事，那麼直接或間接地，甲在「命令」丙；因此，「命令」也具有轉移性。以此類推，也許我們會有個想法：「人的行爲也許有轉移性。」

「人的行爲具有轉移性」這一說法對嗎？怎樣判斷呢？即使你舉出一萬種具有轉移性的行爲也不能證明這一說法的正確性，但你若舉出一種不具轉移性的行爲就足以否定這一說法。我們來看一看「愛」的行爲是否具有轉移性。

「麗華愛文雄，文雄愛素琴」若轉移性成立的話，那麼「麗華也愛素琴」。你同意嗎？也許你會搖頭不同意，因爲「麗華也愛素琴」一般是不可能的。因此，我們找到了反例，可以否定了「人的行爲具有轉移性」這一說法。

善用矛盾原理的人，就會進一步追蹤：「在哪個情況下，『麗華也愛素琴』可能是眞的？」只要這一問，我們就可能轉動腦筋。例如，麗華是文雄的太太，素琴是文雄的女兒，那麼麗華愛素琴是可能的。

白馬非馬論

公孫龍是位古代的名辯士。他說：「黑馬是馬，白馬不是黑馬，因此，白馬不是馬。」

我們知道，白馬也是馬，爲什麼公孫龍得此怪論？他這話的矛盾從何而來？矛盾出在：對「黑馬是馬」和「所有的馬都是黑馬」兩個概念沒有加以區別。「所有的馬都是黑馬」這一結論是不成立的，因而不能推出「白馬不是馬」的結論。換句話說，黑馬是馬的一種，白馬雖不是黑馬，但白馬也是馬的一種。

從以上分析可看出，矛盾原理可以讓我們更透徹地理解問題，辨明是非，增加獨立思考的能力；同時也可打開我們思維的領域。

不醉人的XO和減肥餡餅

有一家酒吧，生意做得特別好，很多生意人都喜歡到酒吧，一面喝XO一面談生意。一個剛剛從外地搬到此地的科學家慕名來到酒吧，要看看酒吧到底有什麼特別的地方。在酒吧內，他見很多人喝XO，三杯過後仍然面不改色、談笑自若。

科學家心裡奇怪，問酒保：「喝那麼多，難道他們不怕喝醉嗎？」

酒保自豪地說：「我們的XO和別家店的不同啊！我們在酒中加了檸檬酸。檸檬酸不但令XO更芳香甘醇，更能把酒精成分降低；因此，來此喝酒的人，一方面能點XO來顯示排場，另一方面因爲我們的獨家作法，他們也不怕酒醉失態！」

科學家不斷思索酒保的話，突然他有了一個靈感：「人們愛喝酒又怕喝醉酒，因此不會讓人醉的酒便十分受歡迎。同樣道理，人們愛吃餡餅但怕胖；如果我能發明一種不會讓人發胖，甚至可以助人減肥的餡餅，這個產品不就有很大的市場嗎？」

於是，這個科學家努力研究，終於發明了這樣的餡餅。他找到一家食品公司和他合作。食品公司很快便推出新產品的廣告。廣告這樣說：「很多人爲了減肥而節食，以爲少吃少吸收熱量便是減肥的最好方法。其實人類在消化食物時也需要熱量，有些食物只需用到很少熱量便能被消化，有些卻需要用到很多的熱量。我們公司推出最新產品，不但味道好，而且需要很多熱量才能被消化，實際幫助消耗身體的熱量，達到減肥的目的。餡餅現在各大小超級市場均有販售。」

一般人總是認爲要減肥就要少吃、少吸熱量；如果吃一般的餡餅，則會吸收過多的熱量，增加體重。但是善用矛盾原理，我們可以反過來想，如果能消耗更多的熱量，不是同樣能減肥？當然，消耗更多熱量的方法很多，例如運動；但是對於懶於運動的人，如果可以有一種東西，不僅可以消耗更多的熱量，又可以滿足口腹之慾，豈不是兩全其美？不管餡餅是否眞的能幫助減肥，但對愛吃零食又怕發胖的人來說，這是個天大的喜訊。當他們想吃零食時，可以對自己說，這是幫助減肥的食品，心裡的罪惡感便沒有了。

八、痕與裂的原理

裂痕是所有建築物的弱點。要想破壞建築物，最有效的方法就是針對它的裂痕施力；相反，如果要維持那建築物，就要把裂痕補好、加強。

在我們的習慣領域中，存在著各種各樣的裂痕。因為習慣領域是由許多小系統所組成，這些小系統之間難免會有衝突或不一致，因而產生了裂痕。例如我們要健康又要拚事業，時間的分配上難免有衝突；我們要進修自己又要廣結善緣，沒衝突嗎？心靈裂痕常出現於對過去的恐懼、思想的僵化、強烈的妒忌心，或是其他阻礙我們積極改變和成長的「習慣」等。我們需要隨時觀照這些「裂」與「痕」，並且推敲這「裂」與「痕」將因什麼事而嚴重裂開，引起習慣領域的變化，我們也須探索方法，使我們習慣領域的裂痕消失而具有健康的平靜、彈性和活力。

綁票通緝令

約翰是一家公司的總裁，有一次跟太太去旅遊時，小孩被綁架了，綁匪要求贖金一千萬美元。他們夫妻隨即報警求助。不幸歹徒似乎洞悉警方的偵察手法，對於警方的行動瞭若指掌，因此警方始終無法救出約翰的小孩。經過幾天煎熬，約翰夫妻決定答應歹徒的要求，交付一千萬美元，讓他們的小孩能安全歸來。

約翰依照歹徒的指示，準備依約前往交付贖金。正當約翰開車前往交付贖金，經過市中心，在路口停下等紅綠燈時，他突然看見路旁商店的電視牆正報導他的小孩被綁架的新聞，還分析說：「根據過去的記錄顯示，這類案子在交付贖金後，人質安全回來的機率並不高。」

約翰看到這些報導後，腦海中突然閃過一個念頭：

「既然我把贖金交給歹徒後，小孩也不見得能安全回來（因爲他接收到新的訊息，並經由類推聯想而做出此推論）。我何不把這筆贖金變成賞金，讓全市的人來幫我救我的小孩，重賞之下必有勇夫，也許我的小孩獲救的機會更大一些。」

由於約翰實際領域的轉動，他立刻將車子調頭，直奔電視台。他利用新聞快報的時間，在電視上公開向大眾宣布他的小孩被綁架的事實，而他和太太是多麼愛他們的小孩，他希望大家能幫忙救出他們的小孩。說罷，約翰把一千萬美元全部倒在主播台上，然後對大家說：

「只要誰能幫我們救出小孩，這一千萬美元的贖金就是懸賞的獎金！」

約翰這一舉動，大大出乎眾人意料之外、萬萬沒有想到約翰竟做出這樣的行爲，尤其是綁架約翰小孩的歹徒，在看了約翰把贖金變賞金的報導後，更是不知所措（因爲約翰的舉動完全超出歹徒們的習慣領域）。這些綁架約翰小孩的歹徒當中有人意志開始動搖了，心想：

「這個案子弄得這麼大，外頭風聲那麼緊，約翰現在也不付贖金，我們鐵定是拿不到錢了。不如把小孩送回去，並假裝是救出小孩的英雄，還可以拿到賞金。」

歹徒的首領卻不這麼認同，他覺得自己精心策畫的綁架行動應該是萬無一失的，一定可以拿到贖金，只是沒想到約翰會出此對策。他覺得如果自己就這樣把小孩送回去，等於被約翰徹底地打敗了。他不甘心承認失敗，因此堅持反對把小孩送回去。

就這樣，本來團結一致的歹徒們，因爲約翰這意外的舉動而意見不合，並且各持己見、互不退讓，終於起了內訌、互相殘殺。他們的內鬥驚動了附近的鄰居，有人報警；在警方趕到後，赫然發現這些死傷的歹徒竟是犯下綁架案的綁匪，於是將他們繩之以法，並幸運地救出小孩，把他送回約翰夫婦的身邊。

在這個故事中有幾個重點是值得我們注意的：

- 約翰由於能靈活轉動實際領域，在接受到新的外來訊息（新聞報導的評析）後，透過類推聯想，想出贖金變賞金的方法。儘管最後小孩得救並不是這個對策直接奏效，但是這個對策造成歹徒間裂痕的產生，最後自相殘殺，約翰的小孩也意外得救。
- 歹徒首領因爲無法靈活轉動實際領域，在接受到新的外來訊息（約翰贖金變賞金的作法）時，沒有作出適當的衡量與判斷；此外，他不顧內部成員的意見（拒絕接受此訊息），執意依照自己原先的計畫與程序拿到贖金。因此，團體間產生了裂痕，並擴大成衝突，最後一敗塗地。
- 任何組織、團體都是由更小的組織、團體或個人所組成，因此這些小系統間的衝突或不一致是難免的。如果我們不能去察覺到這些裂與痕的存在、並推敲此裂痕將因什麼事而嚴重分開，將無法彌補這些裂痕；反過來，當我們與對手競爭時，必須去了解對方組織或團體間可能存在的裂與痕，並針對這些裂與痕採取策略，給予對方致命的一擊。

兄弟結怨與化解

惠民服完兵役之後，到表哥的童裝店工作。他以爲靠表哥的關係，自己在童裝店裡一定是擔任重要的工作。沒想到，表哥只給他一些打雜的差事。惠民十分生氣，對媽媽抱怨說：「表哥一點也不把我放在眼內，只給我一些無關痛癢的差事，實在是侮辱了我的能力。改天我要把他痛罵一頓，然後辭職不幹！」

惠民的媽媽是一個有智慧的人，她問惠民：「你很氣你表哥，要對他報復，是嗎？很好，我教你一個最好的報復方法，讓你的表哥不得不服你！」

「眞的嗎？告訴我。」

「你把童裝店當成免費學習的地方，好好把表哥店裡一切的作業流程（包括童裝設計、製造、銷售等）徹底學好，然後再跳出來自己開店，或是到表哥的對手那裡工作，與你的表哥競爭。這樣你不是既可出氣，又可證明自己的實力？」

惠民覺得媽媽的話很有道理，從此便默記偷學，甚至下班之後，還留在童裝店研究商業文書的方法。

一年之後，媽媽突然問惠民：「你現在大概對表哥童裝店的運作有八、九成的了解，你打算什麼時候辭職呢？」

「我改變主意了。這大半年來，表哥對我刮目相看，最近更總是給我委以重任，又升職、又加薪，我已成爲公司的大紅人了！」

惠民媽媽微笑說：「我早就料到這樣一天了！當初你表哥不重視你，是因爲你功力不夠，卻又不努力學習。當他見你奮發向上，積極學習，能力大有增長，自然對你另眼相看，放心給你重任。」

「幸好當初有媽媽提點，不然我也沒有今天的成就啊！謝謝你！」

惠民當初不滿意表哥對自己不重視，打算辭職不幹，辭職是惠民打破這段不愉快賓主關係的最快方法。不過，惠民的媽媽更有智慧，認爲表哥對他的態度在於做事的能力，只不過惠民沒有反省過。於是她想到利用痕與裂原理的另一層意義——針對裂痕的所在加以彌補和強化，於是建議惠民把童裝店的運作完全學會後再辭職。

結果，事情發展全在她意料之中；經過惠民痛下苦功之後，功力深厚了很多，表哥開始對他委以重任……。裂痕經過修補之後，惠民與表哥的關係不但得以保持，且比以前大大改善了。這便是痕與裂原理的妙用之處。

九、空無原理

我們常以自己的習慣領域來看問題、想問題，甚至認爲習慣領域以外是不存在的。當事情發生在習慣領域之外時，就會茫然不知所措。

所謂空無原理就是指**習慣領域之外並非空無。為使習慣領域能繼續不斷、永無止境地擴展，我們要把自己的習慣領域放空，放下所有思維的束縛，讓他人乃至宇宙萬物的習慣領域跑進我們的心，得到我們心意的注意。**

當習慣領域能認同並了解所有不同人及宇宙萬物的習慣領域，並把它們吸收爲我們習慣領域的一部分時，才能達到眞正的空無境界。那時我們將無所不知，除能知道自己、別人乃至宇宙萬物的習慣領域、能力、特質、需要、痛苦、壓力等，並能有效地解除自己、別人及宇宙萬物的痛苦和壓力，而邁向理想的習慣領域。

學習把一分鐘前的煩惱放下來，心中的壓力就可以降低下來，你才能有心去了解自己，以及向別人學習。

要放空自己的習慣領域其實很不容易，許多流傳下來的法則都是從個人的領域著想的。我們常聽別人說「道不同不相爲謀」這樣的話，假如眞的如此，那不同宗教的人是不是應該互不相干、各自守在自己的領域中呢？然而，證嚴法師卻有空無原理的看法。她說：「眞正虔誠的宗教者，一定有很寬大的心胸，如大海能容百川，我的心能容納你，你的心也能容納我。」她又說：「天下沒有我不能原諒的人。」

想想看，她能認同的習慣領域有多大呀！

時代的節奏越來越急速，加上錯綜複雜的人際關係，我們往往被很多煩惱（電網）所纏繞，不能解開自己。幫助我們解除煩惱的方法很多，下面我們介紹一個簡單的方法：

HD 放空煩惱的方法

- 找一張舒適的椅子坐下來，或者安躺在床上。閉上你的眼睛、放鬆身體。
- 用心眼看你的「煩惱」，和你的「煩惱」說話。對它說：「請您離開我好嗎？」
- 想像「煩惱」點頭答應，然後從你的頭頂飛走。
- 想像「煩惱」已經離你而去，你再也看不到「煩惱」的蹤影。此時在你的腦海中浮現出大自然的明媚風光。
- 好好享受這大自然的風景，和那安詳舒適的感受五～十分鐘。

● 對自己說：「當眼睛打開時，我的全身更清靜、更健康、更愉快。」然後在心中默數一到五，接著把眼睛張開。

當你再把眼睛張開時，由於電網的轉化，心頭的壓力或煩惱會降低或消失的，不管是多麼短暫。

事業經營的借力使力

在事業經營上，若能運用「空無原理」，則常常能幫助我們解決許多問題、度過許多難關。例如一家公司碰到生產上的困難時，可以向供應商請教，把供應商當作公司經營的合夥人，並誠心地對供應商表達自己的目標；如以更低的成本生產更高品質的產品，拓展產品市場，使公司繼續有高利潤的經營等。

供應商爲了自己的業務著想，便會想點子幫助公司創造更好的業績；同樣的，除了供應商之外，我們也可以藉由顧客的力量擴展產品的市場，因爲公司最終的目的，是要把產品賣到顧客手中，因此顧客的需求、想法和看法，正是公司產品成功的最重要因素。

所以「空無原理」在公司經營上的運用，其重點在於我們要知道公司本身的習慣領域是有限的，但習慣領域以外並不是「空」的，我們可以借用他人的習慣領域（如供應商、顧客等）來幫助我們打開自己的習慣領域，如此一來，公司的習慣領域擴大了，便能應付和解決更多的問題與挑戰。

台灣有多「大」？

幾年前我到荷蘭講習慣領域，由一位教授陪同。有次我們在一家花園飯店吃飯，談了許多台灣和荷蘭相似的地方；台灣與荷蘭的土地面積接近；台灣人口有二千三百萬人，荷蘭人口有一千六百萬人；台灣與荷蘭的經濟都是仰賴國際貿易。唯一不同的是荷蘭土地平坦，且有很多土地低於水平面；台灣則有高山聳立，多於平原。

我說：「我對你們荷蘭人非常敬佩。你們有冒險精神、又勤勞奮鬥，有很高的文化；你們的商人、企業家遍天下……這些地方跟台灣也很相似。只是，跟台灣一樣，荷蘭土地稍小一點。」

教授笑了笑：「我一點也不覺得！因爲大西洋是我們的前院，歐洲是我們的後院，荷蘭怎麼會小呢？同樣的，你們台灣也一樣，太平洋是你們前院，亞洲是你們後院，台灣其實也不小，我們好好地乾一杯吧！」

這個荷蘭教授有著寬廣的心胸，他的視野並沒有因爲自己國家土地的大小而被限制住；相反的，他能把眼光放遠，去認同其他國家，他能放空自己的習慣領域，而去認同自己習慣領域以外不同的習慣領域。

如果我們可以應用空無原理，把自己的習慣領域放空，可使用其他的智慧原理，借用他人的智慧、他人的習慣領域，來繼續擴大自己的習慣領域。正所謂：「他山之石可以攻玉。」

比如說，你可能在工作上會遇到一個非獨力所能解決的難題。這時，你可以把「我一定要自己把問題解決，以顯示我的能力」這個習慣領域放空。接著你便可以使用低深原理，謙虛誠懇地向同事請教。

集合眾人的力量，你便可找出問題的答案。如此一來，不僅解決了難題，並且擴展了習慣領域。因爲你了解了原來「在適當時候向適當的人尋求協助」，也是一種能力的表現。

善用七個強而有力的信念、八個擴展習慣領域的方法及九個深度智慧原理這三大工具箱，可以幫助我們擴大習慣領域，而朝向理想的境界邁進。但如果我們只是了解它們，而不去內化、實踐，使它們成爲我們腦海中強而有力的電網或習性的一部分，則這三個工具箱對於提升、擴大我們的習慣領域的效益是有限的。

那麼我們應該如何有效內化、實踐這些工具箱內的方法，使我們的習慣領域能繼續不斷地大步邁向理想的境界呢？這將在下一章說明。

爲使讀者容易記起九個深智慧原理，我把它總結成下頁的一首詩。

智慧

游伯龍

低深領域理交換
對立陰陽永循環
內聯乾坤觀變化
矛盾促生追裂痕
空無境界外無空

第十一章　覺、學、用、享（習慣領域的應用與昇華）

覺學用享，生命一百分

警覺的心

習慣領域是和我們同時存在的：你走到哪裡，它就跟隨著走到哪裡。只要能警覺，就可發現自己及他人習慣領域的運作。公司、社會及我們的環境也有它們的習慣領域。如果我們警覺，也可以發現它們的運作，而能與環境共存共榮達到和諧跟快樂。

可惜我們常常因爲忙碌、壓力大而忽略習慣領域，也忽略環境的習慣領域。想一想，你曾忽略朋友、財富和健康？你曾忽略掉自己每天應有的警覺嗎？你是否只看見別人的缺點而忽略自己本身的不足？

上流社會的晚宴

有一位同修家境只是小康，她有一位非常富裕的朋友。有一天，這位同修的朋友邀請她和她丈夫參加一個晚宴，這同修很高興地答應出席。

當同修雀躍地回到家裡，才警覺到自己連一件氣派的衣服也沒有。她由於不想錯過這個接近上流社會的機會，於是馬上駕車到一間名品店，用了相當於她丈夫幾個月薪水的數目，買了一件名牌的晚禮服。

晚宴當夜，這同修與她丈夫駕著小汽車，來到她朋友豪宅的花園外面。這時，她覺得自己的小汽車很丟臉，於是叫她丈夫把車子停放到老遠的地方，要走路過去。

她丈夫沒說什麼，把車子停在陰暗處，然後對她說：「太太，我想還是你自己去罷，我在車子裡等你好了！你今晚穿得這麼漂亮，而我只有這套舊西裝，我怕會失禮於人，你自己玩得開心點吧！」

這同修看著丈夫，覺得他確實穿得很寒酸，只好下車，提起裙子往前走。不過走不到幾步，她忽然警覺，匆匆跑回車子上，並對丈夫說：

「對不起！我一心想接近上流社會，忘了自己擁有一個這麼體貼的丈夫，忘了自己擁有一個幸福的小家庭。請你原諒我吧！我不參加這宴會，我們一起到外面走走再回家。」

這夜之後，夫妻兩人感情比以前更好。

我們常常因為對欲望的追求而產生很大的壓力，因而忽略了自己擁有的無價之寶，失去了人生的快樂。這是很值得我們警惕的。

警覺是智慧的開端。老子說：「知人者智，自知者明」看別人的表相容易，要眞正了解自己很難。

我們常常要自我反省：「到底什麼樣的電網造成這行爲？」如果能這樣做，便可以更清楚地了解習慣領域的運作。

你是無價之寶，至少值得每天花二十分鐘的時間拋開所有工作，讓心靜下來。當心靜下來後，就可以觀照到內心更多的電網的運作。

孔子說：「知止而后能定，定而后能靜，靜而后能安，安而后能慮，慮而后能得。」我們用HD術語來講：**要知道何時需停止自己的欲望，讓壓力降低下來，心才能平靜下來；如此才能觀照更多的習慣領域，獲得潛藏在潛在領域裡許多好的想法**。

釋迦牟尼佛曾經提到「戒、定、慧」。我們可以有兩個簡單的解釋，第一個解釋指不殺、不淫、不盜、不貪等等，因此心就不會被欲望所綁，壓力結構就能降低下來，因此心能定下來，就比較容易得到智慧。

另外一個解釋是：做事應該有戒律，該做的要認眞努力去做，如此便會熟能生巧，能突破現有的境界而達到更高一層。

孔子與釋迦牟尼佛的啓示，很值得我們反省。如果能常常把他們的話記在心中，壓力降低，心平靜下來；便可以活得更好、更能了解自己HD的轉化，同時也更能了解別人HD的轉化，以及環境HD的轉化。

讓我們多用心去觀照發生的事，經過一次又一次，你會發覺許多不同的事來自相同的原理。我們曾經討論人性（腦心的運作及人類行爲的通性）。若能多警覺、觀察、分析，漸漸地就會越來越清楚、越準確地了解人性。多使用有效的原則（三個工具箱）去了解處理問題，處事能力也會越來越強。

下決心學

在理想的習慣領域內，我們的電網又多又廣，又能認同萬物，同時可以靈活取出，解除自己跟別人的痛苦和壓力。要如何使電網又多又廣呢？只要願意和下決心學，由於大腦有無限的潛能，便可以編輯、創造更多更廣的電網。

學習的方法非常多，例如看有用的書以增廣知識，向別人請教或向事物請教。因爲每個人都帶有一本又深又厚的HD，所以如果我們謙虛並誠心誠意地請教，他們會樂意教我們的。只要我們細心觀察，我們也可向萬物學習。

向大樹學習

有一天，我站在窗口看後院的樹木。忽然有一些感觸：「這些樹木很偉大呢！它們在炎熱的陽光中提供清涼的樹蔭，而不分樹蔭下人或動物，主人或客人，好人或壞人，對衆生一律平等，毫無分別之心！」

我覺得樹木眞是偉大！人人都有分別心，但樹木沒有。我不由對樹木肅然起敬，要向大樹學習。

我又聯想到，大樹樹枝被我們砍下來，流出樹脂；但大樹沒有一點埋怨聲，也沒有見過它有什麼報復的行爲。小鳥、小松鼠吃它的種子，在樹上拉屎，大樹也不在意、不會報仇，且是那麼平靜、處之泰然！我們可以做到嗎？我們應該向大樹學習！當大風雨來時，它們教我們越是柔軟，越能應付困難、越能生存。

兩頭蛇

多年前，有一次我在農場草原散步時，無意間看見一條相當大的兩頭蛇；兩個蛇頭前半身約兩、三呎長，後半身連在一起。我當時非常驚訝，因爲東方華人認爲看見兩頭蛇是非常不吉利的事情。雖然多年來，我並沒有什麼不如意的事發生，但這疑惑卻一直存在心中。

在一九九七年的春天，一天中午我打完籃球後，在「三溫暖」內遇見一位研究生物的教授。初見陌生，我好奇地問他研究興趣和專長是什麼，他說是蛇。我們談了一些蛇的生活習性，我也把我在農場見兩頭蛇的經歷以及東方華人的傳說告訴他，並向他請教兩頭蛇的事。

在聽完我的敘述後，這位研究生物的教授大笑說：

「這不是什麼兩頭蛇，而是兩條蛇。這是蛇的一般生活習慣而已。」

我有點訝異，便問這是什麼行爲。他說：

「這是一公蛇與一母蛇在交配，母蛇拖著公蛇跑。」

我很驚訝的問他：

「爲什麼要這樣辛苦？一般動物交配時間只有幾分鐘，甚至幾秒鐘就結束，何以拉在一起跑？」

「蛇平均要三、四小時才完事。」

「爲什麼要這麼久？」

「蛇有一個習性，當一開始交配時，母蛇會很快地對交配失去興趣，因而要跑開。不過公蛇的性器有特殊的反鉤構造，可以繫住母蛇。除非公蛇排精達到傳宗接代的目標，否則雌雄兩蛇就會纏在一起，就因這樣一跑一拖，牠們需要三、四小時才能完成傳宗接代的工作。」

聽後我笑著說：「公蛇眞是辛苦！」

生物學教授也笑著回答說：「我才不願做公蛇！」

在談笑中，我們幾乎成了知己的朋友。

看見「兩頭蛇」在東方的華人世界是一件不吉利、讓人心生疑懼的事，但藉著請教別人，我們便能打開我們的HD、擴展我們的HD，把疑懼去除。

「所有事情發生都有原因，其中一個主要原因是幫助我們成長。」天下沒有兩人的HD是完全一樣的。珍惜生命中所遭遇的人事物，每一次相遇，即使是與「陌生人」見面，雖不熟識，若能藉著這相遇的機會，讓對方談談自己的興趣或專業，我們就能夠學習到知識、智慧，甚至了解宇宙的奧妙，那麼這見面就是一個偉大的見面。如同故事中，我巧遇一位生物學教授，在他對「兩頭蛇」的解說後，我多年來的疑惑馬上豁然開朗。

這「陌生人」不一定是居高位，是不分年齡、貴賤、地位，即使是遇到道上大哥，他也有許多超出我們HD的經驗和智慧。水滸傳裡一〇八條好漢不是個個都有他獨特的經驗、專才和人生觀嗎？千萬不要印象概推，例如聽到（道上大哥）立刻就劃清界線，無形中將自己束縛住，無法進一步瞭解人生和萬事，使自己的HD無法擴展。

所謂「人人事事皆可爲我師」，只要我們肯謙虛地向他人和事物請教，也許困擾我們多時的問題或疑惑一下子就能得到答案！生命也將更豐富、更有喜悅。

下決心用

在學習HD時，可以得到很多的電網，但必須要下決心使用它們，因爲通過使用，這些電網才會加強；同時經過實際使用，親身體驗所學到的東西到底是眞還是假，感受才會更細膩清楚。

HD 終身難忘的禮物

有一位同修四十歲左右，是一家公司的副總經理。一天，當他上完HD課，對上課所談的「我們常常對最愛我們的人最沒有禮貌」有很大的感觸。

那天，當他駕車回家時，他想：「現在媽媽一定正在家裡爲我和太太做飯。她和爸爸這麼愛我、疼我，給我關懷、教育，照顧我的起居飲食。我現在事業有成，已經成家立業，媽媽卻像以前一樣的給我和太太做飯、洗衣，因爲她了解我和太太要工作，沒時間打理家務。」

他進一步想：「媽媽實在很愛我啊！小時候常常抱我、親我，給我鼓勵和支持；現在我步入壯年，媽媽也老了，我實在應該好好報答媽媽的愛，給她一件令她畢生難忘的禮物，讓她知道我很愛她。」

回家的時候，同修看見媽媽正在廚房裡做飯。他悄悄地走進廚房，一把將媽媽抱起來。

媽媽大驚：「你神經病嗎？」

「媽媽，我很感激您這幾十年來愛我、照顧我、教育我。沒有您的愛，我也不能有今天的成就！我非常愛您！小時候您常抱我、親我，現在我有能力、力氣，也要抱媽媽！」

同修的媽媽從來沒想過同修會說這樣的話。「你把我放下來好不好？」她雖然這麼說，其實心裡多麼的高興和欣慰；這一個晚上的經驗，她會終身難忘。

只要我們誠心誠意的去用HD，它會發揮出功效，讓你更有喜悅，也讓你的家人、朋友得到更多的快樂。

HD 太陽手

有位同修，當她四十多歲時，身體檢查發現有子宮癌，並且癌細胞已開始在蔓延，因此與傳宗接代有關的器官都要割除，同時要用鈷六十治癌。她動了兩次手術，化療了兩次。很幸運經過一年的治療和休養，她成功地戰勝了病魔，目前已沒有癌症徵狀。這是十分可喜可賀的事情！

這位同修說，當她得知自己有癌症時，非常地沮喪，有時像小狗一樣蹲在牆角，呆想爲什麼自己會得病。但是她每天都會做太陽運動。

她說每天一定會依照我所說的，舉起雙手，像兩個太陽般向全身，由頭頂、頸、胸部、腹部、大腿，一直到腳跟照射一遍；她會想像兩隻手像太陽一樣發出鐳射光，能把非常小的癌細胞殺死，讓全身清淨光亮。這是她每天都做的工作。她說每次做完這心靈與身體的運動後，總覺非常舒服；如果沒有這樣做，不知會多痛苦。

除運動外，她每天都會回想以前快樂的情景，然後大笑出來。她說之所以能逃離癌魔，太陽運動有絕對的幫助。

如果心靈能長存光明的電網，經常想著光明電網的話，我們的光明電網自然會慢慢地強壯起來，而陰暗的電網會慢慢消失，就會有更多的快樂和健康。

下決心享受並與人分享

警覺、學習和使用本身是一件需要努力的工作，但是當我們說要享受這警覺、學習和使用

ＨＤ的過程時，享受的電網會占有我們的注意力，因此就不會覺得它是一種痛苦，而是一種享受，因此能讓我們的電網快樂地邁向理想的ＨＤ。

遇到難題，需要吸取更多知識，需要更多的工作時，可以對自己說要享受這學習和擴展能力的過程，如此，就會享受快樂的電網，而不會感到痛苦。

練習警覺的工夫時，曾提過每天保持最少有二十分鐘的寧靜，然而這本身並不是不需要努力就可做到的。你要對自己說，要好好享受這種警覺與寧靜的過程。這樣的話，自己便可以享受警覺的好處。

當我們用ＨＤ時，有時會感到膽怯，因爲怕發生錯誤。這時要告訴自己，要享受用ＨＤ的過程，害怕的心就會消失，而享受的心就會浮上來，讓我們可以享受使用這ＨＤ的快樂。同時，因爲把警覺、學習和使用跟享受連在一起，所以警覺、學習和使用ＨＤ是一個快樂的過程。因每次警覺、學習和使用都給我們快樂，便會越想要警覺、學習和使用ＨＤ。這當然是使ＨＤ更豐盛廣大深遠而朝向理想ＨＤ的好方法。

對自己說要好好地享受善用ＨＤ，讓快樂的心情占有你的注意力。

那麼你的ＨＤ將會更豐盛，更能帶給你快樂。

當我們覺得ＨＤ不錯時，可以把它記下來，並且告訴別人、與別人分享。它先滋潤自己、再滋潤別人，這是造福自己，也是造福社會的好方法。同時當我們接受別人的分享時，透過吸收和內化，HD就很容易被打開豐盛，而對方也享受到分享的快樂，這當然也是在滋潤自己和滋潤別人。

分享的方法很多，可以個別地與別人分享，也可以同時跟眾人分享，你可以寫文章或用演講形式把HD心得跟大家分享。如此可以造福自己，也可以造福社會。

如果你有快樂，通過分享，快樂會倍增；如果有痛苦，通過分享，痛苦會減半。不管是快樂或痛苦，只要有細膩的心去警覺、體驗、學習和使用，HD就會連續不斷地改進、豐盛。

HD 轉化女兒的心

有一個HD讀者告訴我一個很好玩的故事。他有一個女兒，今年十五歲（正值叛逆期），每每對父親所說的持相反意見，而且會反駁和大吵大鬧。

這位先生看過我的書。一天晚上，他的女兒因爲有約會要外出而且要晚歸，遭到父親勸阻時，又發起脾氣，在父親面前大吵大鬧。這位先生一反平日態度，面帶微笑，又以欣賞的目光看女兒。這完全跟以前「以暴制暴」、「相互回報」的行爲背道而馳。他的女兒後來不再叫嚷，問：「爸爸，你今天很奇怪呀！」

父親微笑道：「我在欣賞你呢！你能據理力爭，這行爲是多麼可貴！我慶幸有你這個女兒！我疼愛你，會盡全力幫助你成長。」

女兒被深深感動，相互回報，摟著父親對他說：「爸爸，我也很愛您的！我今晚答應您早點回家，您不用擔心！」

當女兒離開後，他太太走到他身旁，擁著他說：「親愛的，我從來沒有見過你像今天這麼聰明的表現呀！」

於是他就把HD書本上的告訴太太，並大笑說：「單單今天的例子就值回三、四本書的價格了！」

每次當這同修跟大家分享這經歷時，都講得眉開眼笑，講完後大家都會恭喜他。回家後，他與家人分享，大家都會很快樂。因此這同修每天都是笑咪咪的，變成一位受歡迎的人，而他的HD也不斷地成長發展。

太太的眼睛

有一個五十多歲的董事長在上完習慣領域課後，他把欣賞和感激的心帶回家。那天晚上，他對太太說：「太太，妳的眼睛好美啊！」

太太說：「妳神經病嗎？」

「沒有啊，妳的眼睛真的很美！」

「那是三十年前的事了！」

「不，現在仍然很美！」

「眞的嗎？」

說到這裡，太太便高興地相互回報，眼瞇瞇地微笑，他們不但那天度過一個愉快的晚上；因爲能彼此欣賞，以後的生活更加快樂。每次當這位同修在公司、社團聚會跟朋友、員工分享這經驗時，人人都會恭喜他；而他的員工因爲受他的影響，人人每天笑口常開，工作生活非常快樂。他的公司文化也因此得到轉化，結果業務蒸蒸日上，上下員工都受益無窮。

總結

每一個人都有無價的大腦，以及看不到、摸不著的習慣領域（或人性軟體）。HD控制大腦，和身心的運作，可以說是我們心靈運作的基礎。

當我們能夠認識、了解HD時，就能開始警覺它的運作。透過三個工具箱的學習、應用、享受及分享，HD就會繼續不斷地成長、昇華，使我們能邁向理想的HD，創造更多效率、喜悅和智慧。

如果我們能珍惜、愛護我們的習慣領域，讓它盡量不受污染而繼續不斷地成長，那麼我們不但是自己HD的主人，我們的HD也會相互回報的，它會讓我們的人生更多姿多彩、更有成就感和有使命感，我們的人生也將更充實。

如果能警覺和了解HD的存在，我們便能開始了解和掌握大腦的運作和心靈的運作，不至於成爲它的奴隸而不自知。如果能警覺、能珍惜HD，我們的HD就會不斷的擴張豐盛，而不會停在一個固定範圍內指使我們，使我們不能成長，大腦的潛能也無法進一步發揮出來。如果能警覺、珍惜我們的HD，HD也會珍惜我們，我們可走入良性循環，而不至於陷入惡性循環而不自知。

如果知道HD的存在，又能認眞努力學習它，我們將能靈活取出有效的電網，解除自己和別人的痛苦和壓力，也能發揮大腦的無限潛能。

如果我們警覺並學習HD，又能下決心使用它，那麼電網會加強，我們對HD會有眞正的掌握，感受到HD的妙用無窮。

如果我們警覺、學習和使用HD，又能享受這「覺、學、用」的過程並與人分享，我們的快樂程度會加倍，而成長的速度也會加倍，更能有效力的邁向理想的HD。

我非常感激你給我這個機會，讓我們有緣份通過此書來彼此溝通，分享習慣領域的好處。習慣領域如同一塊稻田，讓我們手牽手、心連心，有錢出錢、有力出力，共同把HD推廣到台灣及世界各個角落去，以造福我們自己、身邊的人，以及我們的大社會。

最後，我用下頁口訣總結上述的覺學用享，與各位讀者分享。

邁向理想的習慣領域

游伯龍

覺　警覺是智慧的開端
學　人人事事皆為我師
用　用出來才是真功夫
享　享用分享滋潤人我

UP叢書143

HD：習慣領域——影響一生成敗的人性軟體

作　　者—游伯龍
責任編輯—吳瑞淑、廖姿菱
封面設計—許秋山
行銷企畫—黃少璋

董 事 長—趙政岷
出 版 者—時報文化出版企業股份有限公司
108019台北市和平西路三段二四〇號三樓
發行專線—（〇二）二三〇六—六八四二
讀者服務專線—〇八〇〇—二三一—七〇五・（〇二）二三〇四—七一〇三
讀者服務傳眞—（〇二）二三〇四—六八五八
郵撥—一九三四四七二四時報文化出版公司
信箱—10899臺北華江橋郵局第九九信箱

時報悅讀網—http://www.readingtimes.com.tw
電子郵件信箱—big@readingtimes.com.tw
法律顧問—理律法律事務所　陳長文律師、李念祖律師
印　　刷—勁達印刷有限公司
初版一刷—一九九八年七月十四日
二版一刷—二〇〇九年九月七日
二版十三刷—二〇二二年十二月九日
定　　價—新台幣三二〇元

時報文化出版公司成立於一九七五年，
並於一九九九年股票上櫃公開發行，於二〇〇八年脫離中時集團非屬旺中，
以「尊重智慧與創意的文化事業」爲信念。

HD：習慣領域：影響一生成敗的人性軟體／
游伯龍作. -- 二版. -- 臺北市：時報文化，
2009.08
面；　公分. -- (UP叢書；143)

ISBN 978-957-13-5085-1(平裝)

1. 習慣心理學

176.74　　　98013641

ISBN 978-957-13-5085-1
Printed in Taiwan